信息化与现代监狱职能
——云南省丽江监狱信息化建设探索

杨锦芳　肖雯　著

本书为云南省丽江监狱“论信息化背景下监狱工作的现代化”课题成果之一

知识产权出版社
全国百佳图书出版单位

图书在版编目（CIP）数据

信息化与现代监狱职能 / 杨锦芳，肖雯著. —北京：知识产权出版社，2015.8

ISBN 978-7-5130-3678-8

Ⅰ.①信… Ⅱ.①杨… ②肖… Ⅲ.①信息技术—应用—监狱—管理—丽江市
Ⅳ.①D926.7-39

中国版本图书馆 CIP 数据核字（2015）第 171996 号

责任编辑：雷春丽　　**责任出版**：卢运霞

封面设计：张　悦

信息化与现代监狱职能

——云南省丽江监狱信息化建设探索

杨锦芳　肖雯　著

出版发行：	知识产权出版社有限责任公司	网　　址：	http：//www.ipph.cn
社　　址：	北京市海淀区马甸南村1号（邮编：100088）	天猫旗舰店：	http：//zscqcbs.tmall.com
责编电话：	010-82000860 转 8004	责编邮箱：	leichunli@cnipr.com
发行电话：	010-82000860 转 8101/8102	发行传真：	010-82000893/82005070/82000270
印　　刷：	北京中献拓方科技发展有限公司	经　　销：	各大网上书店、新华书店及相关专业书店
开　　本：	787mm×1092mm　1/16	印　　张：	18.75
版　　次：	2015 年 8 月第 1 版	印　　次：	2015 年 8 月第 1 次印刷
字　　数：	287 千字	定　　价：	48.00 元

ISBN 978-7-5130-3678-8

前　言

以剥夺犯罪人人身自由为内容的监禁刑，是近现代刑罚的主要刑种。监狱作为执行监禁刑的专门机构，承担着实现监禁刑惩罚犯罪之报应刑功能和教育矫正犯罪人之目的刑功能的工作。现代以来，监禁刑也受到行刑社会化等行刑理念和实践的冲击，面对行刑社会化和犯罪态势“轻轻重重”的现代背景，现代监禁刑也相应地发生两极变化：一方面，针对轻罪，国家采取宽松的刑事政策，更多地采用开放性刑罚，且传统监禁刑本身在行刑过程中也发生一定变化；另一方面，在死刑废除的大背景下和针对日益增长的恐怖主义犯罪、黑社会犯罪和严重暴力犯罪等严重犯罪，国家采取严厉的形势政策，作出更为严厉的惩处，监禁刑仍然是重点及主导。相应地，现代监狱在执行监禁刑时也发生了变化，既体现在针对轻罪时监狱执行监禁刑的社会化和开放化元素，也体现在针对重罪时监狱执行监禁刑的更加科学严格的管理。

在现代监禁刑随时代变迁发生变化的背景下，现代监狱如何能够适应监禁刑的现代化、实现行刑的现代化，直接关系到其作为刑罚所背负的惩罚犯罪和教育矫正犯罪人的刑罚目的的实现。

而与此同时，随着现代科学技术的发展，现代社会的各种新兴因素为传统监狱工作提出了挑战和要求，现代监狱如果要跟上时代，也需要对现代科技的发展作出回应，积极主动地提升监狱工作水平。

综上，面对监禁刑现代化的时代要求、面对现代科技发展的技术背景，现代监狱需要通过监狱工作的变革来提升水平，实现现代监狱行刑的转型，而监狱信息化建设为现代监狱更好地提升惩罚犯罪与改造教育犯罪人的职能提供了机遇和技术基础，是现代监狱未来发展的必然之路。

所谓监狱信息化建设是指通过有效地利用计算机技术、通讯技术、网络即时技术等现代化技术和设施，对监狱系统的各项工作进行创新性组合，对传统的监狱系统管理机制、组织结构、人员素质等诸方面进行优化、改革、重组，实现监狱工作更科学、更公正、更安全、更高效地履行监管改造的使命，满足监狱在安全预防、公正执法、改造质量、管理水平等方面的需要，更好地发挥监狱的本质职能。应该说，监狱信息化建设是监狱在面对全球信息化趋势下主动对自己管理和改造手段的升级。“如果我们不紧紧抓住信息化发展带来的新机遇，积极主动地应对全球信息化提出的新挑战，继续沿用落后的管理和改造手段，监狱工作就会落后于时代，就难以适应形势任务的要求”。[①] 因此，大力推进监狱信息化建设具有非常重要的意义，甚至可以将监狱信息化建设作为现代监狱转型切入口。2007 年 5 月，司法部对监狱信息化建设工作进行了专门部署，并正式发布了《全国监狱信息化建设规划》，正式拉开了全国监狱信息化建设工作的序幕，全国监狱迅速加入信息化建设行列之中，监狱信息化工作发展进入快车道。

这些年来，在主管部门的部署和各级领导的指导下，云南省丽江监狱（以下简称“丽江监狱”）高度重视信息化建设对现代监狱提升各种工作职能的重要性，前后投入大量财力、人力、物力提升监狱信息化建设水平，尤其在丽江监狱各项安防技术子系统、监狱电子办公系统、服刑犯罪人教育矫正提升系统等方面做了大量的工作；与此同时，丽江监狱在加强监狱硬件信息化建设的同时，也非常注意对监狱干警在使用信息化设施等各方面综合素质的提升，并在各项软硬件基础上实现了对监狱管理模式和各项工作水平的综合提升，使得丽江监狱在监狱工作的各个方面都取得了长足的进步，是近年来云南省监狱系统中信息化建设的典范之一。

在撰写本书的过程中，我们除了对监禁刑现代化和现代监狱行刑现代

---

① 摘自时任司法部部长吴爱英在2007 年全国监狱信息化建设工作会议上的讲话。

化等理论问题进行深入的学理剖析外，还对丽江监狱有关信息化建设的实际情况进行广泛的数据调查，以实证分析的方法对丽江监狱相关信息化建设工作情况进行分析。通过对丽江监狱进行大量的调研，我们得到了监狱内部关于信息化建设的一手数据，为展现我国监狱信息化建设的成效提供了生动的事例，也记录下来了我国监狱现代化进程的扎实发展。在此，我们也对丽江监狱广大警察对本书撰写的通力支持和配合表示由衷的感谢，对他们在监狱信息化建设工作中作出的成绩表示由衷的敬意。

本书由昆明理工大学法学院教师杨锦芳、肖雯撰写。两名作者具体分工情况是：杨锦芳撰写绪论、第三章、第四章和第五章第三节，共12万字；肖雯撰写第一章、第二章和第五章第一、二节，共16.7万字。

杨锦芳　肖　雯

2015年3月20日

目　录

Contents

>>绪　论

人类社会的发展史是一部科学技术的发展史。科学技术的发展带动了生产工具质的飞跃，并最终促进社会形态的变革。计算机通信技术的日渐成熟，使生产工具的信息含量大为提升，形成了新一轮信息技术革命，促进人类社会向信息文明跃进。信息资源将与材料和能源一样对社会的发展和人类的进步具有极为重要的意义。信息化的不断深入发展，给人们的生产、生活方式带来深刻的变化，这种变化是史无前例的，也是一种必然的趋势。

顺应时代发展的趋势，我国早在党的十六大报告中就提出依靠信息化建设推行电子政务的思路：改变行政管理方式、降低工作成本、提高工作效率，营造廉洁高效、公开透明的行政管理体制。监狱作为主要的国家行刑机构，对维护我国社会秩序、促进社会文明进步发挥着重要的作用，是整个国家现代化建设事业的一个组成部分。监狱现代化的进程必须与整个国家建设同步。从世界范围看，虽然各国的社会制度、价值理念不尽相同，但每一个国家都在努力适应这一迫切需要，把监狱视为一个展示本国文明进步的窗口。特别是发达国家利用其先进的科学技术，已完成了监狱信息化基础建设，正在向更为广泛、更加实用、日趋深入的方向加快监狱的现代化进程。

犯罪人的监狱化和犯罪人的再社会化之间的矛盾是人类进入现代社会在监禁刑执行中难以回避的问题。对此，在国际上，许多国家已尝试着以行刑社会化方式破解监禁刑执行中出现的这一顽疾，即长期以来作为刑罚主要种类的监禁刑也面临着现代化的问题。现代以来，监禁刑也受到行刑社会化等行刑理念和实践的冲击，面对行刑社会化和犯罪态势“轻轻重重”的现代背景，现代监禁刑也相应地发生两极变化：一方面，针对轻罪，国家采取宽松的刑事政策，更多地采用开放性刑罚，且传统监禁刑本身在行刑过程中也发生一定变化；另一方面，在死刑废除的大背景下，针对日益增长的恐怖主义犯罪、黑社会性质犯罪和严重暴力犯罪等严重犯罪，国家采取严厉的刑事政策，作出更为严厉的惩处，监禁刑仍然是重点及主导。相应地，现代监狱在执行监禁刑时也发生了变化，即体现在针对轻罪时监狱执行监禁刑的社会化和开放化元素，也体现在针对重罪时监狱执行监禁刑的更加科学严格的管理。

在现代监禁刑随时代变迁发生变化的背景下，现代监狱如何能够适应监禁刑的现代化、实现行刑的现代化，直接关系到其作为刑罚所背负的惩罚犯罪和教育矫正犯罪人的刑罚目的的实现。信息技术的发展给这一问题的突破带来了希望。从21世纪初以来，尤其是我国司法部2007年5月发布了《全国监狱信息化建设规划》，正式拉开了我国监狱信息化建设工作的序幕，全国监狱迅速加入到信息化建设行列之中，各地结合实际，狠抓落实，监狱信息化取得积极进展，促进了监狱管理水平的不断提高。

本书将从监狱执行监禁刑之报应功能和预防功能的现代化理论入手，具体以云南省丽江监狱近年来开展的信息化建设工作为研究对象，探讨监狱信息化建设对促进现代监狱职能的作用和可能面对的问题。为此特撰写绪论以明确信息化、监狱信息化概念，论述监狱信息化建设的价值和发展沿革等问题。

一、信息化的概念和内涵

（一）信息化的概念

“信息化”一词最早是由日本学者TadaoUmesao在1963年发表的论文《论信息产业》中首次提出：“信息化是指通讯现代化、计算机化和行为合理化的总称。”[①] 对信息化的首次定义向我们表达了信息化是指现代通信技术、计算机技术成果正在以一种社会公认的合理准则影响和指导着人们的思想交流方式和信息存储、处理（或控制）、传递方式。在这个过程中，计算机技术和通信技术的发展和应用是一个重要的标志。正因如此，在相当一部分技

① 姜爱林：“何谓信息化?”，载《高科技与产业化》2003年第Z1期。

术专家看来，信息化就是计算机技术与通信技术的综合及其运用过程。[①] 也有人认为，信息化是对信息技术、信息资源开发、利用并形成产业化的发展进程。从这个角度看，信息化就是科学技术发展的必然结果，是在社会上为了更大规模地生产、贮存、转换、传播，甚至创造新知识、新财富而利用新技术和最新工艺的过程。信息化首先体现的是科技的发展带动生产力的进步，表明人类了解和利用赖以生存的自然环境的能力又飞跃性地向前推进了一步。这如同人类社会已经历的工业化一样，是社会发展到某一特定过程，社会生产力飞速发展的背景下出现的新情况的描述。

在这个崭新的时代，社会的整体目标是要通过普遍地利用现代通信技术、计算机技术，把社会发展状态推进到一个高效、文明的发展状态，即信息社会。在信息社会，信息技术不仅渗透到生产领域，还要深入至人们的生活方式；不仅影响到经济领域，还会改变国家管理方式。从这个意义上来说，信息化从方方面面对人们产生了重大的影响，把现阶段社会推进到信息社会的过程。因此，信息化是指一种以高水平地开发和利用信息资源为目标的发展过程，不但包括科学技术领域的信息技术革命，而且包括经济领域和社会领域的信息化进程；不但包括生产力的发展，还包括生产关系的发展；不但包括经济的发展，而且包括社会发展。[②] 信息化首先体现为建设物质形态的、实现信息数据库存取和应用现代通信手段的社会信息基础设施。从这个意义上看，信息化是以技术化、科学化为前提的。其次信息化体现为在信息基础设施建设的基础上，通过不断开发应用软件，将信息技术广泛应用在政治管理、经济管理、社会生产、生活等方面，提升管理水平和改进生产、生活方式。由此，也可以认为：信息化是一场由技术革命引发的轰轰烈烈的社会变革。信息化的实质在于改变人们的信息环境，改变人们的行为方式，最终实现优化任何一个有社会意义的活动结果。信息化应用于人们生活当中成为生活信息化，应用于生产之中成为生产信息化，由此也就出现了政治信息化、经济信息化、管理信息化、社会信息化等。

---

① 金春梅：“计算机通信技术与应用”，载《中国科技投资》2013 年第 12 期。

② 邓禄军：《湖南省监狱信息化建设方案研究》，中南大学 2011 年硕士学位论文。

1997年我国召开了首届信息化工作会议，该会议对信息化作了定义："信息化是指培育、发展以智能化工具为代表的新的生产力并使之造福于社会的历程。"这是从技术性和社会性的角度对信息化所下的定义。该会议也明确提出了以后我国社会经济的发展，将从以物质与能源为经济结构的重心，向以信息为经济结构的重心转变的方向。《2006—2020年国家信息化发展战略》明确提出："信息化是充分利用信息技术，开发利用信息资源，促进信息交流和知识共享，提高经济增长质量，推动经济社会发展转型的历史进程。"① 该文件也着重强调了信息技术对经济发展的推动功能。

虽然信息化浪潮已成为当今人类生存与社会发展的主旋律，但应该说，对于"信息化"这一概念的严格定义尚未形成。人们对其的界定通常是从不同的视角出发。总结以上对信息化概念的理解，我们认为：一方面，信息化是将信息技术运用于社会各方面的过程，体现为不断运用信息技术改造传统的经济、社会结构、思想意识等过程；另一方面，信息化代表了信息资源被高度共享，从而使得人的智能潜力以及社会物质资源潜力被充分发挥，社会运行将处于高效、便捷、环保、协调的合理化理想状态。

（二）信息化的内涵

从不同的角度可以对信息化的概念作出不同理解，但总的来说，现有对信息化内涵的理解可以归纳为哲学内涵、社会内涵、文化内涵、技术内涵、管理内涵。

1. 信息化的哲学内涵

马克思主义哲学理论对生产力的发展引起社会变革和发展的原理作了深入透彻的分析，认为生产力发展决定生产关系变化，生产关系变化引起上层建筑的变革。信息化从本质上看是人类生产力的发展和进步，是促进社会主义国家优化生产关系和上层建筑的动力。

生产力的信息化呈现出以下变化：首先体现为信息作为一种新的要素独立存在于生产力的系统中，成为一种无形的资源和力量，并以其独特的共享性实现增效。这是生产力信息化的显著特征。其次是智能化劳动工具与过去

---

① 于艳红、李树爱："中小企业管理人员信息化素养研究"，载《人力资源管理》2013年第5期。

生产力中的劳动工具不同，它不是一件孤立分散的东西，而是一个具有庞大规模的、自上而下的、有组织的信息网络体系。这种网络性劳动工具将改变人们的生产方式、工作方式、学习方式、交往方式、生活方式、思维方式等，将使人类社会发生极其深刻的变化。信息化背景下的劳动工具形态逐渐从适用于体力劳动延伸发展到了适用于脑力劳动。这就必然使得使用劳动工具的劳动者不再是一名简单的体力劳动者，而是掌握信息应用知识、专业知识的知识工人。劳动力因此将获得空前的解放，他们将有更大的空间和条件可以自由地交流和创造，主观能动性得到极大的发挥，这是生产力信息化的本质特征。最后，生产力信息化要求与之配套的教育、管理等也逐渐实现信息化，并将此内容作为新的信息化生产力系统的组成部分。

2. 信息化的技术内涵

信息化发展虽然涉及各方各面复杂的内容，但其核心问题就是信息技术自身的快速进步及其在各产业和社会各领域中的不断扩散与广泛运用。信息化须紧密依靠信息技术。技术是信息化的核心前提和保障。信息化的技术内涵集中体现在两个方面：其一，信息化是以半导体、计算机、通信为代表的控制技术、计算机技术和通信的发展与融合。其二，信息化为社会发展所需的技术创新提供了新的途径。

3. 信息化的社会内涵

信息化的社会内涵又称为社会信息化，这是从更大、更广的视角来思考信息化问题的。从这个视角来看，信息化不仅包括经济和生活问题，还包括思想意识和上层建筑的问题。涉及的范围小至人们的日常生活，大至社会的经济、科学、教育、文化、卫生、体育、人口、环保，国家的社会保障、社会管理、政治、军事、国防等领域。社会信息化是一个系统工程，是个整体概念。在这个系统工程中每一领域各个方面的信息化需要同步推进，缺少任何一部分信息化就无从谈及社会信息化。同时，社会信息化又是一个具有弹性的概念。社会既可指一个社区，那么，社会信息化也就是指社区信息化；社会也可指一个国家，那么，社会信息化就是国家信息化；社会还可指全球，那么，社会信息化就是全球信息化。社会信息化是一个系统的、多层次的、涵盖现代社会各个方面的全面信息化。因此，社会信息化是涵盖面最广、层次最高的信息化概念。

4. 信息化的管理内涵

信息化的管理内涵是从管理学的角度对信息化内容的界定，包含在借助信息储存、传输技术的条件下，充分调动一切可利用的信息资源，实现科学管理，也包含在对信息流、人流、物流等的科学管理下，推动信息化向社会各领域的管理活动中渗透，改变管理方式，规范管理行为，提高管理效率，以实现和确保信息化发展的合理化、有序化、合法化。具体来说，信息化的管理内涵可归结为管理理念信息化、管理方法信息化、管理组织信息化、管理人员信息化四个方面的内容。

（1）管理理念信息化。管理是指在特定的环境条件下，以人为中心，对组织所拥有的资源进行有效的决策、计划、组织、领导、控制，以便达到既定组织目标的过程。理念是思想和观点。管理理念信息化是管理理念的信息时代的新纪元。可以说，管理中的竞争、质量、服务、创新、时间等理念，归根结底都是一个信息的理念，管理理念的信息化是管理现代化、科学化的开端。

（2）管理方法信息化。随着信息技术的普及，信息化方法也广泛深入地进入管理过程的各个环节，极大地丰富了管理的手段与方法。从形式上看，管理信息化更多体现在管理方法的信息化上。信息技术的飞速发展和信息基础设施的不断完善，使得许多新的管理方法层出不穷：E－mail 取代了传统的邮件，网络化办公使许多管理活动可跨越时间、空间的条件限制，管理方式正朝着快捷化、人性化、节能化等方向发展。

（3）管理组织信息化。随着管理过程中计算机的大量运用，信息网络日渐完善，简化了管理信息的发出、传递、接受等程序，传统管理组织呈现出的多层次、多等级状况已不适应现代管理方式。减少管理中的环节也成为必然趋势，这样也势必带来管理组织结构和角色分配的调整与优化。

（4）管理人员信息化。信息化过程中，无论是从设备、软件的基础环节上看，还是从应用主体上看，信息化的推进都离不开人的因素。管理的信息化归根结底是人的信息化。从管理学视角看，信息化的概念是指在现代信息技术广泛普及的基础上，社会和经济的各个方面发生深刻的变革，通过提高信息资源的管理和利用水平，大幅地提高各种社会活动的功能和效率，从而达到人类社会的新的物质和精神文明水平的过程。通常我们称之为“管理信息化”。①

综上所述，信息化是一个包含丰富内容的概念，从总体上说，信息化代表了一种信息技术被高度应用，信息资源被高度共享，从而使得人的智能潜力以及社会物质资源潜力被充分发挥，个人行为、组织决策和社会运行趋于合理化的理想状态。同时信息化也是在信息技术产业发展与信息技术在社会经济各部门扩散的基础上，不断运用信息技术改造传统的经济、社会结构，从而通往如前所述的理想状态的一段持续的过程。完整的信息化内涵包括以下四方面内容：信息网络体系，包括信息资源、各种信息系统、公用通信网络平台等；信息产业基础，包括信息科学技术研究与开发、信息装备制造、信息咨询服务等；社会运行环境，包括现代工农业、管理体制、政策法律、规章制度、文化教育、道德观念等生产关系与上层建筑；效用积累过程，包括劳动者素质、国家现代化水平、人民生活质量不断提高，精神文明和物质文明建设不断进步等。

二、监狱信息化的概念和内容

（一）监狱信息化的基本概念

监狱信息化是将信息技术运用到监狱管理和监狱行刑业务领域中的概念。《全国监狱信息化建设规划》对监狱信息化的概念进行了定义：通过建立网络互联互通、信息资源共享、标准规范统一、应用功能完备的信息化体系，提高监狱信息资源综合开发利用水平，形成全员应用、资源共享的信息化工作格局，显著提高监狱执法、安全防范、犯罪人改造的信息技术应用能力。②而监狱信息化建设是指通过有效地利用计算机技术、通讯技术、网络即时等现代化技术和设施，对监狱系统的各项工作进行创新性组合，对传统的监狱系统管理机制、组织结构、人员素质等诸方面进行优化、改革、重组，实现

① 吴德成、周森鑫：“信息化与工业化深度融合研究”，载《大众科技》2013年第12期。
② 邵雷主编：《监狱信息化辅导读本》，法律出版社2013年版，第4页。

监狱工作更科学、更公正、更安全、更高效地履行监管改造的使命，满足监狱在安全预防、公正执法、改造质量、管理水平等方面的需要，更好地发挥监狱的本质职能。①

信息化是一个包含着哲学、社会、技术、管理内涵的概念，那么监狱信息化概念也就是一个涵盖以上内涵、但以管理内涵为主要内容的概念。

监狱信息化从某种意义上更多包含了管理内涵，监狱信息化是指对信息的制作、传递、运用、共享，并在以制度、规则进行引导的前提下把信息技术运用到对监禁刑执行的全过程。这一过程的实现需要监狱警察在理念上从传统的以惩罚犯罪人为主转变到以矫正、教育为主，并具有强烈的信息化意识；信息化的推进对监狱警察的素质也提出了新的要求。在监管方式上由传统的人盯人、人防人向依靠信息技术转变，由落后的物防、人防向技防、联防、物防、人防共同运用转变。在教育方式上由传统的三课教育向采用多媒体和远程信息教育转化。监狱信息化还给监狱管理组织结构带来变化。实现监狱信息化简化了信息传递的环节，大大减少了管理中的环节，加强了各管理部门间的沟通联系，而且也势必带来监狱管理组织结构由三层结构向二层结构转化。从哲学内涵看，监狱信息化作为一种推进监狱工作发展的力量，贯穿于监狱的教育、生产、矫正、管理等工作中，并在此基础上使监狱发展成为新型现代化监狱。从技术内涵看，监狱信息化是指将先进的网络技术、计算机技术、软件技术和多媒体技术融为一体，把监狱内的各种语言、文字、图像等信息通过计算机信息处理技术、通信技术、生物识别技术等其他学科的科学技术进行传输和处理，为社会公共安全信息系统提供重要数据和信息资源。② 监狱信息化的基本框架是建立在以计算机网络系统为基础的平台上，把监狱的主要业务划分不同的信息系统，又在信息系统下划分不同的子系统，通过信息集成，有机地将所有系统组合成一个既相互关联又协调统一的整体，从而保障监狱更高效、更完整、更安全、更公正地履行其监狱职能。从社会内涵看，监狱信息化在某种程度上就是一个微型的社会信息化；而从更大范

---

① 孙念："监狱信息化建设的风险与防范"，载《社科纵横》2010 年第 5 期。

② "数字化监狱解决方案"，http://www.360doc.com/content/10/1201/21/4465769_74177353.shtml，访问日期：2015 年 1 月 10 日。

围看，监狱信息化就是社会信息化的组成部分。

监狱信息化就是首先在监狱系统内以及监狱与相关单位之间组建网络系统，构建标准规范统一、应用功能完备的信息化体系，搭建信息化平台。其次全面地运用现代信息技术，开发信息资源，推动服刑方式、教育方式、劳动方式产生革命性转变。再次在信息技术的保障下，确保监狱管理工作的科学高效性与安全规范性。最后实现监狱稳定、和谐发展，成功改造犯罪人。

至此，我们可以对监狱信息化下一个较为全面的定义：把监狱内的各种记录、文字、图像、多媒体等信息通过信息处理、网络通信、生物识别等各个学科的先进技术进行传输和处理，将传统的监狱执法、管理、教育手段和现代科技相结合，达到监狱系统内信息采集数字化、信息传输网络化、信息管理智能化、信息分析集约化和信息培训经常化①，是现代化文明监狱的体现。

（二）监狱信息化的基本内容

监狱信息化的内容包括了建设和应用两方面。建设就是要建立一个涵盖各类信息技术的信息化体系，应用就是要提高各项监狱业务的信息技术应用能力。建设和应用是监狱信息化工作的两个方面。建设是基础，应用是目的。

1. 监狱信息化建设

监狱信息化建设的内容应该由相应的硬件、软件建设组成。硬件建设主要包括发达的通讯网络设施的建立，拉光纤、建网站。软件建设包括先进完备的数字化多媒体安防监控系统、智能高效的办公自动化系统和监狱管教信息系统、实用易用的监狱生产管理系统以及其他应用子系统等，最终实现监狱工作中各种信息的高度集成。在此基础上将各种硬件设施和软件资源优化组合成一个能满足监狱日常工作需要的完整体系。

按照司法部发布的《全国监狱信息化建设规划》规定，我国监狱信息化建设的主要任务可概括为："一个平台、一个标准体系、三个信息资源库、十个应用系统。""一个平台"，即网络和硬件平台；"一个标准体系"，即监狱信息化标准体系；"三个信息资源库"，即监狱管理信息库、犯罪人信息

① 许太阳：《S监狱信息共享的需求分析与对策研究》，上海师范大学2013年硕士学位论文。

库、警察信息库；“十个应用系统”，即监狱安全防范与应急指挥、监管与执法管理、教育改造、生活保障与医疗卫生、警察管理、生产管理与劳动改造、监狱建设与保障、狱务公开、办公自动化和决策支持系统。

值得注意的是，监狱信息化建设是电子狱务建设的初级阶段，其重点在于实现办公自动化和现代化。因而这一时期，电子狱务建设尚未进入管理层次扁平化的程度。现代监狱的职能未得到全面转型，处于从传统模式向现代模式转化的过渡阶段。相应地，监狱信息化建设也就是一个把计算机技术和网络技术运用到办公业务、教育业务、矫正业务、监管业务等相关事务的建设与发展中，依托信息处理技术初步实现业务的信息化管理的过程。

2. 监狱信息化运用

应用是信息化的价值体现，没有应用，信息化工作就是形式，应用才是信息化的最终目标。利用信息技术，解决监管、改造犯罪人中存在的实际问题是信息化应用的体现。为此，我们要将电子巡更、视屏监督、电子腕带等各种信息技术手段运用到实际工作中，真正把监管改造落实好；充分利用信息资源库和业务系统显示的信息和数据，提高监狱干警对情报研判和预警研判能力，加强对犯罪人的思想动态的把握，及时发现狱内情况；改善基层信息化办公条件，由计算机执行重复性、事务性工作，提升警务工作效率。监狱信息化的应用要实现全员应用、全岗应用、全业务应用。做到不仅基层干警用，业务部门用，还要做到领导干部用，最终实现全员熟练掌握信息化操作流程、加强信息化实用技能训练、提高信息化实战应用能力。从监狱职能发挥的角度看，信息化应用的重点在以下三个方面：

首先，用好安防系统工程。确保监狱安全是监狱开展业务的基础，用好安防系统工程是监狱信息化应用的根本。安防工程的应用不仅要做到监控、报警等功能，而且还要做到智能监控、联动报警，切实提升监狱安全警戒的智能化水平。

其次，用好信息资源库。用好信息资源库，特别是犯罪人信息资源库，是摸清狱情、犯情的重要基础性工作，是监狱警察开展业务的基础。因此，从源头上，要做好信息的及时录入和不断充实工作，还要做到信息共享。

最后，用好业务软件。软件是信息化的核心。提高监狱信息化应用能力也就是要提高业务软件的运用水平。从安全监管、分管分押、劳动改造、教育矫正、生活卫生、狱政管理、财务管理、刑罚执行等方面把相关业务软件用熟、用好，也就全面、真正实现了监狱工作的信息化。

三、监狱信息化发展沿革

（一）发达国家监狱信息化发展概况

欧美发达国家在监狱信息化建设方面起步较早，总体来说走的是利用现代信息技术实现监狱内涵式发展的路径。发达国家的计算机及网络技术发展，是建成一座座文明、发达、高科技的现代化监狱的前提。在这些监狱里实行的是松散型的、开放的狱政管理模式。早在20世纪90年代，欧美监狱就开始采用监狱服刑人员数据系统，并且所有的监房已经实现了计算机化管理。进入21世纪，引入服刑人员管理系统，这是一个G2G（Government to Government）和G2C（Government to Ctizen）的电子管理工具，它除了用于透明化和简单化的数据处理之外，还可以用于建立中心数据库①，为监狱的所有监房提供资讯帮助。在欧美国家的监狱，视频会议系统被广泛使用，亲属探监极为方便，犯罪人出庭不用到现场。

面对监狱人满为患，政府已无法承受监狱庞大的开支，无形的电子“监狱”② 便悄然产生，并先后发展了三代电子“监狱”。从20世纪90年代初到21世纪初，每一代电子“监狱”的出现和更新向着更加实用、更加便捷、更加安全的方向发展。第三代电子“监狱”可将大量的服刑人员安全地留在社会上。该系统的开发最终将有助于已定罪的服刑人员有机会积极参与并分享

---

① 监狱中心数据库包含有关服刑人员的详细情况，内容包括服刑人员种类、犯罪记录、入狱时间、入狱时的详细生理数据、号码、照片、个人详细资料（年龄、住址、家庭成员有关资料等）、医疗详细资料、囚房等。它能够存贮和处理上万名服刑人员的基本数据、几万个指纹、数万张照片的信息，它在向监狱警官提供被羁押服刑人员的犯罪资料方面发挥着关键作用。

② 电子“监狱”实际上是一种电子监控程序系统，分收、发两部分，前者由执法当局控制，后者戴在服刑人员身上。执法人员可利用监控系统对服刑人员进行跟踪。电子“监狱”通常戴在服刑人员的手臂或小腿上，外形颇似手（脚）镯，但里面的机关可不简单。每只镯子都有特定的频率，它们相当于某个服刑人员的编号。执法部门通过接收器把握服刑人员的行踪。若某个服刑人员的频率信号中断，则意味着可能发生意外，警方可及时搜查，不给服刑人员以逃脱的时间。

自由的社会，公民们将得到更多安全并减少为监狱纳税。[①] 电子“监狱”的出现和发展也使人们看到了解决监禁刑痼疾（监狱化和社会化之间的矛盾）的希望。

信息技术在监狱领域的深入、广泛应用，客观上为实现行刑社会化打下了坚实的基础。从发展的趋势看，新技术将在监狱信息化管理方面层出不穷。电子标签将代替狱警监控服刑人员。英国将在3个地区率先采用一种新型的跟踪技术即卫星定位技术。利用它，警员们可以对那些恋童癖、家庭暴力犯以及其他犯罪分子所在的方位实行24小时定位，误差不超过2米。[②]

（二）我国监狱信息化发展情况

相较发达国家而言，我国监狱信息化建设起步较晚和发展较慢。从20世纪80年代中期开始，我国各监狱机关进行办公室自动化工程，利用计算机辅助实施一些基础的政务活动，初步建立了纵向和横向内部信息办公网络，为利用通信网络技术奠定了基础。随着社会和信息技术的进步，21世纪初开始正式启动监狱信息化工作。我国监狱信息化呈逐步发展态势，并可总结为三个不断深入发展的阶段。

1. 第一阶段：20世纪八九十年代至21世纪初

20世纪80年代中期，我国各监狱机关便开始进行“办公室自动化（OA）工程”（OA即Office Automation的简称），利用计算机辅助实施一些最基础的政务活动，譬如文件处理、档案处理等，建立了纵向和横向内部信息办公网络，为利用计算机和通信网络技术奠定了基础，迈出了实施信息化建设和管理的第一步。20世纪90年代以来，由中国电信协同国家经贸委等数十家政府机关共同发起了“政府上网工程”，其目的是在2000年实现80%以上的部委和各级政府机关上网。这是一场声势浩大的运动，监狱机关也积极参与其中，“中国监狱网”等一批监狱网站也纷纷建立，为监狱实施电子政务又向前迈出了一步。1994年4月，司法部组织开发完成了《监狱狱政基本

---

① “国外监狱信息化建设和管理的现状与发展趋势”，http://3y.uu456.com/bp_lvblz858efoc4dk2wbkn_l.html，访问日期：2014年12月5日。

② 屠家稷：“监狱信息化建设和管理的研究与探索——以上海监狱系统为例”，上海交通大学2007年硕士学位论文。

信息管理系统》DOS 版，在全国的监狱系统中推广使用，规范了监狱狱政管理业务，方便了犯罪人的基本信息管理。

此外，从 20 世纪 90 年代开始，个别监狱根据自身实际需要，开始逐步发展自己的小型网络，进行简单的联机，组成小型的局域网，在一些生产管理部门和财务部门进行初步的数字化建设，初步体会到了数字化带来的优越性，并在此基础上根据需要进行了一定的发展。从 2000 年开始，司法部监狱局便在北京、上海、江苏、山东等省（市）开始了信息化建设的初步探索。2003 年 11 月，司法部在京召开全国监狱“三化”建设座谈会，在中华人民共和国的监狱史上第一次把“科技强监”放到了一个相当的高度；在 2005 年 12 月 19 日召开的全国司法厅（局）长会议上，明确提出“要大力推进监狱、劳教系统现代化、信息化进程”。

这是监狱信息化工作正式启动前所做的准备、尝试和探索，为后阶段的工作打下了坚实的基础。在这个过程中，北京、上海、江苏等监狱大胆尝试，积极探索，积累了丰富的经验。

2. 第二阶段：2006 年至 2011 年年底

2006 年，国务院出台了《关于研究监狱布局调整和监狱体制改革试点有关问题的会议纪要》，对监狱信息化建设提出了明确要求，指出要“抓紧拟定信息化建设规划……所需资金请发展改革委安排，财政部给予支持”。该会议纪要的出台首次明确提出要加快监狱信息化建设，标志着全国监狱信息化工作正式启动。而后司法部与国家发改委、财政部、国土资源部、建设部研究制定了《关于进一步推进监狱布局调整工作的意见》，把“管理信息化”作为监狱布局调整工作的一项基本要求。2006 年，司法部监狱局也组织力量，着手进行调查研究，在此基础上，制订了《全国监狱信息化建设规划》，对监狱信息化建设的指导思想、目标任务、工作措施等提出了明确要求。2006 年，中央办公厅、国务院办公厅印发了《2006—2020 年国家信息化发展战略》，明确了我国信息化发展的指导思想、战略目标、战略重点、战略行动和保障措施。2007 年，财政部、司法部印发了《财政部、司法部关于调整监狱基本支出经费标准的通知》、《监狱企业增值税退税资金管理办法》，以及财政部《中央补助地方监狱劳教专款管理办法》（2002 年），这些政策和办法都为监狱信息化建设提供了资金保障。

2007年5月29日，全国监狱信息化建设工作会议在江苏省召开，吴爱英部长做了重要讲话，提出了建设“一个平台、一个标准体系、三个信息资源库、十个应用系统”的任务。各地结合实际，狠抓落实，监狱信息化取得积极进展。全国监狱信息化一期工程立项审批工作紧锣密鼓、有条不紊地展开了，各地监狱认真贯彻落实《全国监狱信息化建设规划》。按照司法部制订的《全国监狱信息化建设规划》，各地认真组织制订本省（区、市）监狱信息化建设规划或方案，从夯实监狱信息化发展根基入手，完善基础设施，统一标准规范，狠抓信息网络安全，推进系统集成与开发创新，促进了信息化的全面应用。截至2009年年底，监狱信息化建设取得喜人成效，部分监狱已实现网络联通，有的监狱建设了视频监控系统，建立了信息化领导小组和相应的工作机构。

2010年，司法部在安徽省召开全国司法行政信息化建设工作会议，对实施监狱信息化一期工程提出了“加快速度、保证质量、加强管理”三项重点要求，我国监狱信息化建设已经构建成为覆盖全国监狱系统的网络互联互通、信息资源共享、标准规范统一、应用功能完备的信息化体系。目前，监狱信息资源综合开发利用水平和监狱执法、安全防范、犯罪人改造等工作的信息技术应用能力得到显著的提高。

据统计，至2011年年底，全国32个省（区、市）中，有25个监狱管理局机关和2/3的监狱建成局域网，有的建立了省级指挥中心，多数监狱建成了视频监控系统。北京、江苏、上海等十几个省（市）建立了本省（市）监狱系统网站，并与所辖监狱实现联网，为数据传输、数据更新、视频会议、办公自动化、安防监控和应急指挥等各业务系统的有效应用，提供了安全、高效的网络依托。约60%的监狱开发了以服刑人员数据库为主的应用系统。在此基础上，司法部正在抓紧建设全国犯罪人数据库。①

总的说来，这个阶段我国监狱信息化建设和管理开始向较高层次发展，

---

① 黄焕：“信息管理理念在监狱管理中的实践”，载《读写算（教育教学研究）》2010年第13期。

专业化的监狱网站日益增多，监管软件大力开发，监狱监管安全性不断提高，信息化办公已初具规模。但是监狱基本运行模式大多还是沿用在计划经济中形成的传统做法，这与监狱信息化之间形成极大的对抗与冲突。从严格意义上说，这一时期还处于监狱信息化建设阶段。

3. 第三阶段：从 2012 年至今后一段时间

2012 年 6 月，司法部在湖北省召开了全国监狱信息化建设应用工作座谈会，会议强调和探讨落实吴爱英部长的“管用、实用、真用”的重要指示，部署了监管安全、执法、教育改造、警务管理 4 个方面的建设应用任务和 6 项措施，顺利完成了狱政管理等 15 项监狱业务标准编制工作。该会议对于推动监狱信息化工作具有积极意义，使信息化工作从重视硬件向软硬件并重转化，从重建设向建设管理并重转化，使信息化工作落脚在应用的关键环节上。

从总体看，我国监狱信息化建设和管理的发展过程基本上和我国信息化历程是同步的。具体说来，信息化建设和管理是循着“机关内部的办公自动化—管理部门的电子化工程（如金盾工程）—监狱电子政务”这一条线展开的。

与国外的监狱信息化建设和管理发展相比，我国的监狱信息化建设和管理起步较晚。我国监狱信息化建设始于 20 世纪 80 年代，而西方国家监狱的办公自动化早在 20 世纪六七十年代就已完成了。受经济发展不平衡因素的影响，我国监狱信息化建设和管理发展不均衡，具体表现为东部地区的上海、江苏以及经济发达地区的北京、广东监狱的信息化建设和管理走在全国前列，西部地区发展缓慢。另外，我国监狱信息化建设的目标具有多样性。监狱信息化建设的目标首先是提高效率和树立监狱形象；其次是促进监狱工作向发挥现代监狱职能的方向发展，也就是从惩罚型模式向矫正型模式转变；最后就是实现狱务公开，依法治监。

四、我国监狱信息化建设的意义和成效

当前，人类社会正在由工业社会向信息社会转型，信息成为比物质和能源更重要的战略性资源。信息的获取、利用和控制的能力成为国际竞争能力的重要指标。监狱的历史表明，监狱的发展与社会的发展都是同步的、相适应的。在当今的信息社会，更加迫切要求监狱的建设和发展与信息化相适应。

从世界范围看，虽然各国的社会制度不尽相同，但每一个国家都在努力适应这一迫切需要，把监狱视为一个展示本国文明进步的窗口，加快监狱的现代化、管理信息化，提高监狱的管理水平。我国正处于信息社会转型过程中，信息化的发展成为各地区各部门发展的必然选择。相较于国内其他部门（公安、海关等）而言，监狱系统在信息化运用方面未能发挥其优势；相较于发达国家而言，我国监狱从起步到目前发展水平尚有很大的努力空间。从信息化发展的趋势看，监狱作为国家重要的机构进行信息化建设刻不容缓。监狱管理信息化是监狱工作实现内涵式跨越发展的内在要求。如何实现监狱的可持续发展，如何借助监狱信息化建设平台，有效发挥监狱预防犯罪和改造犯罪人的功能，是需要探讨的新课题。

云南省丽江监狱位于我国西南边陲，是一所综合型中度戒备监狱，是全国监狱劳教工作先进单位、省级现代化文明监狱。在监狱信息化方面，云南省丽江监狱在领导的重视、广大监狱警察的精诚团结下，脚踏实地地践行着实现信息化的每一项工作。

（一）改善监狱硬件设施的良机

新中国的监狱经过几十年的建设和发展，在成功改造了大量犯罪人的同时，自身硬件建设有一定的发展。但是，由于从新中国成立以来在很长的一段时间内，我国监狱实行的是自给自足的财政制度，多数监狱的收入只能维持日常开支，无力改善设施和装备，硬件设施落后状况未能得到根本改观。物质保障条件的落后，从一定意义上严重阻碍了监狱职能的发挥，监管设施和装备的陈旧落后已经成为监狱管理工作中的一个主要薄弱环节，这样的状况远远不能适应实现向现代监狱转型的需求。

监狱信息化建设工程的启动、实施为改善监狱设施、装备，优化监狱硬件设施提供了契机。监狱管理信息化需要建设广域网、局域网，离不开计算机、安检设备、对讲机、电子监控报警仪器、电化教育设备和现代化的通信、交通工具等现代科技装备和设施。至2012年，监狱信息化建设已累计投入资金超过50亿元，年度投资增长超过50%。[①]

---

① 邵雷主编：《监狱信息化辅导读本》，法律出版社2013年版，第3页。

由此可见，监狱信息化建设是改变监狱监管条件落后状况的重要载体，是改变监狱监管条件基础薄弱、水平低的局面的良好机遇。具备了强大的物质基础，有利于实现对犯罪人实施有效的管理和监控，确保监狱的安全和稳定，进而实现提高改造犯罪人质量的目的。

在建设监狱信息化的大潮中，云南省丽江监狱紧跟监狱信息化建设的工作发展形势，以信息化工作为龙头，按照“统一规划、分步实施，强化功能、突出重点，信息共享、避免浪费，统一标准、保障安全”的原则，紧扣“一个平台、一个标准体系、三个信息资源库、十个应用系统”的中心任务，推动监狱管理的创新与变革，促进监狱工作转型发展、跨越发展。从2004年开始，丽江监狱先后投资1500余万元，坚持以“五个服务”为要求，以“管用、实用、真用”为原则，建成了5套网络、拥有17个安防子系统的安防综合管理平台、功能完善的指挥中心及8套成熟运用的业务软件。在信息化实力得到了迅速而有效提升的同时，云南省丽江监狱也从根本上改善了监狱硬件设施，相得益彰的信息化系统为实现丽江监狱的管理创新与变革创新打下了坚实的物质基础。

（二）有利于保障监狱监管安全

监管安全是监狱的首要任务，监管安全是监狱工作永恒的话题，因为只有保证了监管安全，监狱才能有更多的精力去抓好教育，搞好生产，才能进一步提高犯罪人的改造质量。在当前监管形势日趋严峻的情况下，依托信息化技术，加大对安全防范设施建设的投入，提高监狱物防、技防能力，建立监管安全防范的长效管理机制，保证监管秩序的持续稳定。

一般情况下，我国监狱大多采用以下做法：不断加大对监管安全防范工作的基础建设投入，完成闭路监控系统、综合监控系统、计算机局域网系统、计算机网络综合布线及机房建设建立；完善数字监控系统的工程、门禁系统、电子巡更系统等功能系统的建设；改造电网的高压报警系统。这些系统的投入使用在维护监内改造秩序、确保监管安全等方面发挥了巨大作用。此外，监狱还在比较容易产生监管安全隐患的地方，如亲属会见、特优会见等，利用先进的计算机和网络技术对谈话进行监听和实时录音，并通过网络传输到任何需要该信息的地方。监狱还利用信息技术对亲情电话实现自动控制，用计算机程序识别外拨的电话号码，减少了民警的工作量，提高了管理质量和效果。这些技术的应用在维护监内改造秩序和确保监管安全等方面发挥了巨大作用，实现了监狱安全管理的变革和警务模式的创新，监管安全工作上了一个台阶。

云南省丽江监狱在保障监管安全方面，走出了一条高效之路。

1. 监管安全的变革

通过信息化建设，丽江监狱实现了从传统型死看、死守的管理模式向超越时空的科技信息管理模式转变。传统管理主要是靠纯人防，或者是人防和物防的简单结合，是人盯人和死看、死守的简单模式。科技信息的高度参与，做到了人防、物防、技防的高度融合。运用安防系统的“千里眼”、“顺风耳”功能，达到了超越时空的直接管理效能。原长期处于无报警联动，或报警联动不到位的状况，主要靠“跑”、“喊”的方式联动。现科技信息的参与，建成了系统完备、功能完善的报警联动系统，保障了警情的无缝联动。原监狱管理分散，有狱外劳动情况存在，即便是集中于高墙电网以内，周界防范只靠高墙电网和内管、门卫警察的单一防范。外出离监犯罪人的管理更是处于“出而不知”的情况。

信息化建设后，丽江监狱现拥有 7 重防范的周界防范系统和安检、门禁系统，充分保障了监狱周界的安全。通过车载目标地理跟踪系统以及带有全球定位系统（Global Positioning System，以下简称 GPS）和实时影像传输功能的移动便携单兵设备，能够实时管控离监犯罪人的一举一动。丽江监狱安装的 1000 多个监控摄像头，做到重点部位无盲区、要害部位无死角，实现对犯罪人全天候的监控，在监狱的安全管理能力方面犹如增加了 1000 多名忠于职守的警察。安防系统中的视频轮巡手段极大地减少了警察的工作量，以往要花 30 多分钟巡查的区域，现在用视频轮巡仅用 5 分钟就能达到相同的效果。监区警察还可以足不出户，通过监听对讲系统的监听功能了解犯罪人的改造表现，作出妥善应对。

2. 实现丽江监狱指挥中心警务模式的创新

丽江监狱以监狱指挥中心为龙头，打造安防系统指挥的枢纽，是监狱警务体制、机制的一种改革与创新。在整个信息系统中，安防系统是监狱安全稳定的最根本保障，而指挥中心是整个安防枢纽中的枢纽。实现安防系统指挥枢纽化，也就是确立了安防平台的中枢地位，确保安防平台的综合协调、调度职能。

监狱信息化建设后，指挥中心作为丽江监狱整个安防平台的枢纽，具备以下 10 项职能：

第一是总值班室职能。丽江监狱指挥中心是监狱的总值班室，负责调度协调监狱所有的值班及执勤业务。

第二是指挥协调职能。指挥中心值班人员拥有监狱规定的指挥职权，可以直接对监狱的一般事件进行直接指挥协调，值班警察可依据不同的事件进行预案，调度相关警察进行处置。

第三是联动管理职能。丽江监狱安防系统的管理和控制实行 ABCD 四级管理体制，由指挥中心统一进行管理和调度。指挥中心值班警察按照岗位职能分为 1 号值机员、2 号值机员和 3 号指挥员，按照不同的职责进行日常工作。

第四是安全监控职能。监狱指挥中心通过视频监控系统及智能巡检系统和动态行为分析系统实现安全监控职能，及时发现监管区存在的问题并进行妥善处置。

第五是电子督察职能。监狱指挥中心负责通过安防监控平台实施电子督察职能，对在二大现场的管理警察执法执勤情况实时督察。指挥中心督察机制有：指挥中心每日 3 次电子督察，监狱值班领导日督察，警务督察大队周督察和监狱分管领导及改造科室不定期督察。

第六是信息中枢职能。指挥中心是整个监狱的总值班室，是监狱管理工作的枢纽和信息处理中心，具有信息收集、整合、传递职能。

第七是应急处突职能。指挥中心处置突发事件按照应急处突预案进行，遵循统一领导、分级负责的原则，及时有效对突发事件进行处置。

第八是接警处警职能。指挥中心对监管区发生的事件拥有知情权和处置权，各押犯单位一旦发生监管改造事件，指挥中心接到报警信息后，立即协调相关警察进行处置。

第九是对外协调职能。指挥中心在需要时负责与公安、检察院、法院、武警等外单位进行联系，联合处置事件或协调相关业务。

第十是自身建设职能。丽江监狱指挥中心是一个全新的职能部门，同时又是整个监狱信息化工作的枢纽和窗口。从人员管理、工作模式、制度规范、技能培训等方面不断加强自身建设。

（三）有利于提高监狱干警的综合素质

监狱工作信息化是一项全新的工作，它要求警察必须确立全新的监管工作理念，突破传统观念的束缚，积极接受新知识，树立新观念。在熟练掌握监管教育改造业务知识的基础上，还要积极学习计算机和网络技术等现代科技知识，不断提高自身的综合素质，适应新时期监狱信息化工作的需要。为此，在全国范围内，监狱以素质教育为契机，对监狱民警进行的计算机和网络知识的普及培训，使民警提高了工作效率，开阔了知识视野，拉近了与社会和世界的距离，在思想观念、管理方法、行为方式等方面都有了根本的转变，为监狱信息化建设打下了结实的物质和思想基础。

从云南省丽江监狱的情况看，实现监狱管理创新与变革，首先抓的是人的思想观念的创新与变革。在信息化建设初期，一部分警察，特别是年龄偏大的警察，对信息化工作不理解、不接受，甚至有抵触和排斥情绪。对此，监狱党委高度重视，采用“走出去、请进来”的方式，通过开展一系列的信息化业务培训，拓展了视野、丰富了知识、更新了观念、转变了思维模式，彻底清除与信息化条件下监狱执法工作不相适应的各种积习，逐步适应了信息化条件下监狱工作新形势、新任务、新环境、新标准的要求。据统计，自2006年至2014年4月，丽江监狱在信息化方面展开了14次培训，内容包括监管改造系统使用培训、用友财务软件使用培训、劳动改造效果评估软件使用培训、安防系统培训、手持办公自动化终端（E人E本）使用培训（针对监狱领导及改造系列的中层领导）、幻灯片的制作及视频录制工具的使用培训、服刑人员会见系统使用培训、刑罚执行平台的培训、安防系统使用再次培训、计算机基础知识培训（请丽江市古城区职高老师进行培训）、办公自动化系统使用培训、多媒体信息发布系统使用培训、刑罚执行平台再次培训等，极大提高了监狱警察的思想意识和现代信息知识及运用能力。

（四）有利于提高监狱的工作效率

从发挥现代监狱职能的角度看，监狱工作包括对外宣传、日常办公、监管安全、生产经营、狱政管理、刑罚执行等方面。监狱信息化提高了监狱办理业务的实效。监狱应用计算机网络技术，实现日常办公的自动化，节约了办公费用；生产经营管理的网络化，不但提高了工作效率，还可促进犯罪人的劳动积极性；并且，监狱管理信息化提高了监狱管理的工作效率，使监狱警察从日常繁琐的机械劳动中解脱出来，将更多的精力投入到现场管理中去，提高了监管改造工作的效率。

从全国的情况看，监狱生产管理系统即ERP系统在监狱生产中也起着越来越大的作用。通过该系统可实现计算机辅助设计产品，利用网络快速传递生产任务；利用计算机对服刑人员进行劳动管理，实现考核的细化、量化，确保考核奖罚的公开、公平、公正；用互联网发布产品信息，及时进行信息反馈等，增强监狱企业对生产的快速反应能力，提高产品的知名度和市场竞争能力，促进监狱经济快速发展。通过信息网络，可快捷对外发布监狱的文件、公告，进行法制宣传，使得公众迅速地得到监狱信息。通过采用安全可靠的加密技术，实现监狱内部信息通过网络迅速地向上级机构或组织传送和反馈。

信息技术的应用，还可优化行政管理的组织结构，而且大大降低信息的传递成本，节省警力。传统的监狱组织形式是监区—业务科室—监狱领导三级组织结构，信息技术的发展促进了传统行政组织的重构，使传统的金字塔型的行政组织扁平化，实现操作执行层与决策层直接沟通。这些信息技术保障了监狱行刑职能，实现监狱职能的纯化，提高了工作效率。

另外，监狱在业务上还与地方政府、公检法三机关、国家安全机关有着密切的联系。实现监狱系统网络端口与这些机关的网络端口相接，在确保人权和安全的前提下实现犯罪资源信息共享，将彻底改变监狱原本的封闭环境，使得执法更为透明、公开、高效。此外，监狱还可以建立适合自身工作实际的信息研判工作机制，定期对违法犯罪人员身份、地域分布、案件类别进行分析，通过不同时期的数据比较，总结发案趋势，协助公安机关打击犯罪。①

丽江监狱同时也实现了监狱工作方法与效能的变革。信息化建设前，监狱的狱政管理、刑罚执行、生活卫生、劳动改造等业务信息各自为政，数据准确率低、不能共享，手工重复操作，业务工作效率低下。通过信息网络化、资料数据化以及8套业务软件的广泛应用，推动了执法管理工作全方位的创新与变革。实现了执法信息网上录入。建立完整的执法信息资料数据库，做到执法信息实时查询、统计、分析；实现了执法流程网上管理，固化了执法流程；实现了犯罪人从收监、分押、通信、会见、生活卫生、减刑、假释、暂予监外执行、刑满释放等执法流程的网上流转；实现了信息化系统对执法过程进行自动记录和固定，实行痕迹保留和流程倒查，特别是加强犯罪人死亡处理等重要执法流程记录，确保执法过程真实可信；实现了刑罚执行软件与法院联网，通过网上报送和数据共享，在缩减环节、提高效率的同时更是保障了执法的规范性和严肃性；实现了狱内侦查途径的拓展，及时掌握犯罪人动态，提高了管理犯罪人的威慑力。原来对犯罪人违规行为的查处率在50%左右，现在接近100%；实现了犯罪人的日常管理规范化。通过门禁系统及储金系统的应用，消除了违规行为的隐患。使得对犯罪人的管理真正实现了“手无寸铁、身无分文”。实现了行政办公网络化和无纸化。通过行政办公软件的应用，在各类电子档案、材料更加规范、专业的同时，纸质材料大幅减少，节约了大量的办公经费；实现了紧急状况下监狱二级管理模式。通过快捷有效的信息网络沟通手段，对内而言拉近了指挥与实战、机关与一线的时空距离，通过调配有限的警力达到最大的战斗力，实现警力资源配置的最优化，实现了行政会议信息化；对外而言，视频会议的广泛使用，避免了不必要的人力、物力投入，简化了决策流程，减少了传达环节。丽江监狱自2014年3月至2015年3月共参加司法厅和省监狱局组织的各类视频会议11次，参会人员500人次，对照同期到省城参加会议并传达的传统模式，共节约交通费、会务费近10余万元。

云南省丽江监狱自实施信息化办公以来，提高了工作效率，解决了长期

① 蓝宇凤：“监狱管理信息化浅论”，载《广东科技》2007年第9期。

以来警力不足的问题。丽江监狱警囚比远远达不到司法部要求的18%，缺编警察达280余名。依照司法部关于犯罪人管理现场管理警察数量不低于押犯总数3%的要求，丽江监狱直接管理警察应不低于360人。在科技信息技术的参与下，现在仅用160名警察便能完成对犯罪人三大现场的直接管控。在保障了监狱安全稳定的同时，实现节省警力近200名，节省警力56%。丽江监狱安防系统建成投入使用后，丽江监狱党委审时度势，及时调整了监狱值班备勤制度，实行监区夜间1名警察值班、2名警察备勤，特警队2名警察、机关3名警察备勤的模式，便能全方位掌控犯情、狱情，并能有效处置突发事件。原来夜间值班备勤模式需用130名警察，现在只需要用60名警察。实现了节省警力70名，节省警力54%。

（五）有利于实现监狱矫正教育犯罪人的职能

监禁刑的执行出现越来越多的弊端，推动了18世纪末期的西方监狱改良运动，自此监狱行刑的观念产生了转变。以龙勃罗梭为代表的刑事近代学派提出了刑罚的执行不应该是对犯罪人的威吓和报应，而应该是对犯罪人的矫治。受其影响，监狱行刑观念的日益进步，催生了现代刑罚制度的萌芽和确立，极大地促进了监狱行刑制度与模式的变革与发展。① 在这一发展过程中，对犯罪人的矫正逐渐为人们所重视，并成为监狱行刑最根本的职能之一。犯罪人矫正要取得预期的效果，需要具备两个条件：矫正措施的科学、合理，犯罪人参与和接受矫正的能动性、积极性。因此，如何对犯罪人实施矫正激励，调动犯罪人的积极性，实现矫正目标，已成为当今世界各国监狱行刑面临的重要课题，是实现现代监狱职能的根本体现。

研究犯罪人矫正激励，就要研究犯罪人在矫正中的需求，选择适宜的激励手段和方法，以充分调动犯罪人参与和接受矫正的积极性，即解决好犯罪人接受矫正的动力问题，从而提高矫正质量，顺利实现矫正目标。信息网络技术等现代化教育手段的运用，可以丰富教育改造内容，完善教育改造手段，使教育改造从封闭走向开放、由传统转为科学，促进犯罪人改造质量不断提

① 刘琦璐：“罪犯矫正科学化——矫正激励的研究”，http：//cnprison. cn/bornwcms/Html/jygzyj/2013－02/27/4028d1173 cf03217013d1bb833f94b69. html，访问日期：2013年12月7日。

高。从目前情况看，信息化在远程教育、个别教育、心理咨询、犯罪人改造质量评估、监狱生产等方面得到了广泛运用，为提高犯罪人改造质量增添了便捷载体，促进了资源共享，带动了监狱矫治改造犯罪人工作水平的跃升。监狱建立专门的犯罪人教育改造网站，为犯罪人的教育改造提供了新的平台。犯罪人心理测试、改造质量评估等应用系统也在逐步运行，可视心理咨询、视频会见、短信平台等手段的应用，推动了教育改造科学化、社会化进程，增强了教育改造实效。犯罪人的矫治不仅体现在监狱内部教育和心理矫治方面，还体现在利用信息技术通过社会力量和亲情的力量配合进行。服刑人员家属远程探监系统、远程教育系统使这些举措的实施成为可能。监狱信息化可以促进多功能社会化犯罪人教育和改造平台的建设。

云南省丽江监狱利用信息化建设，实现了教育改造的变革。在监狱信息化建设前，教育改造主要是以“我教你学、我说你听、我打你通”的人对人、面对面填鸭式强制灌输教育模式。把信息化全面引入教育改造各个领域和环节，是实现教育手段创新、教育资源整合、教育模式变革的重要举措。丽江监狱通过信息化建设，丰富了教育改造的工作内容，凸显了改造犯罪人的职能：通过犯罪人信息的采集和智能化分析，为警察开展个别教育、心理矫治、改造质量评估工作提供参考和依据。推动心理矫治工作发展；通过犯罪人心理咨询、心理矫治、心理测试软件的运用，建立健全犯罪人心理档案，增强针对性和实效性，提高心理矫治工作科学化水平；通过广播、视频教育等方式，拓展教育渠道，丰富了思想、文化、技术“三课”教育模式；通过短信平台的应用，方便了犯罪人快速与亲属联系，又克服了亲情电话不容易监听、监控的弊端；引进数字教室、数字图书馆，充实了教育资源，丰富了监区文化建设；在出监教育等方面，挖掘社会信息资源，更好地帮助犯罪人了解掌握社会发展变化及就业政策、就业信息等各方面情况；通过信息化的教育改造模式，实现了“三课”教育全覆盖、心理矫治出成果、个别教育有实效、社会帮教有创新的格局。2012～2013 年，顽危犯转化率提高了 30%，刑释人员重新犯罪率有较大幅度下降，极大地稳定了犯罪人思想，促进了监狱的安全稳定。

（六）有利于实现社会监督

监狱是社会的一扇窗口，向社会宣传监狱，让社会了解监狱，勇于接受社会监督，建设一个有利于监狱发展的外部环境是十分必要的。这是司法部贯彻落实党的十八大、十八届四中全会精神，实现依法治监、推动法治中国建设、平安中国建设的一项重要举措，对进一步深化狱务公开工作、保障犯罪人合法权益、规范监狱执法行为、提升监狱执法公信力、预防司法腐败、促进社会公平正义具有十分重要的意义。

由于监狱自身的工作性质和我国传统文化对监狱的态度，长期以来监狱处于封闭的状态，与社会的联系较少，造成人们对监狱知之甚少。信息的闭塞导致了监督失灵。这种状况需要得到改变。监狱作为国家主要行刑权运用的机构，对其权力的监督是权力不发生腐败的根本措施。为此，司法部于2015年4月印发了《司法部关于进一步深化狱务公开的意见》，依从了社会信息传播学基本规律，以社会公众、犯罪人近亲属和犯罪人三个不同受体为对象，通过网络信息公开及自媒体下的信息发布与信息反馈两个不同传播渠道，明确和细化了狱务公开的原则。

监狱信息化是实现狱务公开的平台，通过建设狱务公开系统，使服刑人员亲属及其他社会各界人士，能够更加及时准确地了解国家法律法规、监狱方针政策、狱内新闻等动态信息，避免因信息不畅而造成信息中断和丢失，消除服刑人员及其亲属和社会公众等对监狱产生的误解，从而树立起监狱的良好形象，争取社会各界对监狱工作的支持。

丽江监狱将利用信息化技术桥梁搭建监狱与社会之间关系的问题作为一个重要的课题研究，以求在实现狱务公开方面有正确的理论指导和技术支撑。研究思路是：一是在确保安全的前提下，如何与社会、政法机关、犯罪人家属建立良好的互动关系；二是需要梳理和明确面对不同的主体可以共享哪些信息，如何共享，监狱系统内部如何规范相关工作的操作程序。在实际工作中，丽江监狱采取主动态度，联系政法部门和当地政府，商谈建立信息共享机制，目前与丽江市政府、丽江市检察院等单位实现了信息联网。

五、云南省丽江监狱信息化建设状况和取得的成绩

（一）云南省丽江监狱信息化建设概况

云南省丽江监狱位于我国西南边陲，是一所综合型中度戒备监狱，是全国监狱劳教工作先进单位、省级现代化文明监狱。从成立以来一直承担着监管改造犯罪人的任务，曾在艰苦的条件下，成功改造了服刑犯罪人，多次获得全国、省级监狱的表彰。在监狱信息化方面，云南省丽江监狱在领导的重视、广大监狱警察的精诚团结下，脚踏实地地践行着实现信息化的每一项工作。

20世纪八九十年代，云南省丽江监狱开始着手为实现监狱信息化做力所能及的尝试——电脑办公。监狱通过购置个人电脑辅助实施一些最基础的政务活动，譬如文件处理、档案处理等。鉴于各个电脑之间没有联网，各监狱以及监狱内部都是一个个孤立的信息点，不能形成纵向和横向的系统内部信息办公网络。2000年以后，云南省丽江监狱积极响应国家建设电子政务为核心的数字化监狱的号召，努力学习北京、南京、上海、深圳、广州等沿海发达城市的监狱信息化建设，积极进行监狱信息化建设，成为云南省监狱进行信息化建设的试点单位。

云南省丽江监狱信息化建设总体规划方案于2011年6月15日通过省局评审组评审，根据《云南省监狱管理局关于下达信息化建设项目投资计划的通知》和省局关于监狱信息化建设的相关要求，云南省丽江监狱于2011年8月18日委托云南省丽江金元招标有限公司进行招标，云南东阳科技有限公司以597 317.97元中标；2012年2月15日，进行了信息化建设（一期）扩建项目的招标工作，云南东阳科技有限公司为中标单位，中标价为2 799 700元。云南紫金实业发展有限公司进行全程监理。整个项目的建设范围涵盖中心监管区各监区、医院、车间、食堂、周界围墙等和外围四、七、九监区；建设内容包括机房和接地防雷系统、综合布线和网络通信系统、指挥中心系统、视频监控系统、监听对讲系统、紧急报警系统、电子巡更系统、公共广播系统、围墙电网系统、周界雷达报警系统、门禁系统、安检系统、目标地理信息管理系统、武警部队执勤目标安全保障系统和会见录音系统等共17个

子系统。

该项目共建设17套子系统：指挥中心系统建设指挥中心1个，指挥分中心24个，指挥中心和分中心均配备综合安防平台端和报警端管理计算机。机房建设及防雷接地系统已按机房相关标准建设完成中心机房1个，汇聚机房1个，分中心机房19个。综合布线和网络通信系统采用万兆主干、千兆到桌面的数据通信方式，共建成监狱专网、电子政务网、机要网、服刑人员专网、互联网共5套网络，各技防系统硬件设备的线路连接全部完成。视频监控系统共安装1017个摄像头，其中半球592个，枪机402个，球机18个，云台3个；高清点位237路，标清点位780路，实现了监管区内建筑物的全覆盖；视频监控存储设备和图像智能分析服务器部署到位，摄像头选型和视频监控存储时间符合省局要求。智能分析报警系统在周界围墙所有监控点位及监区重要通道监控点位部署有103路。监听对讲系统安装监听、对讲、广播、报警四合一分机共计281套，部署于犯罪人监舍，主/分控主机17个，可实现语音监听、室内广播、人员报警和对话功能。紧急报警系统、电子巡更系统在监舍楼走廊、公共活动场所等区域部署主动按钮报警点130个，在线式巡更点90个，报警巡更平台14个；公共广播系统在监舍楼走廊、公共活动场所等区域部署广播点160个，广播平台17个，可实现分区、集群、定时等多功能广播。围墙电网系统新建智能电网防区20个，升级整合原有电网防区20个，实现主机或电脑客户端统一管理。周界雷达报警系统部署微波对射雷达报警点22对。门禁系统共建设1套，采用卡片加密码识别方式的人形门禁部署在中心监管区一大门及指挥中心。此外，还部署车辆底盘扫描系统1套，车辆防撞破胎系统1套，以对进出监区车辆进行防范管理。安检系统共安装安检门15套，部署在各监区、医院等押犯出入通道，并配备手持金属探测器；AB门配备X安检设备1套。目标地理信息管理系统部署GPS定位跟踪、实时监控功能的车载设备2套于救护车和押犯车，另配备移动设备2套。武警部队执勤目标安全保障系统建设武警指挥分中心1个，配备对讲、报警、监控分控平台及2×2的46寸拼接大屏各1套。整个项目历时14个月，综合布线等前期工作于2011年12月完成，设备安装工作于2012年4月初完成，系统调试及第二阶段建设的实施工作于2012年6月完成。

云南省丽江监狱采用全数字化运行管理和高覆盖率的技防系统，并在东阳科技的推荐下在系统内率先引进微波电子虚拟墙技术、智能电网技术，在周界形成围墙、双重电网、视频监控、雷达报警、智能分析报警相结合的多重防线；在一大门部署车辆底盘扫描和防暴破胎装置。使得丽江监狱在周界和监管区通道等重要区域从被动防范变为主动防范，将安全防范工作推上一个新台阶。

同时，丽江监狱信息化建设采取数模结合的集散式系统结构。在主干系统上，形成模、数双路结构。以视频监控为核心实现相关子系统的技术集成和功能联动，监控系统的控制信号和报警信号应通过综合信息网传输。以各分管理中心为节点，构成整个监狱的数字监控网络。基于IP（Internet Protocol）架构的视频监控系统具有实时性强、图像质量好的优点，且技术成熟、可靠性好、标准化水平高、产品选择范围宽。充分发挥数字系统的易存储性以及网络远程访问和控制、管理方便等特点，建立一个既便于分级监控又能实现集中管理的系统，并融入整个信息系统中。在保障系统稳定实用的前提下综合运用计算机网络技术、多媒体视音频技术、数据库技术、现代通信技术，将视音频、报警、对讲、出入口控制等的控制、显示、储存、传输、查询纳入计算机网络的统一管理，加强数字、模拟系统的结合程度。两者互为补充、相辅相成，共同构建实用、高效、快速反应的监狱智能化管理系统体系。

综上所述，丽江监狱十分重视信息化建设工作，近年来由丽江监狱领导层牵头对国内信息化发展水平较好的监狱进行考察学习，借鉴先进经验和技术并结合自身情况进行发展建设，对信息化建设投入了大量的资金，建成了集监控监听、人员定位、自动感知、智能报警功能为一体的安防系统。完成了监狱指挥中心和监区分控平台的建设，指挥中心和分控平台是监狱信息化管理的重要载体，担负着各类信息的汇集、各种指令的下达以及起到对监狱进行动态实时管控的重要作用。随着安防系统的建立，各类设备产生的数据海量增长，对于传输和储存的要求不断提高，建造了光纤传输管路和数据存储服务器。对信息资源的采集设备、通讯设备、传输线路、储存服务器以及信息化安防设施都进行了较高标准的配备或建设，为信息化管理奠定了良好的基础条件。从当前监狱信息化基础设施配备的综合实力看，云南省丽江监狱管理水平已经处于国内较为领先的位置。

（二）云南省丽江监狱信息化建设的具体成果

在运用科技信息手段促进监狱管理创新与变革的道路上，丽江监狱已经迈出了坚实的步伐：通过信息化建设，丽江监狱的物防和技防水平得到了质的飞跃，打破了以人和纸张为媒介的信息传递传统模式，实现了办公的自动化、网络化和无纸化；实现了信息技术运用的全员化，警察的科技意识和科技素质显著提高，全面提升了犯罪人改造质量，加速了监狱内涵建设。具体说来，云南省丽江监狱信息化建设的成果如下。

1. 监狱业务工作的信息化提升建设

从2011年开始着重推进信息化建设工作以来，云南省丽江监狱迄今在6套网络的基础上共建成并应用了8套业务网络系统的40个子系统，涵盖了监管安全、教育改造、狱政管理、劳动改造、刑罚执行、财务核算、队伍建设、行政办公等业务领域。其中，6套网络具体包括：监狱专网（用于各类业务系统的数据传输）；电子政务网（用于和丽江市政府部门及业务往来单位进行公文交换、业务交流）；机要网（用于全省机要文件传输）；服刑人员专网（用于各项教育业务系统的数据传输）；互联网（用于互联网业务）；备用网（上述5套网络的应急备用网络）。

2. 监狱安全稳定工作的信息化提升建设

技防系统是云南省丽江监狱信息化系统中的重点，包括：机房建设和接地防雷系统、综合布线系统、监狱指挥中心、视频监控系统、监听对讲系统、紧急报警系统、巡查系统、广播系统、围墙电网防范系统、周界防范报警系统、门禁系统、安检系统、目标跟踪地理信息管理系统、武警部队执勤目标安全保障系统、会见录音系统、动态行为分析系统、智能巡检系统等17个子系统。

3. 监狱教育改造管理工作的信息化提升建设

云南省丽江监狱在教育改造方面应用网络电视教育系统、演播系统、入监模拟实训网络系统、出监模拟实训网络系统、视频咨询网络系统、社会适应性考核评估系统、远程帮教和短信平台等。

网络电视教育系统分为16个频道：转播外部有线电视频道10个，可以收看卫星有线电视；用于网络电视教育系统6个，可以直播领导讲话、现场教学及重要通知，可以转播网络节目、录制好的教育内容，还可以将服刑人员的减刑、奖惩、考核等狱务公开信息通过信息发布频道在服刑人员监舍电视及活动室电视上公示。

演播系统：是制作和发布网络电教信息的平台，配置有直播摄像机、专业功效、调音台、直播工作台、硬盘播出工作站及专业编辑软件。通过该系统，可以录制出高质量的教学视频文件及广播音频文件，可以将录制好的教学视频、音频通过网络电视教育系统及广播系统对服刑人员进行教学、教育。

入监模拟实训网络系统：通过该实训系统，使新入监犯罪人了解掌握监狱制度，尽快适应监狱生活。

出监模拟实训网络系统：包括司法服务模拟业务办理软件、派出所模拟业务办理软件、行政服务模拟业务办理软件、就业服务模拟业务办理软件。通过该实训系统，让刑满释放犯罪人熟悉以上服务的各项流程。

社会适应性考核评估系统：针对出监实训过程，考核实训成果，提供出监工作考量与评估依据。

视频咨询网络系统：运用视频网络的信息化技术开展个体咨询和服刑指导工作，帮助犯罪人解惑释疑，协助责任警察全面掌握犯罪人思想动态，同时解决女警面对犯罪人咨询的安全隐患问题。

远程帮教和短信平台：将信息化手段引入对犯罪人的社会帮教工作，摆脱了帮教的时间和地点限制。既方便了犯罪人快速与亲属联系，又克服了亲情电话不容易监听、监控的弊端。

数字教室、数字图书馆：在每个监区配置有手持终端，服刑人员通过手持终端下载数字图书、数字电影、教育资源，进一步充实了教育资源，丰富犯罪人的业余生活，促进犯罪人积极改造。

心理健康诊断网络系统：包括心理测评软件、快乐芯生物反馈仪、音乐治疗。运用心理健康诊断网络系统，作为犯罪人考核评估依据，同时对有一般心理问题的犯罪人起到缓解紧张、焦虑情绪的作用，促使其正常投入改造。

4. 监狱劳动改造管理工作的信息化提升建设

云南省丽江监狱信息化在劳动改造方面的应用主要围绕劳动改造效果评

估系统开展，该系统能够对犯罪人的劳动技能、劳动素养、劳动绩效进行评估，全面、客观、真实地反映了犯罪人劳动改造现实表现，还具有把犯罪人的个体评估数据自动生成小组、分监区、监区的综合评估结论，能够对犯情做出预测、预报、预警，达到犯情分析的效果。丽江监狱属于该系统首批推广的10家监狱之一，现已在整个监狱9个押犯单位全面使用，效果良好。

5. 监狱狱政管理工作的信息化提升建设

云南省丽江监狱在狱政管理方面的应用主要是围绕监管改造系统开展，该系统管理整个监狱犯罪人基础数据，是监狱对犯罪人实行监管改造工作的信息源，具有查询、统计、打印各类名册、执法文书、报表等功能。在完成对执法信息网上录入、建立完整的执法信息资料数据库的基础上，可做到执法信息实时查询、统计、分析。此外，监狱还利用会见管理系统对服刑人员亲属接见资格进行识别和审查，实现对全程会见的管理，实现登记、身份认证、监听、录音回放等功能。

6. 监狱刑罚执行管理工作的信息化提升建设

在刑罚执行方面的应用上，云南省丽江监狱信息化工作围绕并利用刑释解教人员信息管理系统、刑罚执行管理系统、刑罚执行报表系统开展。刑释解教人员信息管理系统还实现全国联网，看守所、监狱、司法局可实现数据共享，各部门可实现联动。在犯罪人释放前1个月将改造表现、释放时间、评估结果等信息录入系统，告知犯罪人居住地司法机关，司法局根据录入的信息开展安置帮教工作。刑罚执行管理系统包括收押、释放、减刑假释、暂予监外执行、申控检、辅助管理、统计分析、综合查询等8个子系统。该系统可以实现与司法机关的互联，实现资源共享，检察院可进行全程监督，确保执法的公开透明。刑罚执行报表系统可访问监管改造系统数据库，并根据统一的模板生成报表，填写数据后可形成完整的报表，使报表工作规范化、程序化。

7. 监狱财务核算工作的信息化提升建设

财务核算方面，云南省丽江监狱信息化工作主要以运用服刑人员电子超市及储金系统和应用财务 NC 平台为主。服刑人员电子超市及储金系统包含犯罪人存款管理、零花钱管理、超市物资存货管理、犯罪人消费管理、实时消费余额通知、财务报表、网上购物、网上结算、订单配送等功能。该系统实现了实体店超市购买与内部网店配送相结合的犯罪人物资供应模式。服刑人员在本监区刷卡购物，同时系统自动登记其总账、明细账以及相关的库存账。该系统的运用避免了犯罪人在从监内到超市购物过程中进出监狱所带来的监管安全隐患，可以节省人力和物力，保障犯罪人在监内合法财产的权益，使犯罪人在监内的存款、收入、消费等环节明晰化、信息化。财务 NC 平台提供了财务会计、管理会计、资金管理、资产管理、预算管理、人力资源管理、供应链、分销分析决策、合并报表等完整的解决方案。通过该平台，财务支出的每一笔账目都可被查询、被监督，实现了财务核算电算化。

8. 监狱人民干警队伍建设工作的信息化提升

队伍建设方面，云南省丽江监狱信息化工作主要有多媒体信息发布系统和队伍建设管理信息系统。云南省丽江监狱多媒体信息发布系统具有多媒体信息发布功能，可以将监狱的宣传信息、会议通知、调动通知、放假通知、对外宣传资料、狱务公开资料等信息通过该系统发布。支持视频、图片、文本、Flash 动画、幻灯片演示、网页等多种格式。支持远程网络集中统一管理，一套管理软件实现全网管理，支持对终端的分区、分组、分级管理。该系统采用 B/S（Browser/Server）架构，通过浏览器访问内容服务器即可登录系统后台进行信息的编辑及发布。该多媒体信息发布系统的建立有利于更高效、更精细地向监狱干警发布相关信息。

另外，建成了针对监狱人民警察队伍建设的管理信息系统，包括党员管理信息库、公职人员管理库、人事信息管理库、监狱人民警察定期报表统计库、警衔管理系统库。以上信息库涵盖了编制信息管理、人员信息管理、数据信息管理等功能，对监狱警察队伍构成情况进行有效的统计，可及时掌握全狱基础信息，有效地缩短了上报材料编辑慢与查找难等问题，为及时解决警察职工切身利益提供了有力的保障。

9. 监狱行政办公工作的信息化提升

云南省丽江监狱在行政办公方面有 OA 办公自动化系统、档案管理系统、非涉密公文交换机传输系统。OA 办公自动化系统是将现代化办公和计算机网络功能结合起来的一种新型的办公方式，包括公文发文、公文收文、签报审批、通知和公告、会议管理、邮件管理等功能。该系统实现了公文流转自动化，优化现有的管理组织结构，调整管理体制，在提高效率的基础上增加协同办公能力，强化决策的一致性，实现公文流转、审核、签批等行政事务的自动处理，让日常办公变得快捷、高效。视频会议系统是一种新型的可视化的远程会议方式，该系统通过监狱专网及多媒体设备，将省监狱管理局会议现场与各监狱会议现场互联，有效地实现了省监狱管理局及各监狱之间的互动和交流，提高了会议的精准度和便捷度。档案管理系统包含档案目录查询、档案摘要查询、报表统计等功能。使得档案管理更加便捷、归档管理更加规范。非涉密公文交换机传输系统包括收文、发文、已收文管理等功能模块，使云南省丽江市政府与丽江监狱的电子政务系统实现了在互联网的基础上关于非涉密公文的流转。

（三）云南省丽江监狱信息化建设工作的展望

虽然云南省丽江监狱系统信息化建设经过近几年的努力，也取得了一定的成绩，但由于起步较晚，与上级的要求、与司法行政系统网络建设和整体应用相比，还是有差距的。在后续的工作中，全狱干警将统一思想，戒骄戒躁，继续努力，不断探索。下面是云南省丽江监狱信息化工作在下一阶段的工作重心：首先，进一步培训监狱警察，提高他们的信息化意识，增强他们的应用能力；其次，鉴于已与检察机关联网，实现了检察机关提前监督狱务，下一步工作就是主动与当地公安机关和人民法院联系磋商，争取早日促成政法机关之间的网络互通，深化狱务公开；再次，完善相关的管理制度，保障信息安全；最后，加强网络新媒体技术应用探索，提高网络舆情应对处置能力。

>> 第一章

信息化建设与现代监狱职能

现代监狱作为执行监禁刑的专门机构，承担着实现现代监禁刑惩罚犯罪之报应刑功能和教育矫正犯罪人之目的刑功能的工作。随着现代科学技术的发展，信息化建设对监狱工作提出新的挑战和要求，也为现代监狱更好地提升惩罚犯罪与改造教育犯罪人的职能提供了机遇和技术基础。

第一节　监狱执行监禁刑的历史进程

一、监狱与监禁刑

监狱和监禁刑都是人类历史上用于惩治犯罪的制度。从发源来看，监狱的起源甚至早于监禁刑的起源，但近现代意义上的监狱却是在监禁刑成为刑罚主导方式之后才逐渐兴起的。

监狱作为阶级统治的产物，很早就出现在人类历史中，作为“利用封闭隔离手段剥夺人身自由的机构设施”，监狱的外在形式一度表现为利用洞穴、畜栏等作为监所、使用飘浮“地狱”——囚船等。但历史上的监狱主要关押包括尚在诉讼程序中的未决犯、判处死刑执行之前的死刑犯等在内的较多主体，并不仅仅是用于执行监禁刑这一刑罚方式的专门国家机构。近现代意义上的监狱，即专门用于执行监禁刑的专门国家机构，是随着监禁刑成为刑罚主导、国家公权力主导刑事司法程序而逐渐产生的。

近现代意义上的监禁刑，广义上可以指一切以剥夺犯罪人身自由为内容的刑罚方法，包括拘役、徒刑等；而狭义上的监禁刑则仅是指剥夺犯罪人人身自由、拘禁犯罪人于监狱的一种刑罚，主要包括在监狱执行的徒刑。出于本书主题的考虑，本书在狭义上使用“监禁刑”这一概念。这种以剥夺人身自由为执行刑罚标的的监禁刑是在近现代资产阶级胜利、人身自由成为天赋人权等历史条件成熟后才兴起乃至成为刑罚主导的。

因此，本书所指监狱仅指关押和改造已决犯、以剥夺该犯罪人人身自由为执行标的的、国家设立的专门机构；本书所指监禁刑仅指作为近现代刑罚主导的、剥夺犯罪人人身自由的刑罚方式。

二、监狱执行监禁刑的历史进程

监狱作为法律意义上专门用于执行剥夺犯罪人自由之监禁刑的机构，监禁刑作为剥夺犯罪人自由的刑罚种类和方式，其历史发展主要经历了以下阶段。

（一）近现代监狱改革之前的监禁刑

西方资产阶级革命胜利之前的中世纪乃至更早的历史阶段，监禁刑虽然存在，但不是刑罚的主要方式，也与近现代意义上的剥夺犯罪人自由的监禁刑相区别。

在这个前监禁刑时代，刑罚主要有以下不同形式：公开施加耻辱的肉刑（如理查德·霍金斯和杰弗里·P. 阿尔伯特指出，“从中世纪一直持续到18世纪的典型刑罚方法是在公共场所展示犯罪人的身体，使其蒙羞和肉体遭受痛苦是刑罚的目标”①）；各种残酷执行的死刑（死刑分为速死和缓死：速死如砍头、斩首、绞死等，缓死如淹死、烧死等折磨致死）；驱逐犯罪人的流放刑（从性质上说，流放刑是将犯罪人驱逐出社会，通过给予受刑人“无限自由”的方式达到隔离的目的，可谓“自由和监禁的奇怪结合”②）；作为轻刑的罚金刑和少量的监禁刑。

---

① ［美］理查德·霍金斯、杰弗里·P. 阿尔伯特：《美国监狱制度——刑罚与正义》，孙晓雳、林遐译，中国人民公安大学出版社1991年版，第5~6页。

② 同上书，第8页。

其中，这一时期的监禁刑主要针对过失犯、诈骗犯、盗窃犯、伪证犯或罢工者等轻罪，量刑一般不超过3年，其不仅在数量上不占主导，而且在执行上也呈现“隔离但非禁闭”的状态，[①] 其重点主要在隔离犯罪人使之无法危害社会。相应地，这个时期的监狱在作为隔离犯罪人的单纯场所的刑罚执行机构的同时，更多地是用作关押处于诉讼程序中的人和进行社会收容，并非现代意义上的监禁刑执行机构，其在内部管理上也没有分押分管、教育矫正犯罪人的内容。如18世纪的欧洲监狱主要分为三种类型：第一，负债人监狱，用于关押民事负债人，但这部分负债人不用戴镣铐，也不被强迫劳动，并且与外界的交往也不被禁止；第二，拘留所，用于关押等待审判的罪犯、等待执行死刑的死刑犯、等待送往流放地的流刑犯和少量真正执行监禁刑的罪犯，但对他们没有分类管理；第三，矫正院，用于收容流浪汉，使其通过关押劳动养成勤劳的习惯。

应该说，这个时期的监禁刑发展势弱与其特定历史阶段下人们对刑罚、对犯罪、对刑事司法的观念是密切相关的：在中世纪乃至更早的历史阶段，犯罪人人权受到漠视乃至践踏，进而导致肉刑、死刑泛滥，人们对刑罚的观念也更多停留在惩罚犯罪人的阶段，国家追诉犯罪并负担犯罪人刑罚支出的观念还未建立，专门的刑罚执行机构也未与诉讼程序中强制措施羁押机构分离，因此，对犯罪人采取隔离关押并在其中进行教育矫正的监禁刑仍然是刑罚的少数派，由国家设立专门的监狱对犯罪人进行规范的关押管理在这个阶段并不是刑罚的主流。

（二）监禁刑作为刑罚主导的阶段

随着资本主义经济的萌芽和发展、资产阶级启蒙运动的发生，近现代监禁刑在十七八世纪发生了重大的变革：人们越来越意识到自由作为人类的基本价值之一是人人享有的天赋权利，因此以剥夺自由作为一种刑罚方式的监禁刑获得了更多存在的空间；另外，由于商品经济的发展、知识的进步、社会的发达，社会公众尤其是资产阶级统治者有了新的刑罚观念，认为对犯罪人定罪量刑不应只是报应和赎罪，而是要实现惩戒犯罪，威吓潜在的犯罪人，

---

① 郝方昉：《刑罚现代化研究》，中国政法大学出版社2011年版，第21页。

教育改造犯罪人今后不再实施犯罪，起到一般预防和特殊预防的作用；并且，近代资本主义刑事司法体系的建立及国家公权力对刑事诉讼的介入等元素，也进一步造成了监禁刑的繁荣发展，相关刑罚种类也从以死刑、肉刑为中心到以监禁刑为中心（如德国于 1871 年颁布的《德国刑法典》在总则中规定法定刑种为死刑、无期徒刑、有期徒刑、苦役、拘留、罚金和剥夺公权等），监禁刑最终成为近现代刑罚的主导。

随着刑罚理念及社会环境观念的变化、资本主义刑事司法机制的建立健全，原先还具有一定羁押诉讼程序中犯罪人和社会收容功能的监狱最终成为单一执行监禁刑刑罚的国家机构，而推动监禁刑发生变革的时代力量同样推动着监狱在管理理念、硬件规制等方面发生变革：刑罚目的之报应理论和预防理论的兴起，推动人们开始反思，监狱不再仅仅是消极地关押犯罪人的地方，其在通过关押犯罪人实现对其自由的剥夺的同时，还负担着威吓潜在的犯罪人、教育改造犯罪人今后不再实施犯罪的预防功能，承担着“犯罪人的教育与改善”职能。因此，监狱在内部管理等方面都发生了巨大的变化：完整专业地对犯罪人分押分管（如《英国监狱规则》根据犯罪人人身危险性将囚犯分为四大类，采取不同的管理措施和要求：A 类犯罪人，是指其逃跑将会给社会公众带来极大危险的犯罪人；B 类犯罪人，是指那些逃跑将会引起危险，但是并不需要实施最高程度的安全保护的犯罪人；C 类犯罪人，是指那些既没有逃跑想法又没有逃跑的智谋、方法的犯罪人；D 类犯罪人，是指那些既没有危险性又不可能试图逃跑的犯罪人①）和半军事化的管理（具体体现在半军事化的作息表、半军事化的纪律要求、半军事化的着装、半军事化的建筑模式等上），替代了原先松散的隔离要求；在监犯罪人除人身自由被剥夺外，还在监狱中通过劳动和规训等方式实现教育改造的目的。

美国在近现代监禁刑制度方面可以说是先驱。1821 年开始，美国的纽约州和马萨诸塞州建立了所谓的“奥本制”（又称沉默制）监狱，这种监狱模式根据英国监狱改革家霍华德的改革构想，提出在监狱中建立工场，白天让

---

① ［英］麦高伟、杰弗里·威尔逊主编：《英国刑事司法程序》，姚永吉等译，法律出版社 2003 年版，第 11 页。

在监犯罪人在工场工作，但严禁交谈，晚上则回到单身房间。试图通过保持沉默使囚犯之间相互沾染恶习的机会得到避免，并通过劳作教导犯罪人谋生的方法和养成自给的习惯。另外，1870 年在美国辛辛那提举行的美国监狱会议堪称近现代监禁刑发展史上转折点，这次会议上所作的"原则宣言"明确排斥报应思想为行刑的基础，并提出监狱重入社会的理念应为监禁刑的基础；监狱的建筑应当加以改革，体现宽敞明亮，而且是适合某一类型犯罪人形态的小型机构；监狱的教育内容除了工业训练外，还应有社会训练，监狱的任务应该是培养有工作意愿与工作能力的国民。[①] 这是对监禁刑理念的极大丰富，也奠定了近现代监禁刑的基础。

（三）现代监禁刑在行刑社会化冲击下的反思与调整

强调通过在监狱中执行监禁刑实现对犯罪人的矫正、个别预防的矫正刑理念作为监禁刑成为刑罚主体的基础，似乎仅在理论方面很"丰满"，却在司法现实中很"骨感"，未能取得预期的好效果。20 世纪中叶以后，各国纷纷出现犯罪率上升（尤其是累犯犯罪率上升）的现象。

鉴于此，人们开始反思监禁刑的实效：首先，监狱内聚集大量犯罪人，其滋生的监狱亚文化现象可能使犯罪人彼此传授犯罪技巧和行为恶习，不但未能成功教育矫治犯罪人，反而因为"交叉感染"而使犯罪人具备更大的不良犯罪信息和行为模式（对青少年犯罪人和短期监禁刑犯罪人尤甚）。其次，"贴标签"的社会心理使得出狱的犯罪人很难重新融入正常社会生活，因此即使其在监狱中已经成功教育矫正，出狱后生活的举步维艰仍然有可能让他走投无路，重新踏上犯罪的道路。再次，犯罪人接受监禁刑的过程远离其生活工作的社区，长期的监禁隔绝可能导致犯罪人出狱后无法适应社区生活；其社区也因未能参与到犯罪人的教育矫正过程中，无法顺利接纳和帮助犯罪人的回归，进而给犯罪人重新回归社会生活带来困难。最后，由于监禁刑的广泛适用，由国家负担费用的监狱已经人满为患，财政负担日益加重。

监禁刑所体现出来的这些负面效应，使人们将社会复归模式纳入刑罚执行视野，对犯罪人采用开放性刑罚的行刑社会化模式开始出现。这种所谓

① 廖斌：《监禁刑现代化研究》，法律出版社 2008 年版，第 39 页。

“开放”的行刑社会化，强调行刑应与社会、社区相衔接，其或者是依据一定标准实行开放式监禁刑（通过扩大在监犯罪人与外界的接触机会，使其出狱后能更快更好地适应社会生活），或者干脆是社区刑。前者在具体执行过程中逐渐导向分类制、开放式处遇、中间监狱制、周末拘禁、犯人自治制等不同处遇制度；而后者则在全世界范围内掀起社区矫正的浪潮。

同时，通过对监禁刑行刑过程及理念的反思，吸收行刑社会化的有益理念，现代监禁刑在未成年人犯罪处遇和轻罪犯罪处遇方面也发生了变化：西方国家对未成年犯罪人采取了不同于成年犯罪人的处遇措施，通过尽量非刑罚化、轻刑化或不定期刑处理，以达到预防、教育、保护、改造的目的；而对于轻罪，西方国家也更多采取轻刑化的处遇方式。

由此可见，经过监禁刑作为刑罚主导的阶段，人们通过对单纯监禁刑存在的弊端进行反思，提出了行刑社会化的理念并予以实践。在这种行刑社会化的冲击下，现代监禁刑也发生相应的变革：其不再单纯作为刑罚的主导，很多原先由监狱执行监禁刑的轻罪更多地开始以社区矫正或其他开放式刑罚方式处理，监禁刑的适用在数量上有所下降；而在具体执行过程中，监禁刑也开始更多地引入开放的因素，如对轻犯可在开放式监狱中行刑、对未成年犯罪人采取去刑化、轻刑化的处理等。

该等刑罚执行方式和行刑理念的变化，同样也带来现代监狱的变化：现代监狱不再仅仅是高度隔绝犯罪人、进行半军事化管理的刑罚执行机构，尤其针对轻罪犯罪人和未成年犯罪人的监狱在硬件设置和狱政管理上都朝轻缓化发展，相较而言宽松管理的监狱开始出现；监禁刑执行过程中的管理更加多样和科学（如分类制、探监制等），刑罚后续评估执行手段也更加丰富（如缓刑、假释）。

另外，以下两点需要特别指出。

第一，虽然监禁刑受到行刑社会化的冲击，但在世界性恐怖主义犯罪泛滥、黑社会犯罪和严重暴力犯罪突出的背景下，世界各国仍然坚持对该等重罪以监禁刑处理。这反映出在轻轻重重、宽严相济的两极化刑事政策下刑罚的立法配置也体现出两极化的特点：相对于针对轻罪更多以非犯罪化、非刑罚化或刑罚执行机构的社会化来说，针对重罪的立法更加严密、责任更加严格、监禁刑的适用也不可或缺。因此，可以说，尤其针对严重犯罪，监禁刑仍然是“西方国家在现代社会中对付犯罪总战略的有机组成部分，它不是可有可无的，而是西方国家护身的重要法宝之一”。[①] 如美国1970年通过的《联邦有组织犯罪控制法》、1973年通过的《洛克菲勒毒品法案》、1994年通过的《暴力犯罪控制及执法条例》及21世纪通过的《爱国者法案》等法律，都强调针对恐怖主义犯罪、黑社会犯罪和严重暴力犯罪等严重犯罪，刑罚应更注重惩罚及威慑效果，监禁刑亦获得重视，目的在于通过剥夺犯罪人的人身自由使其无法再犯罪，从而达到预防犯罪和维护公共安全的目的。

第二，在现代社会，随着保障人权观念的兴盛，人们开始反思作为刑罚历史上一直占有重要地位的死刑的存废问题，越来越多的国家（尤其西方国家）开始缩减死刑适用乃至废除死刑。如1966年联合国《公民权利与政治权利国际公约》第6条规定：不得任意剥夺人的生命，并强调即使在未废除死刑的国家也只能对犯有“最严重罪行”的犯罪人处以死刑；1989年联合国《联合国废除死刑公约》要求每一缔约国应采取一切措施在其管辖范围内废除死刑。根据英国牛津大学犯罪学专家罗吉尔·胡德教授的统计，截至2004年10月，共有81个国家废除了所有犯罪的死刑，12个国家废除了普通犯罪的死刑，35个国家事实上废除了死刑（至少10年内没有执行过死刑），三者加在一起是128个国家。[②]（我国虽然仍然保留死刑，但采取保留死刑又严格限制死刑的政策导向，并已通过数次刑法修正案取消刑法中的死刑罪名，目前保留46个罪名的死刑）。进而在这些已经废除死刑或取消死刑罪名的国家中，监禁刑（尤其较长刑期或无期监禁刑）成为现存的刑罚体系中最重的刑罚方式，这也意味着原来很多可能是由死刑作为刑罚处遇的案件，现在在死刑废除的大背景下将由监禁刑来处遇，这种情况也会增加监禁刑对重罪的适用。

综上所述，不同于监禁刑作为刑罚主导的前一阶段，现代监禁刑在行刑社会化的冲击下，发生两极的变化：一方面，针对轻罪，国家采取宽松的刑事政策，更多地采用开放性刑罚，且传统监禁刑本身在行刑过程中也发生一

---

① 甘雨沛、杨春洗、张文：《犯罪与刑罚新论》，北京大学出版社1991年版，第419页。

② ［英］罗吉尔·胡德：《死刑的全球考察》，刘仁文、周振杰译，中国人民公安大学出版社2005年版，第628页。

定变化；另一方面，在死刑废除的大背景下，针对日益增长的恐怖主义犯罪、黑社会犯罪和严重暴力犯罪等严重犯罪，国家采取严厉的刑事政策，作出更为严厉的惩处，监禁刑仍然是重点及主导。

相应地，现代监狱在执行监禁刑时也发生了变化，既体现在针对轻罪时监狱执行监禁刑的社会化和开放化元素，也体现在针对重罪时监狱执行监禁刑的更加科学严格的管理。

第二节 现代监狱执行监禁刑的职能

一、现代监狱执行监禁刑的目的

应该说，要理清现代监狱执行监禁刑的目的，有三个层面问题需要回答：首先是要回答刑罚的目的这个经典命题，其次再针对监禁刑的特殊性作进一步细化分析，最后结合时代背景落脚于现代监狱执行监禁刑的目的。

（一）刑罚的目的

1. 刑罚目的的概述

从法理上说，“目的是全部法律的创造者。每条法律规则的产生都源于一种目的，一种实质的动机”。[①] 因此可以说，刑罚的目的就是规定刑罚法律的创造者，是有关刑事法律据以制定的缘起和动机，是研究犯罪和刑罚乃至刑事法律的经典理论问题之一。大陆法系目的刑理论就将刑罚目的看作是整个刑罚制度的基础，其代表人物李斯特就认为：“个人和全人类精神发展的所有进步在于，本能行为转化为意志行为，也就是本能行为的目的性得到认识，目的或想法成为行为的动机——我们必须将这个关于刑罚的观念予以适用，并观察其发展是否也由普遍的发展规则来决定”[②]；英美法系也认为刑罚

① ［美］E. 博登海默：《法理学：法哲学和法律方法》，邓正来译，中国政法大学出版社 1999 年版，第 109 页。

② ［德］李斯特：“刑罚的目的观念”，丁小春译，见邱兴隆主编：《比较刑法（第 2 卷）》，中国检察出版社 2004 年版，第 360 页。

目的代表了刑罚的正当化适用理由和本质存在依据，将刑罚目的称为“刑罚的正当理由（justification of punishment）”。

但刑罚目的不仅是刑事法学层面的一个理论问题，其也是对刑事立法及司法实践都具有决定性作用的现实问题：从刑事立法的过程来看，“国家作为刑罚权主体从刑罚目的出发启动规定刑罚的刑事立法，并以刑罚的目的为基本参照制定刑罚的具体规定，确认刑罚的基本原则、功能、种类和体系，直到开列出详细的对与犯罪对应的法定刑的价目表，为启动刑罚确立前提基础”①；从刑事司法过程来看，由于刑事立法针对某一犯罪一般都规定不同的可以由司法者在具体案件中选择的刑种和量刑幅度，这种司法者手中掌握的刑罚自由裁量权如何运用，特定的刑罚目的就规范了司法者进行司法解释进而裁量量刑的范围，使司法者针对具体的案件最终作出的裁量能够基本符合立法时已经确定的刑罚目的；从刑罚执行过程来看，刑罚执行的具体内容和方式方法也随着刑罚目的的不同设定有所区别，随着刑罚目的从单纯的报应刑发展为强调教育矫正及预防的目的刑理念，刑罚执行的内容也从单一的隔离到增加了更多教育矫正的内容。

2. 刑罚目的的内容

正因为刑罚目的这个问题如此重要，其作为整个刑罚制度乃至整个刑法体系的基础问题，所以一直以来针对刑罚目的不同刑法学说、流派也提出不同的理念观点，形成丰富的论述。目前来看，西方学术界对刑罚目的的理论流派，主要有强调刑罚目的主要是对已发生犯罪进行惩罚的“报应刑理论”、强调刑罚目的主要是对未发生犯罪予以预防的“目的刑理论”以及结合两家之长的其他学说。正如储槐植先生所总结的：“大陆法系把刑罚理论归纳为报应刑和目的刑两大类，美国刑法理论归纳为报应主义和功利主义两大类，除表述方法有差异（大陆法系理论提‘刑罚目的’，美国理论提‘刑罚理由’，如此等等）之外，实际上是相同的”。②

可以看出，以上关于刑罚目的的学说都主要围绕两个关键元素——“报

① 李川：《刑罚目的理论的反思与重构》，法律出版社2010年版，第2页。

② 储槐植：《美国刑法》，北京大学出版社1987年版，第301页。

应”和“预防”展开。

所谓刑罚目的的报应刑理论（也称刑罚目的的绝对主义），是指刑罚的目的主要是对犯罪的惩罚和报应，其来源于“以牙还牙，以眼还眼”的自然主义报复论。这种观点认为刑罚是犯罪的必然结果，刑罚的目的就是通过向犯罪人施加一定痛苦的刑罚，使已经发生的犯罪行为的责任得到抵偿，并且通过对犯罪人实施刑罚，最终实现恢复正义的要求。正是由于实施刑罚的目的不仅仅是刑罚本身，而是最终恢复正义，因此，刑罚本身作为一种“恶”得到了正当性。

所谓刑罚目的的目的刑理论（也称刑罚目的的相对主义或功利主义），是在反思批判刑罚目的报应价值的基础上产生的，德国刑法学者李斯特于1882年在马尔布赫大学发表的“刑法的目的论”中第一次提出目的刑主义，开创了刑罚目的的目的刑理论。这种理论认为刑罚的目的除了针对已经发生的犯罪进行惩罚报应外，还应具备预防未发生的犯罪、以此防卫社会的目的，即刑罚除了具有刑罚内在基础的报应元素外还应满足人们利用刑罚所追求的其他目的，始称刑罚目的的“目的刑”理论。这种人们利用刑罚所追求达到的其他目的就是预防将来发生的犯罪，从而保护社会秩序和法益，如贝卡利亚就认为刑罚的目的包括“防止罪犯再重新侵害公民，并规诫其他人不要重蹈覆辙”。[①] 由于功利主义强调为了大多数人的利益，因此这种着眼于预防犯罪进而维护社会广大民众权益的刑罚目的观也被称为功利主义刑罚目的。在追求预防将来可能发生的犯罪、防卫社会的大方向下，针对不同主体，目的刑又分为一般预防和特别预防：其中，一般预防是指对具体犯罪人刑罚的实施，主要是为了震慑警示社会中一般人，使之不去犯罪，力图消除的是社会上潜在的虞犯，进而达到预防犯罪、防卫社会的目的，其针对的预防对象主要是社会上的一般人；特别预防是指通过对具体犯罪人实施刑罚进而杜绝其再次犯罪的可能性，并通过对其进行教育矫正尽量消除其将来犯罪的可能性，其针对的预防对象是已经实施犯罪的犯罪人。

通过以上分析我们可以看出，无论是“报应”还是“预防”，其都是刑

① ［意］贝卡里亚：《论犯罪与刑罚》，黄风译，中国大百科全书出版社1997年版，第42页。

罚目的的合理本质内涵，可以说，“报应元素乃刑罚之正当化根据，属于刑罚之基本性质，属于内在于刑罚、从刑罚的属性上引申出的目的；而预防原则则提供了刑罚的外部正当化理由，是人们对刑罚的未来寄托，是种外部目的”。[①] 而不同历史时期的不同理论流派对这一问题的研究，也正好说明了人们对刑罚目的认识的进一步深入。并且随之带来了人们对刑罚制度、行刑内容认识的进一步丰富。如在传统单一的报应刑理论下，刑罚执行过程主要强调的是惩罚性，相关教育矫正的内容不多；而在目的刑理论的冲击下，刑罚执行内容更加丰富，刑罚执行过程中越来越注意对犯罪人的教育矫正工作。

（二）监禁刑的目的

所谓监禁刑，广义上可以指一切以剥夺犯罪人身自由为内容的刑罚方法，包括拘役、徒刑等；而狭义上的监禁刑则仅是指剥夺犯罪人人身自由、拘禁犯罪人于监狱的一种刑罚，主要包括在监狱执行的徒刑。出于主题考虑，本书在狭义上使用“监禁刑”这一概念，即仅研究由监狱执行的剥夺人身自由的监禁刑刑罚。

同样作为针对人身自由的刑罚方式，监禁刑强调对犯罪人人身自由的完全剥夺，仅限制犯罪人人身自由的刑罚（如管制等）不属于监禁刑的范畴。当然，随着现代监禁刑的轻缓化和社会化发展趋势，也有一些轻罪监禁刑的执行在剥夺人身自由和限制人身自由之间有一定的交叉融合。

近现代意义上的监禁刑作为一种剥夺犯罪人人身自由的刑罚种类，是随着西方资产阶级胜利、自由逐渐成为天赋人权这一历史变革后才确立的。西方中世纪及之前的历史阶段，虽然也有剥夺自由的司法手段，但一般都是作为执行刑罚前的羁押，并非刑罚种类之一，不是近现代意义上的监禁刑。

监禁刑作为一种刑罚方式，其具有刑罚目的的通性，即具有一般报应及预防的刑罚目的。但基于监禁刑剥夺人身自由的特性，其目的也可再深入论述。

以刑罚的报应功能来说，监禁刑惩罚犯罪人是通过剥夺其人身自由来实现的。资产阶级革命胜利后，自由已经成为每个公民与生俱来的天赋人权，

---

① 李川：《刑罚目的理论的反思与重构》，法律出版社2010年版，第19页。

当人们都普遍具有自由至上的朴素情感、自由自在享受着社会生活的方方面面时，一定时间的剥夺自由、将犯罪人隔离于社会生活之外、限制其在监狱内活动的自由和空间，并且服刑时必须遵守极其严格的监管要求等会对犯罪人的精神和肉体带来极大的痛苦（尤其是长期乃至无期的情况下），这种痛苦极大地实现了刑罚所追求的报应功能，极大地满足了被害人及社会公众对恢复正义的需求。甚至可以说，可能除却剥夺生命的死刑外，近现代刑罚体系中最能体现刑罚对犯罪的报应的就是监禁刑了。

以刑罚的预防功能来说，监禁刑也以其隔离犯罪人的特性在实现刑罚的一般预防和特别预防方面颇具特色：对于一般预防来说，在人们已经习惯自由属于每一个人的市民社会中，亲眼目睹犯罪人因犯罪遭受剥夺自由的刑罚，将极大地震慑社会中的其他人，使其在产生犯罪念头时因考虑到监禁刑的恶而及时终止，最终达到消除犯罪的目的。正如福柯所言，“在一个自由受到推崇、自由属于一切人、每个人都怀着一种‘普遍而持久’的情感向往自由的社会里，监禁怎么会不成为典型的刑罚呢？这是因为失去自由对一切人都是同样重要的。”[①] 对于特别预防来说，将犯罪人统一安置在监狱中，统一安排劳动教养和矫正教育，养成健康勤劳的生活习惯、学会能够谋生的技能、从文化知识到世界观、人生观进行再教育，监禁刑为教育改造犯罪人提供了有利的外部条件，不失为改造犯罪人的有益途径。

因此，我们可以说，作为近现代刑罚主导的监禁刑，其在实现刑罚目的方面都有所长：监禁刑既能极大地惩罚犯罪人，实现刑罚的报应目的；又能有力威慑社会公众，消除将来可能发生的犯罪，防卫社会，实现刑罚的一般预防目的；还能尽量为教育改造犯罪人提供有利的外部条件，实现刑罚的特别预防目的。

（三）现代监狱执行监禁刑的目的

如前文所述，现代背景下的监禁刑在行刑社会化的冲击下，发生两极的变化：一方面，针对轻罪，国家采取宽松的刑事政策，更多地采用开放性刑

---

① ［法］米歇尔·福柯：《规训与惩罚》，刘北成、杨远婴译，生活·读书·新知三联书店2003年版，第260页。

罚，且传统监禁刑本身在行刑过程中也发生一定变化；另一方面，在死刑废除的大背景下，针对日益增长的恐怖主义犯罪、黑社会犯罪和严重暴力犯罪等严重犯罪，国家采取严厉的刑事政策，作出更为严厉的惩处，监禁刑仍然是重点及主导。相应地，现代监狱在执行监禁刑时也发生了变化，既体现在针对轻罪时监狱执行监禁刑的社会化和开放化元素，也体现在针对重罪时监狱执行监禁刑的更加科学严格的管理。

应该说，现代监狱执行监禁刑的这种变化与人们在刑罚目的大背景下对监禁刑实效的反思是紧密关联的。人们设计监禁刑时希望能更好地实现刑罚的报应功能和预防功能，但20世纪中叶以后，各国纷纷出现犯罪率上升（尤其是累犯犯罪率上升）的现象，这使得人们不得不反思监禁刑尤其在预防功能方面的缺失："交叉感染"、"贴标签"、长期的监禁隔绝可能导致犯罪人出狱后无法适应社区生活等都可能是监禁刑（尤其短期监禁刑和未成年犯罪人监禁刑）在预防功能方面表现不尽如人意的原因。在这种犯罪控制和刑罚执行的背景下，行刑社会化思潮开始兴起，轻轻重重、宽严相济的刑事政策为现代监狱执行监禁刑带来了两极化的变化。

因此，在研究现代监狱执行监禁刑的目的这个问题时，我们需要在刑罚的报应与预防功能的大背景下，结合时代特征展开两方面的分析。

一方面，针对监禁刑的轻刑部分（尤其针对短期监禁刑和未成年犯罪人监禁刑），监禁刑在预防功能（尤其是特别预防功能）方面的短板可能更为突出。因此，该部分监禁刑受行刑社会化趋势的影响较大，出现开放性刑罚（或者是依据一定标准实行开放式监禁刑，或者干脆是社区刑）的趋势，并在具体执行过程中逐渐导向社区矫正、分类制、开放式处遇、中间监狱制、周末拘禁、犯人自治制等不同处遇制。可以说，该部分监禁刑的变化更多是弱化的传统监禁刑的报应惩罚功能，而通过引入行刑社会化更着眼实现刑罚的预防功能，刑罚目的的天平在处理现代轻罪时更偏向于选择以灵活的行刑社会化改造传统监禁刑实现预防功能，而相对牺牲或弱化了传统监禁刑的惩罚报应功能。

另一方面，针对监禁刑的重刑部分，尤其是在死刑废除的大背景下，由于那些日益增长的恐怖主义犯罪、黑社会犯罪和严重暴力犯罪等严重犯罪对社会造成极大的危害，为了维护广大民众的公共利益，国家在考虑对这部分犯罪予以刑罚处遇时，更看重刑罚的惩罚报应功能及特别预防功能，更需要通过严厉的监禁刑直接剥夺该部分犯罪人的人身自由，既达到对其严重犯罪行为的惩罚报应，更能据此隔离犯罪人、杜绝其再次犯罪的可能性、实现对社会的防卫目的。可以说，该部分监禁刑的发展更多着眼于维护公共安全和社会公益，更强调传统监禁刑的报应惩罚和特别预防的功能，因此刑罚目的的天平在处理现代严重犯罪时，更偏向于强化监禁刑来实现对严重犯罪的惩罚打击及对公共安全和社会公益的保护。在此需要指出的一个问题是，死刑在刑罚历史中一直是一个非常主要的刑罚方式，一般认为，其在杜绝犯罪人再犯可能性以防卫社会和震慑社会方面具有最强的效应。但随着死刑在世界上大多数国家取消和缩减，目前对恐怖主义犯罪、黑社会犯罪和严重暴力犯罪等严重犯罪可以实施的最严重的刑罚主要就是监禁刑了，因此，监禁刑在处遇这部分严重犯罪时仍然起着不可替代的震慑作用，是当仁不让的选择。

综上所述，相较于前一个历史时期监禁刑较为单一地作为刑罚主导的情况，现代监禁刑随着时代的变迁和人们对刑罚的更深认识也发生两极化的变化，这种针对轻罪引入行刑社会化和针对重罪进一步强调监禁刑的趋势（也可以称为轻轻重重、宽严相济的刑事政策），是刑罚目的在不同类型犯罪中的不同权重平衡，体现了人们对于刑罚目的更加深入的认识，反映了人们在面对犯罪选择刑罚时更加理性、更加个性化、也更加务实的心态，也是现代社会对现代犯罪发展趋势作出的积极回应。

相应地，现代监禁刑的这种变化和刑罚目的在现代监禁刑中的不同权重平衡，具体也会影响现代监狱的发展路径：一方面，对于受行刑社会化影响的轻罪来说，原来执行这部分轻罪的监狱将面临管理更加社会化、监管相对松散、行刑制度更加多元（如分类制、开放式处遇、中间监狱制、周末拘禁、犯人自治制等不同处遇制度）乃至直接与社区矫正衔接的变化；另一方面，对于恐怖主义犯罪、黑社会犯罪和严重暴力犯罪等严重犯罪来说，有鉴于该部分犯罪人一般具有较重的主观恶性和人身危险性，监狱对其实施监禁刑时将加强监管。并且该部分犯罪人一般面临较长期限的监禁刑，这也使得这类监狱关押犯罪人的余刑一般较长，如何顺利在较长时间内对其进行监管和教育矫正也是监狱要面对的问题。

二、现代监狱执行监禁刑的报应功能

从“惩罚”和“报应”两大元素出发，结合不同的时代特色，刑罚存在多重目的与价值观。其中，作为刑罚本质属性及缘起价值的报应功能虽然受到现代社会人道主义的冲击，但由于其来源于“以牙还牙，以眼还眼”的人们普遍具有的朴素正义观，监禁刑的报应功能仍然是刑罚不可或缺的目的和当然内涵。

以下将在探讨监禁刑报应功能的普遍性基础上，结合现代监禁刑的发展，具体分析现代监狱执行监禁刑的报应功能。

（一）监禁刑能够实现惩罚

刑罚目的的报应刑理论认为：刑罚必然包含着惩罚，甚至可以说刑罚就是惩罚。这种惩罚最早来源于自然主义的报复论，被认为是来源于人类私力报复的本能，“刑罚对于损害的本能的反动，被害人把他自己能力所办得到的惩罚加在犯罪者身上，或者由他自己受害的感觉所暗示的一种惩罚施加在犯罪者身上”。[①] 随着历史的发展，刑罚权开始由私人转向国家，这种自然报复主义也历经神意报应、道德报应最终发展到法律报应的阶段。在现代法治背景下，法律报应认为：“报应预先由法律规定并与犯罪之严重程度相对立，其不是为了报偿或者满足被犯罪伤害的被害人而施加的——即便其有这方面的作用，而是为了执行法律和恢复法律秩序”。[②] 黑格尔就主张：“自由人所实施的作为暴力行为的第一种强制……侵犯了作为法的法，这就是犯罪”，“刑罚是作为否定施加于它的，相反地，它是否定的东西，所以，刑罚不过是否定的否定。现在现实的法就是对那种侵害的扬弃，正是通过这一扬弃，法显示出其有效性，并且证明了自己是一个必然的被中介的定在”。[③]

既然刑罚应具有对犯罪人的惩罚性，则通过向犯罪人施加相应的“恶”

---

① ［美］齐林：《犯罪学及刑罚学》，查良鉴译，中国政法大学出版社2003年版，第308页。

② 李川：《刑罚目的理论的反思与重构》，法律出版社2010年版，第7页。

③ ［德］黑格尔：《法哲学原理》，范扬、张企泰译，商务印书馆1996年版，第98、100页。

就是实现这种惩罚的具体途径。从古至今，这种惩罚犯罪人的“恶”包括多种方式：如从肉体上彻底消灭犯罪人的死刑、从肉体上对犯罪人施加痛苦的肉刑，从金钱上让犯罪人遭受损失的财产刑，从人的群居社会属性层面驱逐犯罪人的流放刑，以及从人身自由层面剥夺和限制人身自由的刑罚等。而监禁刑就是以剥夺犯罪人人身自由为标的的刑罚，并且随着刑罚理论的进一步丰富，监禁刑在剥夺犯罪人人身自由的同时还丰富了监管改造犯罪人的内容。

1. 监禁刑通过剥夺犯罪人人身自由实现惩罚

“自由”从词义上原是指从束缚、虐待中解放出来，获得自主与自立；从哲学上说，自由是指认识客观规律并以此来对客观世界进行改造；而从政治学上说，自由是指公民在政治上享有的自由权利，是种自由作为人的、自我决定的、不受他人干预限制阻碍的行为状态。

应该说，近现代意义上的“自由”主要是从政治学层面来说的，是随着历史社会的发展，在启蒙思想和资产阶级革命的影响下，“自由”才作为天赋人权之一的基本元素被人们所珍视、并经由法律确定下来。哈耶克就曾强调，自由指个人不受强制、不受他人专断权力控制的状态，而这种自由是由宪政主义的法治来保障的。①

对于监禁刑来说，其剥夺的人身自由主要指向的是体现在身体上的自由权能，剥夺或限制犯罪人根据个人意志进行身体活动的权利，即犯罪人不再像普通人一样可以按照自己的个人意志控制身体状况、选择活动及所处位置，相反，犯罪人将丧失该等人身自由，无法自我选择和控制身体活动。在追求平等、向往自由的市民社会中，人们已经习惯享有自由自在的生活，按照自己的意志决定身体状况，监禁刑对人身自由的剥夺当然会给犯罪人带来极大的限制、身心痛苦，进而达到对其的惩罚目的。

特别指出的一点是，监禁刑剥夺的是犯罪人的人身自由，而对于犯罪人的其他自由（如选举权、申诉权、辩护权、检举权、控告权等），监禁刑并未当然剥夺。但由于犯罪人受人身自由被剥夺的限制，在实现该等自由时也

---

① 转引自伍赜：“自由主义：法权自由的底线与实质自由的目标”，载《当代中国研究》2001年第2期。

必然面临一定障碍。

2. 监禁刑通过对犯罪人在监狱予以一定时间的隔离实现惩罚

监禁刑对犯罪人人身自由的剥夺最终是通过将犯罪人在特定的时间（一定时间段的刑期）隔离于特定的场所（监狱）实现的，即对犯罪人人身自由的剥夺不是不让他离开家门就可以了，还必须要将犯罪人统一关押到远离原先社会生活场景（甚至从地理上来说远离普通人生活区域）的国家机构（监狱），并且这种隔离状态还将持续一定的时间段。

这种隔离使犯罪人不但没有了按照自己的个人意志控制身体状况的自由，还从心理及地理上远离自己熟悉的社会及生活样态，将其在特定时间隔离于特定地点。应该说，这种隔离对具有群居社会属性的自然人是种极大的痛苦，其在监狱服刑期间不但无法自由往来，也无法自由参与正常的社会工作生活，甚至无法享有正常的家庭生活。尤其这种隔离并不是暂时的，而一般是将持续一定时间段（刑期）的。这将给犯罪人带来身心上极大的痛苦，也使犯罪人受到了严苛的惩罚。

这种隔离可能给犯罪人带来的不利影响甚至不仅贯穿于在监狱服刑的刑罚执行期间，即使在刑满释放、犯罪人恢复人身自由重返社会后，都有可能因为长期隔离于正常社会工作、生活而无法再重新融入（更不用说类似青年犯罪人在执行较长刑期出狱后错过结婚生子等生活安排等严重恶果）。从这个意义上来说，监禁刑这种在一定时期内将犯罪人隔离于特定场所的特性给犯罪人将造成非常严厉的无可挽回的后果。

3. 监禁刑通过严格监管犯罪人实现惩罚

监禁刑的执行并非仅仅是将犯罪人隔离在监狱剥夺其人身自由，犯罪人在监狱中也不是自由自在、为所欲为的。考虑到犯罪人本身具备的主观恶性和惩罚犯罪人的需要，监狱还需要对犯罪人进行相应的监督管理。与对普通社会团体和人群的管理不同，监狱中对犯罪人的管理是半军事化的严格管理（具体体现在半军事化的作息表、半军事化的纪律要求、半军事化的着装、半军事化的建筑模式、严格的罪犯分类等）。这种严格的管理模式，从实效上来说有助于监狱管理方看管监督这些具有主观恶性的犯罪人，也起到塑造犯罪人良好习性的效果。

而对于几乎所有的犯罪人来说，在监狱里的这种受严格监管的服刑生活与其以往的社会生活是截然不同的。犯罪人将无法选择控制自己的在监状态、不能做自己想做的事情，取而代之的是在整个服刑过程中都需要遵守各项监管规定（当然现代监狱有关监管规定的执行和实施也是要遵守法制的），甚至要被迫做自己不想做的事情。这种细化到衣食住行等全方位的统一的强制性规定，对于犯罪人来说无疑是一种极大的限制和不适，这种限制和不适给犯罪人身心上带来的痛苦，也是监禁刑带来的惩罚。

4. 监禁刑通过要求犯罪人强制进行劳动给犯罪人带来负担

要求在监人员参与劳动，是监狱从古至今都存在的一项内容。但在奴隶社会和封建社会，监狱劳动基本都是作为惩罚和奴役的手段使用的。近现代资产阶级革命胜利后，建立了现代监狱和监禁刑，尤其是在目的刑理论影响下，监狱劳动的性质开始更多地从惩罚向教育矫正的角度（通过强制犯罪人劳动可以强健其体魄、塑造其身心、养成勤劳的良好习惯并掌握一技之长）发展，监狱劳动开始更多地被视为通过劳动改造犯罪人的角度、而非仅是通过劳动奴役惩罚犯罪人的角度来适用。因此，监禁刑要求犯罪人强制劳动既是一种“劳动惩罚”，在近现代时代背景下更是一种“劳动改造”。

虽然监狱劳动在近现代从理念到具体制度都经历了较大的变化与转向，但不可否认的是，在实现通过劳动教育矫正犯罪人的同时，要求犯罪人强制劳动在客观上仍然对犯罪人来说具有一定的惩罚色彩：犯罪人在监狱服刑期间参加劳动具有刑事强制性，犯罪人无法自由选择和拒绝；而这种强制的劳动会在犯罪人体力上造成负担，尤其对好逸恶劳的犯罪人来说更是从心理上带来负担，进而客观上对犯罪人也不失为一种负担。这种监狱劳动的形式及内容多种多样，既包括技术性的与非技术性的，又包括体力的与脑力的。

因此，虽然从行刑的角度来看，现代刑罚并不在惩罚层面而是在改造层面要求犯罪人进行监狱劳动，但这种劳动的强制性本身在客观上给犯罪人造成的效果也不失为一种惩罚或者负担。本书主要从监狱劳动具有的这一客观效果层面分析监狱劳动在实现刑罚报应功能中的作用，而并不据此否定对劳动改造犯罪人的目的预设。

有必要指出的是，在现代法治的背景下，监狱要求犯罪人参加劳动也需要遵守相应的法律要求，如切实保障犯罪人在劳动保护方面拥有的权利、严格遵守犯罪人劳动时间的有关规定（如根据我国司法部制定的《关于罪犯劳动工时的规定》相关规定执行。即罪犯劳动时间为6天，每天劳动8小时，平均每周劳动时间不超过48小时，未成年犯的劳动时间减半；监狱除保证罪犯每周休息一天外，在元旦、春节、国际劳动节和国庆节时按照相关的法律规定安排休假；监狱生产单位要延长罪犯劳动时间的，必须提前拟订加班计划，经监狱狱政、劳动管理部门审核，得到监狱长批准方可实施，事后安排罪犯补休，不能安排补休的，根据延长罪犯劳动时间的长短，支付一定数量的加班费）、合法保证犯罪人取得劳动报酬的权益等。

（二）监禁刑有利于实现正义

所谓刑罚所体现的报复性正义，“亦可称为报复正义或惩罚正义，是指国家运用刑罚对犯罪进行报复所体现出来的一种法律正义。具体而言，是指当个人违反法律规定，涉嫌违法犯罪之时，由政府和犯罪行为人通过司法程序按照系统的法律规则来决定其责任并对其施加痛苦，以达到刑罚的公正性和平衡性的一种正义观。”①

而监禁刑在近现代成为刑罚的主导后，其由于本身所具有的特点，相较其他刑罚种类甚至更能实现正义：一方面，监禁刑具备严厉的惩罚性，能对犯罪人施加极大的痛苦，而这种对犯罪人的惩处比起其他更轻缓的刑罚可能更能使受损的被害人及社会法益得到恢复；另一方面，监禁刑本身具有的稳定性能够对大多数犯罪人普遍适用，而其良好的弹性和收缩性也更能实现罪刑相适应。

1. 监禁刑对犯罪人的惩处能使受损被害人及社会法益获得恢复

如前所述，监禁刑作为剥夺犯罪人人身自由的刑罚，其以在一定时间隔离犯罪人于特定地点、强制服刑犯罪人进行劳动和接受严格监管为要素，能够给犯罪人带来极大的身心痛苦。甚至可以说，尤其在取消剥夺生命的死刑和限制死刑适用的趋势下，监禁刑是现代刑罚体系中最为严厉的一个。

这种基于国家刑罚对犯罪人施加的痛苦，通过国家主导的司法程序得以

---

① 吴立志：《恢复性司法基本理念研究》，中国政法大学出版社2012年版，第56页。

实现。整个司法追究和向犯罪人实施刑罚的过程，不但使得被害人因犯罪造成损害所抱有的报应情感得到极大的满足，还能使犯罪人从犯罪行为那里得到的不正当利益被依法剥夺（如刑事诉讼追赃的程序）。监禁刑正是这样，使受犯罪侵害的被害人的报应情感和合法权益得到极大的恢复，最大限度实现了被害人所需的公平。

另外，在近现代犯罪和刑罚观念中，犯罪不仅被视为对被害人个人的侵害，也被视为对社会法益和法律秩序的侵害。通过整个司法追究程序向犯罪人实施刑罚，法律的秩序得到维护，犯罪给社会法益造成的伤害得到弥补。尤其对于监禁刑来说，通过公开的刑事诉讼程序，在社会大众视野中剥夺犯罪人人身自由后将其隔离于监狱，这种及时、严厉而可视的惩罚，更能让社会公众亲身感知法律的有效性和严肃性，进而最大限度及时恢复因犯罪受损的社会法益。

2. 监禁刑良好的弹性和收缩性更能实现罪刑相适应

监禁刑以一定时间段的剥夺犯罪人人身自由为基本要素，因此，监禁刑可以通过时间这个要素相对量化，并且这个量化标准对社会公众是相对较为一目了然的。从时间要素出发来看，监禁刑可以分为确定刑和不确定刑，也可以分为有期监禁刑（主要包括拘役、有期徒刑）和无期监禁刑（主要包括无期徒刑），还可以包括在定罪量刑阶段确定刑期和执行阶段灵活处遇（如缓刑、假释、监外执行）影响实际剥夺人身自由期间等，具有一目了然的弹性、收缩性和可比性。

正是因为监禁刑以时间要素为量化标准，其具有良好的弹性和收缩性，并且这种经由时间长短体现出来的刑罚严厉程度对社会公众来说一目了然。相反，近现代的其他刑罚方式，相对来说并没有监禁刑那么大的弹性，也很难有如监禁刑一般以时间要素标志其严苛程度的特征要素，因此，监禁刑相对其他刑罚可能能更好地适应刑罚要求的罪刑相适应原则。

罪刑相适应、相均衡原则要求刑罚的严厉程度与犯罪的恶性要相适应相均衡，即轻微的犯罪不能也不应受比更严重的犯罪遭受的刑罚更重，反之亦然。贝卡里亚就提出："犯罪对公共利益造成的损害越大，促使人们犯罪的力量越强，制止人们犯罪的手段就应该越强有力。这就需要刑罚与犯罪相对称。”[①] 这种均衡同样也是刑罚的报应正义的要求，康德就曾经说过：“公共的正义可以作为它的原则和标准的惩罚方式与尺度是什么？这只能是平等原则……根据此原则可以明确地决定在质与量两方面都公正的刑罚”。[②] 罪刑相适应、相均衡原则不仅是刑法学界的一种理论，目前也是各国刑法实践中被确立的一项基本原则。

而在司法实践中，犯罪的严重程度因为犯罪的不同样态、特征、种类等呈现出极其复杂而又千差万别的特征。如要刑罚与不同严重程度的犯罪相对称，人们就需要找到一个同样由强到弱具备不同弹性和收缩性的刑罚阶梯与之相对应。而监禁刑以时间要素为表征所具备的良好弹性和收缩性，正好使其可以在刑罚方式中脱颖而出，成为满足罪刑相适应要求的最好的刑罚阶梯。

通过适用监禁刑，严重的犯罪适用较长期限的监禁刑，而轻微的犯罪则适用较短期限的监禁刑，这既符合罪刑相适应、相均衡原则的要求，又满足了人们对于刑罚公正的普遍追求与感受。

需要提出的一点是，传统的罪刑相适应原则主要针对的是犯罪的严重程度来确定刑罚的严重程度。但在近现代，人们开始提出罪犯的人身危险性也应成为其刑罚严重程度的考虑因素。由此，司法实践中对刑罚的确定（如对监禁刑刑期长短的判断）开始更多引入犯罪人人身危险性的考量：既包括法院审判确定刑期长短时将犯罪人人身危险性纳入量刑考量，也包括在监禁刑执行过程中根据犯罪人在监表现的人身危险性程度处以缓刑、假释、监外执行等灵活制度以实际调整监禁刑刑期长短。

3. 监禁刑能够对犯罪人普遍适用

监禁刑剥夺的是犯罪人的人身自由，而人身自由是每个人都具有的一项权利，即监禁刑可以对任何犯罪人都普遍适用，这意味着监禁刑具备广泛的普遍适用性，不存在客观上无法执行的情况。

---

① ［意］贝卡里亚：《论犯罪与刑罚》，黄风译，中国大百科全书出版社1993年版，第65页。

② ［德］康德：《法的形而上学原理》，沈叔平译，商务印书馆1997年版，第165页。

相较而言，其他刑罚方式就不具备监禁刑的这种普遍适用性了（死刑由于具有较大的争议和面临取消、限制适用的趋势不在我们的探讨范围内）：如财产刑（罚金刑和没收财产刑），当犯罪人无财产或无足够财产时，这种刑罚实际将难以适用；如剥夺政治权利的刑罚，其在民主、法治仍处于发展阶段的中国，对于大部分犯罪人并不能产生严厉的苛责性；如驱逐出境，仅适用于外国籍人和无国籍人等。

由此可见，在近现代刑罚体系中，监禁刑由于其惩罚的客体具有普遍性，因此具有广泛的普遍适用性，可以在任何情况下对任何犯罪人适用。这种普遍适用性是其他刑罚种类无法做到的，因此如果说只有一种刑罚能普遍适用、实现刑罚要求的公平的话，非监禁刑莫属。

三、现代监狱执行监禁刑的预防功能

刑罚目的的目的刑理论（也称预防理论）认为：刑罚的目的不在（或不仅仅在）报应本身，而在于预防将来发生的犯罪，防卫社会，保护社会秩序及法益。

与刑罚目的的报应理论来源于“以牙还牙，以眼还眼”的人类私力报复本能不同，刑罚目的刑理论是在近现代刑法学者反思报应刑理念的基础上、受功利主义思潮的影响而提出的，其认为报应仅仅是刑罚的一种本能反应和本能力量，并无法为刑罚提供具体的客观标准和外在依据，刑罚目的应当是除作为刑罚内在内涵的报应元素以外的其他目的，刑罚的外在目的才是其正当性的根据。目的刑理论学者提出的刑罚这种外在目的就是预防犯罪、防卫社会，以保护具体的社会秩序和法益。因为，“一方面，刑罚既然是一种给人以损害的措施，其正当性便只有通过阻止更大的损害才能得到证明，而所谓阻止更大的损害，只有通过预防犯罪才能实现；另一方面，预防犯罪是刑罚固有的功能，亦即是刑罚可以实现的目的，而且预防犯罪有益于社会防卫，其作为刑罚的正当性的根据具有天然的正当性”。[①]

而刑罚的这种预防犯罪的目的，又根据预防的对象不同，分为一般预防

---

① 吴立志：《恢复性司法基本理念研究》，中国政法大学出版社2012年版，第152页。

和特殊预防：其中一般预防是指对具体犯罪人刑罚的实施主要是为了震慑警示社会中一般人，使之不去犯罪，力图消除的是社会上潜在的虞犯，进而达到预防犯罪、防卫社会的目的，其针对的预防对象主要是社会上的一般人；特别预防是指通过对具体犯罪人实施刑罚进而杜绝其再次犯罪的可能性，并通过对其进行教育矫正尽量消除其将来犯罪的可能性，其针对的预防对象是已经实施犯罪的犯罪人。

以下将在探讨监禁刑预防功能的普遍性基础上，结合现代监禁刑的发展，具体分析现代监狱执行监禁刑的预防功能。

（一）现代监狱执行监禁刑的一般预防功能

一般预防功能也称一般威慑功能，其是拟通过对具体犯罪人实施刑罚（包括向社会公开的刑事责任追究和刑罚执行全过程）而震慑警示社会中一般人，使社会中的一般人不去犯罪，以期消除社会上潜在的虞犯，进而达到预防犯罪、防卫社会的目的。对具体犯罪人实施监禁刑可以通过以下方面实现对社会中一般人的震慑功能。

1. 监禁刑的特征有利于预防、震慑犯罪

刑罚本身所带来的痛苦，不但作为报应惩罚措施施加在犯罪人身上，也可以使社会上潜在的犯罪人了解犯罪后可能带来的恶果，感同身受刑罚的痛苦，并最终因为害怕遭受刑罚这种痛苦而不敢犯罪。人们的这种心理都是从人的趋利避害的本能而来，这种趋利避害的功利主义思想认为：对于理性犯罪人来说，如果其可能因为犯罪而遭受的痛苦大于犯罪本身带来的快乐，则行为主体会基于趋利避害的本能或者理性计算而不予实施犯罪。这种使得行为主体因害怕刑罚带来的痛苦而不去犯罪的本能将给行为人造成自我心理抑制/强制，这种对普通人造成的心理抑制/强制就能起到预防其犯罪的效果。

而监禁刑相比其他刑罚方式来说，具有更能震慑普通社会民众的特点。

首先，可以说，除死刑外，监禁刑是最为严厉的刑罚，其对犯罪人人身自由的剥夺、将其隔离在监狱中加以监管的内容，都远远比其他形式的刑罚有更大的痛苦。这种痛苦越大，带给社会普通民众的威慑力量也就越大，进而可能对社会普通公众针对犯罪的自我心理抑制/强制作用也就越明显，就越有可能预防社会普通民众犯罪。

其次，与其他刑罚不同，监禁刑以时间为要素，一般需要持续一段时间（对于长期监禁刑和无期徒刑更是如此），这就意味着这种监禁刑带来的痛苦和威慑是持续的、并非基于定罪量刑就及时完成的。这种给普通社会民众带来的持续的威慑性，有助于加强或持续社会普通民众针对犯罪的自我心理抑制/强制作用，更有利于预防社会普通民众犯罪。

最后，随着现代传媒的发展，现代监禁刑的实施更加及时、透明、公开。通信及传播技术的发达，能使民众轻易获得案件的审判情况、知悉犯罪人的监禁刑情况，尤其对于一些社会公众普遍关注的重大复杂案件，传媒的发展能够最大限度传播这些案件的刑罚实施情况，进而在更大范围内使社会普通民众得到更及时的威慑，甚至连不懂法的普通百姓都能知晓基本的犯罪刑罚情况，这种广泛的传播更有利于社会普通民众构建针对犯罪的自我心理抑制/强制作用，进而预防犯罪的发生。

2. 监禁刑的罪刑对应有利于实现刑罚的一般预防功能

如前所述，监禁刑具有良好的弹性，其以时间为基本标示元素，可通过刑期的长短体现不同程度刑罚的轻重，对应不同严重程度的犯罪。刑罚理论认为：监禁刑这种依据轻重程度形成刑罚阶梯对应不同严重程度犯罪的特性，有利于实现罪刑均衡从而更容易实现刑罚的一般预防。通过监禁刑具有的刑罚阶梯的特性，社会公众可以清晰直观地将犯罪及其可能带来的刑罚及痛苦相关联、相对应，进而对自己的越轨行为作出更清晰的理性判断，避免、杜绝犯罪行为的发生，防卫社会。

需要提出的一点是，传统的罪刑相适应原则来源于刑罚的报应正义，其强调根据犯罪的严重程度来确定刑罚的严重程度，这种罪刑相适应的目的是为了实现正义，因此，在这种背景下，罪刑相适应原则基本无松动的空间，司法实践中的相关具体制度（如起诉绝对主义等）也据此设立。但在近现代，人们开始从刑罚的一般预防角度来审视罪刑相适应原则，从预防角度出发，如果松动罪刑相适应原则更有利于实现刑罚的一般目的的话，该原则可能有相应松动的空间，相关司法制度（如起诉相对主义等）也据此发生调整。

3. 监禁刑的道德禁忌性有利于发挥刑罚的一般教育功能

监禁刑与其他刑罚相比，其施加在犯罪人身上的“标签”色彩要浓厚得多（“贴标签”理论就是从服刑犯罪人回归社会的角度对该问题进行的探究），即普通社会民众对监禁刑可以有着比别的刑罚更浓厚的道德谴责性，进而对遭受监禁刑的犯罪人持更加负面的判断及认知，对接受其回归社会也会更加拒绝和抵触。

这种对犯罪人施加的公众谴责性甚至强化了整个道德结构，会更加强化社会民众犯罪及监禁刑的负面认知，使人们不愿意进行这些违反道德标准的行为，进而强化社会民众的道德准则和形成守法习惯。

这种通过加强道德禁忌威慑普通社会民众、预防犯罪的机制，与前述的通过普通社会民众理性回避刑罚带来的恶、进而杜绝犯罪不同，其对普通民众杜绝犯罪的影响更加内化、更加主动，通过加强道德禁忌，普通社会民众甚至没有到不敢犯罪的地步，就已经从内化道德准则的层面无法接受自己犯罪的情况。并且通过这种道德禁忌的强化，更能鼓励普通民众的守法习惯，发挥刑罚对普通民众的一般教育功能。

（二）现代监狱执行监禁刑的特别预防功能

特别预防功能也称特别威慑功能，其针对的对象直接就是犯罪人本人，拟通过对犯罪人实施刑罚而杜绝其在服刑期间及在刑满释放后再犯的可能性，进而达到预防犯罪、防卫社会的目的。对具体犯罪人实施监禁刑可以通过以下方面实现对其的特别震慑功能。

1. 监禁刑能剥夺犯罪人在监服刑期间的再犯能力

监禁刑的本质特征在于剥夺犯罪人的人身自由，并在一定时间段内将其隔离于监狱的监管之中。这种剥夺人身自由、加以隔离并进行严格监管的服刑状态，从客观上使犯罪人无再次犯罪的条件进而无法再次犯罪，无疑能最大限度剥夺犯罪人在服刑期间再次犯罪的可能性。

当然，也不排除即使在监狱监管之下，在监犯罪人在个别情况下仍然有可能犯罪，但总体来说，这种情况发生的几率较小（尤其在现代监狱通过高科技手段全方位辅助监狱监管的情况下），绝大多数犯罪人在监服刑期间客观上是无法再次犯罪的。另外，即使个别犯罪人发生在监狱的再次犯罪，其主要针对的是其他监狱服刑人员或监狱监管人员，一般尚未能危及普通社会民众，其再次犯罪的危害性也相对能控制影响规模，不造成严重的恶果。

2. 监禁刑有利于通过劳动改造、教育矫正等内容降低犯罪人刑满释放后的再犯可能性

监禁刑除了机械地剥夺犯罪人在监期间的再犯能力外，在现代刑罚教育改造论的影响下，现代监狱还赋予了监禁刑更多改造、教育犯罪人的内容。

现代刑罚的教育改造论认为：犯罪人本身无自由意志也不是理性的，其是由自然、生物因素或（和）社会因素单独或一起决定的，犯罪只不过是一种病态人格的反映。如李斯特所言："犯罪是由实施犯罪行为当时行为者的特征，加上周围环境的影响所产生的"。[①] 因此，刑罚的目的在于通过隔离并教育改造犯罪人，消除其人身危险性，使之改恶从善，从而杜绝再犯。

现代监狱执行监禁刑，已经不是简单机械地将犯罪人一关了事，而是综合采取多种矫正措施来教育感化犯罪人：如通过要求犯罪人劳动改造可培养犯罪人良好的生活劳动习惯、改造犯罪人好逸恶劳的不良恶习、培训犯罪人生存技能等；通过教育改造可提高犯罪人的知识水平、增加法制意识、树立正确的世界观人生观、提高犯罪人今后融入社会生活的水平等；通过心理矫治改造犯罪人的不良犯罪心理等。

值得指出的是，近年来，面对不容乐观的刑满释放人员再犯情况，西方逐渐兴起对监禁刑教育改造犯罪人实现特殊预防功能的质疑之声。对此，我们认为，虽然监禁刑可能存在交叉感染、"贴标签"等负面效应，但相比其他刑罚方式而言，监禁刑仍然是一个能在惩罚报应和预防犯罪方面取得较大效应的刑罚。尤其我国监狱在正确的刑事政策指导下，以监狱法确立的"惩罚与改造相结合、教育与劳动相结合"为原则，采取多种多样的手段对犯罪人进行教育，实现了良好的教育改造效果。到 2003 年年底，我国共有监狱 670 多所，在押犯罪人 150 多万人，刑满释放人员的重新犯罪率为 8% 左右。[②]

---

① 甘雨沛、何鹏：《外国刑法学（上册）》，北京大学出版社 1984 年版，第 119 页。

② 傅双琪："我国监狱罪犯脱逃率下降　司法部欲对监狱分类"，http://news.xinhuanet.com/newscenter/2004-12/09/content_2314250.htm，访问日期：2004 年 12 月 10 日。

第三节　信息化建设与现代监狱职能

一、加快推进信息化建设

（一）全球信息化发展的趋势

以培养、发展以计算机为主的智能化工具为代表的信息技术的迅猛发展，特别是网络技术的迅猛发展，正在越来越深刻地改变着人们传统的信息传递方式、沟通方式和社会管理的组织方式。这种以培养、发展以计算机为主的智能化工具为代表的信息化生产力是迄今人类最先进的生产力，智能化生产工具与过去生产力中的生产工具不一样的是，它不是一件孤立分散的东西，而是一个具有庞大规模的、自上而下的、有组织的信息网络体系。这种网络性生产工具将改变人们的生产方式、工作方式、学习方式、交往方式、生活方式、思维方式等，将使人类社会发生极其深刻的变化。甚至可以说，信息技术已经取代传统的社会资源，成为新兴的战略性资源；信息技术的生产、加工与处理，也逐渐成为创造更多财富的基础；以信息技术为基础的信息产业，已成为全球的主导产业，也是衡量一个国家综合国力的重要标志。

关于信息化的表述，在中国学术界和政府内部作过较长时间的研讨。如有的认为，信息化就是计算机、通信和网络技术的现代化；有的认为，信息化就是从物质生产占主导地位的社会向信息产业占主导地位的社会转变的发展过程；有的认为，信息化就是从工业社会向信息社会演进的过程等。1997年召开的首届全国信息化工作会议，将信息化和国家信息化定义为："信息化是指培育、发展以智能化工具为代表的新的生产力并使之造福于社会的历史过程。国家信息化就是在国家统一规划和组织下，在农业、工业、科学技术、国防及社会生活各个方面应用现代信息技术，深入开发广泛利用信息资源，加速实现国家现代化进程。"

信息化是充分利用信息技术、开发利用信息资源，促进信息交流和知识共享，提高经济增长质量，推动经济社会发展转型的历史进程。20 世纪 90

年代以来，信息技术不断创新，信息产业持续发展，信息网络广泛普及，信息化成为全球经济社会发展的显著特征，并逐步向一场全方位的社会变革演进。进入21世纪，信息化对经济社会发展的影响更加深刻。广泛应用、高度渗透的信息技术正孕育着新的重大突破。信息资源日益成为重要生产要素、无形资产和社会财富。信息网络更加普及并日趋融合。信息化与经济全球化相互交织，推动着全球产业分工深化和经济结构调整，重塑着全球经济竞争格局。互联网加剧了各种思想文化的相互激荡，成为信息传播和知识扩散的新载体。电子政务在提高行政效率、改善政府效能、扩大民主参与等方面的作用日益显著。信息安全的重要性与日俱增，成为各国面临的共同挑战。信息化使现代战争形态发生重大变化，是世界新军事变革的核心内容。

但在信息化发展的趋势下，全球数字鸿沟呈现扩大趋势，发展失衡现象日趋严重。发达国家信息化发展目标更加清晰，正在出现向信息社会转型的趋向；越来越多的发展中国家主动迎接信息化发展带来的新机遇，力争跟上时代潮流。全球信息化正在引发当今世界的深刻变革，重塑世界政治、经济、社会、文化和军事发展的新格局。加快信息化建设，已经成为世界各国的共同选择。①

（二）我国加快信息化建设的进程

党中央、国务院对推进信息化建设非常重视：20世纪90年代，我国相继启动了以金关、金卡和金税为代表的重大信息化应用工程；1997年，召开了全国信息化工作会议；党的十五届五中全会把信息化提到了国家战略的高度；党的十六大进一步作出了以信息化带动工业化、以工业化促进信息化、走新型工业化道路的战略部署；党的十六届五中全会再一次强调，推进国民经济和社会信息化，加快转变经济增长方式；2006年，中央办公厅、国务院办公厅印发了《2006—2020年国家信息化发展战略》，明确了我国信息化发展的指导思想、战略目标、战略重点、战略行动和保障措施；党的十八大报告中明确提出，“坚持走中国特色新型工业化、信息化、城镇化、农业现代化道路，推动信息化和工业化深度融合、工业化和城镇化良性互动、城镇化

---

① 摘自《2006—2020年国家信息化发展战略》。

和农业现代化相互协调，促进工业化、信息化、城镇化、农业现代化同步发展”，就是在新时期从战略高度上加快信息化建设带动国民经济和社会发展的重要举措。

1. 信息化是我国“新四化”的技术基础

党的十八大报告不仅明确了中国特色的工业化、信息化、城镇化、农业现代化目标，而且对“新四化”之间的关系，也作出了深刻准确的描述：新型工业化是主导，信息化是手段，新型城镇化是重点，农业现代化则是基础。

21 世纪的工业化，是以信息化为龙头的工业化。就像蒸汽机车对工业革命的意义一样，信息化为现代工业化提供了更为广阔的空间。以互联网思维为例，产品的生产与交付充分随需求而改变，移动 app 随时跟随用户需求而升级——快的打车、嘀嘀打车等服务数字化给人民生活带来了新的体验变革；市场竞争格局已从单条食物链竞争转向生态竞争，微信用户突破 4 亿……此外，信息化对各类信息装备和信息服务的巨大需求，也为新型工业化拓展了发展空间。

与此同时，信息化还是农业现代化的核心要素之一，信息技术能够打通市场、政府、企业、农户等各个环节，串起生产、销售、管理、服务全过程，使产业流程更加智能，加快农业现代化进程。2010 年以来，中央一号文件和国家“十二五”规划纲要等多次强调，今后一个时期的重点是要大力推进农业生产经营信息化。

由此不难看出，信息化已成为推动社会进步的新的革命性要素。信息化是我国“新四化”的技术基础，或智能层面的生产力基础，是实现新型工业化和农业现代化在智能生产力层面上的基础要素。

2. 信息化建设可为改革助力

信息化的运用，使人们迈入移动互联时代，大数据时代的提法也变得日益流行，人们的生活正被信息化包围和席卷，民众的生活方式掀起一场变革的潮流。社会改革的诸多方面，基于信息化的运用，也开始进一步推进。

在政府信息公开方面，不少政府部门已经走在信息化建设的前线。国务院办公厅下发《关于进一步加强政府信息公开回应社会关切提升政府公信力的意见》，着重指出依法实施政府信息公开是人民政府密切联系群众、转变政风的内在要求，是建设现代政府，提高政府公信力，稳定市场预期，保障公众知情权、参与权、监督权的重要举措。

至于治吏反腐，信息化的运用就更为重要。中纪委监察部开通网站接受民众举报，听取公众反腐意见，通报和反馈反腐信息。"苍蝇"、"老虎"的纷纷落马，不少都是这种直接"互动"的"结果"。信息化反腐渠道的开辟，不仅仅是在约束权力，更让民众看到了中央反腐的力度和决心，增添公众对公平正义的信心。

这些都只是宏观改革中的微观体现，事实上，包含政治、经济、文化、社会等诸多领域、诸多方面的改革，都需要信息化的助力。从某种意义上而言，信息化，不仅仅是对信息化工具和平台的运用，更是一种思维方式的改变和拓宽。而这种改变，将直接影响到接下来改革的成色和纵深程度。

（三）信息化建设向物联网方向发展

随着计算机、互联网技术的飞速发展，信息技术发展迎来了第三个阶段：物联网阶段。

所谓物联网，是一个基于互联网、传统电信网等信息载体，让所有能被独立寻址的普通物理对象实现互联互通的网络。普通对象设备化、自治终端互联化和普适服务智能化是它的三个重要特征。直而言之，"物联网就是物物相连的因特网"。[①] 我国政府在2010年3月的政府工作报告所附的注释中将物联网定义为通过传感设备按照约定的协议，把各种网络连接起来，进行信息交换和通信，以实现智能化识别、定位、跟踪、监控和管理的一种网络。

在信息化浪潮发展的前期阶段，计算机技术、通信技术和电子技术获得了空前的发展，计算机、互联网、各种移动通信网等通信技术不断涌现，使人们对物质和能量相关信息的处理与服务达到了前所未有的水平，彻底改变了全世界人们的生活和工作方式。然后，现有的信息技术主要是通过各种计算机、网络等基础设施模拟人类之间的信息交通方式，而对人们生活工作所处的外部物理世界的运行方式并没有太大影响。

物联网被称为继计算机、互联网之后，世界信息产业的第三次革命，

---

① 孙培梁、张怀仁等编著：《监狱物联网》，清华大学出版社2012年版，第3页。

与前两次信息革命局限在自身信息世界不同，物联网通过将各种信息感知设备带入物质和能量中，实时获得其状态信息，然后将这些物体传感器通过通信网络互联起来，并通过对获取的感知信息进行智能处理，实现对物质和能量的管理和控制，它能够使现有的物理基础设施和信息技术基础设施整合为统一的基础设施，从而使得人类可以更加精细和智慧地控制物理世界的运行。①

物联网可以用在人们生产生活和社会生活的很多方面，如智能交通、智能消防、健康护理、食品溯源、精确农业、环境保护、公共管理、公共安全、军事国防等多个领域。通过互联网建立起来的依托物质与能量的信息生命形态的虚拟世界，人们可以把物理世界的很多方面与虚拟世界相连通，通过对虚拟世界的分析、处理和管理，实现对物理世界的管理、协调和控制，提高人们对物理世界的资源利用率和生产力水平，改善人与自然的关系。中国工业和信息化部通信发展司司长张峰就认为：物联网是当今最具发展潜力的产业之一，将有力带动传统产业转型升级，引领战略性新兴产业的发展，实现经济结构和战略性调整，引发社会生产和经济发展方式的深度变革，具有巨大的战略增长潜能，是后危机时代经济发展和科技创新的战略制高点，已经成为各个国家构建社会新模式和重塑国家长期竞争力的先导力。我国必须牢牢把握产业创新方向和机遇，加快物联网产业的发展。②

我国政府也十分重视物联网的发展。早在1999年，中科院就启动了传感网研究，与其他国家在物联网发展方面具有同等优势，目前已经在无线智能传感器网络通信技术、微型传感器、传感器终端机和移动基站等方面取得了重大进展，已经拥有从材料、技术、器件、系统到网络的完整产业链。

2012年2月14日，中国的第一个物联网五年规划——《物联网“十二五”发展规划》由工信部颁布，物联网被列入国家“十二五”发展规划，成为我国战略性新兴产业之一，在“十二五”期间，物联网产业将初步形成从传感器、芯片、软件、终端、整机、网络到业务应用的完整产业链，重点投

---

① 孙培梁、张怀仁等编著：《监狱物联网》，清华大学出版社2012年版，第9页。

② 同上书，第21页。

资智能电网、智能交通、职能物流、智能家居、环境与安全监测、工业与自动化控制、医疗健康、精细农牧业、金融与服务业、国防军事十大领域。2012 年，中国物联网产业市场规模达到3650 亿元，比上年增长38.6%。

2014 年2 月18 日，全国物联网工作电视电话会议在北京召开。中共中央政治局委员、国务院副总理马凯出席会议并讲话。他强调，要抢抓机遇，应对挑战，以更大决心、更有效措施，扎实推进物联网有序健康发展，着力突破核心芯片、智能传感器等一批核心关键技术；着力在工业、农业、节能环保、商贸流通、能源交通、社会事业、城市管理、安全生产等领域，开展物联网应用示范和规模化应用；着力统筹推动物联网整个产业链协调发展，形成上下游联动、共同促进的良好格局；着力加强物联网安全保障技术、产品研发和法律法规制度建设，提升信息安全保障能力；着力建立健全多层次多类型的人才培养体系，加强物联网人才队伍建设。努力打造具有国际竞争力的物联网产业体系，为促进经济社会发展作出积极贡献。

二、加快推进监狱信息化建设

（一）监狱信息化建设的概念和重要性

监狱信息化是将信息技术运用到监狱管理和监狱行刑业务领域中的概念。《全国监狱信息化建设规划》对监狱信息化的概念进行了以下定义：通过建立网络互联互通、信息资源共享、标准规范统一、应用功能完备的信息化体系，提高监狱信息资源综合开发利用水平，形成全员应用、资源共享的信息化工作格局，显著提高监狱执法、安全防范、犯罪人改造的信息技术应用能力。[①] 所谓监狱信息化建设，是指通过有效地利用计算机技术、通信技术、网络即时等现代化技术和设施，对监狱系统的各项工作进行创新性组合，对传统的监狱系统管理机制、组织结构、人员素质等诸方面进行优化、改革、重组，实现监狱工作更科学、更公正、更安全、更高效地履行监管改造的使命，满足监狱在安全预防、公正执法、改造质量、管理水平等方面的需要，

① 邵雷主编：《监狱信息化辅导读本》，法律出版社2013 年版，第4 页。

更好地发挥监狱的本质职能。①

监狱信息化包括以下几个方面的工作：建设完善基础网络，实现信息传输网络化；建设完善基础信息资源库，实现信息化处理数字化；建设完善安全防范系统，实现安全防范智能化；建设完善监管和执法管理系统，实现监狱管理、执法规范化；建设完善电子政务系统，实现办公自动化、建设完善标准规范，实现技术应用标准化。②

监狱信息化建设是监狱在面对全球信息化趋势下主动对自己管理和改造手段的升级。"如果我们不紧紧抓住信息化发展带来的新机遇，积极主动地应对全球信息化提出的新挑战，继续沿用落后的管理和改造手段，监狱工作就会落后于时代，就难以适应形势任务的要求"。③ 因此，大力推进监狱信息化建设具有以下非常重要的意义：④

第一，加快监狱信息化建设，是保障监狱充分履行职能，更好地服务构建社会主义和谐社会的客观要求。

构建社会主义和谐社会，是党中央从中国特色社会主义事业总体布局和全面建设小康社会全局出发提出的重大战略任务。构建社会主义和谐社会的过程，是不断消除不和谐因素、不断增加和谐因素的过程。监狱是国家的刑罚执行机关，在构建社会主义和谐社会中肩负着重要职责。确保监狱安全稳定，把在押罪犯改造成为守法公民，使他们顺利回归社会，对于最大限度地消除不和谐因素、最大限度地增加和谐因素、加快构建社会主义和谐社会具有特殊重要的意义。通过监狱信息化建设，充分运用信息网络技术，加大技术防范力度，构筑全方位、多层次的监狱安全保障体系，可以有效地提高监狱安全防范能力和处置突发事件的能力，确保监狱持续安全稳定，同时，信息网络技术等现代化教育手段的运用，可以丰富教育改造内容，完善教育改造手段，提高教育改造效果，促进罪犯改造质量不断提高。

第二，加快监狱信息化建设，是提高监狱管理工作水平、促进执法规范

---

① 孙念："监狱信息化建设的风险与防范"，载《社科纵横》2010 年第 5 期。

② 摘自时任司法部部长吴爱英在 2007 年全国监狱信息化建设工作会议上的讲话。

③ 同上。

④ 同上。

化建设的内在要求。

目前，全国监狱管理和执法工作总体是好的，但在一些监狱和一些执法环节中，管理方式粗放和执法不规范的问题仍然不同程度地存在。随着监狱体制改革的不断深化，监狱布局调整的不断推进和创建现代化文明监狱活动的不断深入，迫切需要我们树立先进的管理意识，掌握先进的管理方法和管理手段，加快推进监狱执法规范化建设。推进信息技术的普及和应用，有利于推动管理方式的规范与创新，降低工作成本，提高管理效率和质量；有利于实现监狱各项工作的标准化、数字化、网络化和智能化，提升监狱整体管理水平，促进执法进一步规范、公正、文明。

第三，加快监狱信息化建设，是实施“科技强警”战略、提高监狱人民警察队伍整体素质的重要举措。

在监狱工作改革发展中，队伍建设是根本。当前，一些监狱人民警察的素质还不能完全适应新形势下监狱工作的要求。作为“科技强警”战略的有效手段，大力推进监狱信息化建设，促进现代信息技术的推广应用，向科技要警力、要战斗力，可以降低警务成本，提高工作效率，缓解警力不足的矛盾；可以促进广大监狱干警转变思想观念和工作方式，提高综合素质。同时，加快监狱信息化建设，可以进一步促进监狱人民警察队伍建设和管理工作的科学化和规范化。这对监狱人民警察队伍素质的全面提高将产生深远的影响。

第四，加快监狱信息化建设，是促进司法行政系统信息化建设、提高司法行政工作整体水平的有效途径。

监狱是司法行政工作的重要组成部分。搞好监狱信息化建设，对于推进整个司法行政系统信息化建设具有重要作用。目前，全国司法行政系统信息化发展水平总体上还不高，现有的信息技术资源也没有得到有效的整合和利用。因此。我们一定要认真贯彻党中央、国务院关于加快监狱信息化建设的重要指示精神，紧紧抓住并充分利用好这一重要发展机遇，加快推进监狱信息化建设，有效提升监狱工作的信息化水平，从而为整个司法行政系统信息化建设提供经验和示范，为司法行政工作搭建一个共享、共用的平台，推进司法行政系统信息化建设，提高信息技术在司法行政系统的应用水平。

（二）我国监狱信息化建设的现状

在大力推进信息化建设的时代背景下，党中央、国务院对监狱工作包括监狱信息化建设非常重视。2006 年，国务院印发的《关于研究监狱布局调整和监狱体制改革试点有关问题的会议纪要》对监狱信息化建设提出了明确要求，指出："抓紧拟定信息化建设规划……所需资金请发展改革委安排，财政部给予支持"，这充分表明了党中央、国务院对监狱信息化的高度重视。

司法部认真贯彻落实党中央、国务院对监狱工作的一系列重要指示精神，把推进监狱信息化作为一项重要举措来抓。

2005 年 12 月 19 日召开的全国司法厅（局）长会议明确提出："要大力推进监狱、劳教系统现代化、信息化进程"；2006 年年初制订了《全国监狱信息化建设规划》，对监狱信息化建设的指导思想、目标任务、工作措施等提出了具体要求。

2007 年，司法部与国家发改委、财政部、国土资源部、建设部研究制定了《关于进一步推进监狱布局调整工作的意见》，把"管理信息化"作为监狱布局调整工作的一项基本要求；2007 年 5 月，司法部对监狱信息化建设工作进行了专门部署，并正式发布了《全国监狱信息化建设规划》，正式拉开了全国监狱信息化建设工作的序幕，全国监狱迅速加入信息化建设行列中，监狱信息化工作发展进入快车道。

《全国监狱信息化建设规划》明确了监狱信息化建设的指导思想、基本原则和主要目标：明确此次监狱信息化建设的总体要求是，以邓小平理论和"三个代表"重要思想为指导，全面贯彻落实科学发展观，认真学习贯彻党的十六大和十六届六中全会精神，以高效安全的网络设施为基础，以科学规范的标准体系为前提，以功能完备的应用系统为重点，坚持科学规划、统筹安排、分步实施、分类管理，坚持建设、应用、管理相结合，加快推进监狱信息化建设，提高监狱刑罚执行的技术保障能力，提高信息技术在监狱工作中的应用水平，提高广大监狱干警的综合素质，保持监狱安全稳定，提高罪犯改造质量，促进监狱工作改革发展，更好地发挥监狱在服务构建社会主义和谐社会中的职能作用；提出监狱信息化建设的总体目标是，构建覆盖全国监狱系统的网络互联互通、信息资源共享、标准规范统一、应用功能完备的信息化体系，明显提高监狱信息资源综合开发利用水平，形成全员应用、资源共享的信息化工作格局，显著提高监狱执法、安全防范、罪犯改造等工作的信息技术应用能力，为推进司法行政系统信息化建设奠定基础；确定了建设 1 个平台（即网络和硬件平台）、3 个信息资源库（即监狱管理信息库、罪犯信息库、警察信息库）、10 个应用系统（即监狱安全防范和应急指挥系统、监管及执法管理系统、教育改造系统、生活保障及医疗卫生系统、警察管理系统、生产管理与劳动改造系统、监狱建设与保障系统、狱务公开系统、办公自动化和决策支持系统）的主要任务。

2010 年，在全国司法行政信息化建设工作会议上，司法部部长吴爱英特别指出，全国监狱信息化建设实现了跨越式发展，取得了显著成绩，监狱信息化建设规划、立项顺利完成，网络硬件平台、基础信息资源库、应用系统、技术防范工程、标准体系建设不断加强，监狱工作信息化水平显著提高。

2012 年 4 月，据时任司法部部长吴爱英向国务院做的关于监狱法实施和监狱工作情况的报告显示，近 5 年来，司法部完成了 15 项业务标准的制定工作，28 个（自治区、直辖市）监狱管理局完成了省级网络连通，全国 70% 以上的监狱建立了应急指挥中心、智能报警系统和综合门禁系统，80% 以上的监狱建立了视频监控系统。同时，全国监狱基本完成了 AB 门建设，建立完善了狱墙周界隔离、多层报警设施和智能化监管系统。在全国监狱信息化建设应用工作座谈会，司法部副部长张苏军强调，切实做好监狱信息化建设应用的组织实施工作，形成信息化建设应用齐抓共管的工作机制，提高监狱干警信息化素质和应用技能，建立长效的信息化经费投入和使用机制，推广物联网等新技术的应用，严格执行司法部出台的 15 项监狱信息化业务技术标准，确保全国监狱信息化工程建设。

由此可见，经过这几年的跨越式发展，我国监狱信息化建设工作取得了显著的成绩，监狱工作信息化水平得到显著提高。而监狱信息化建设的发展，也有利于监狱工作的开展和监狱职能的实现。

第一，监狱信息化建设有效提高了监狱安全防控能力。

监狱通过监控管理系统、门禁管理系统、报警系统、监狱管理信息系统、会见系统建设等多方面的信息化建设，实现安全防范智能化，形成了全面监控、快速处置的监狱安全防范与应急指挥系统，信息化改变了安全防控模式，大大提高了监狱安全系数，对罪犯“三大现场”实施全方位、全天候、全过程监控，形成了人防、物防、技防相结合的监管安全防范和应急指挥的新格局，并实现了与武警、公安联动，做到了信息沟通快捷、指挥协调有力、反应处置迅速、全面提升了监狱安全防范和处置突发事件的能力。

第二，监狱信息化建设有效提高了教育改造质量。

监狱工作的核心目标是提高罪犯改造质量，预防和减少犯罪，因此监狱的一切工作必须以提高改造质量为出发点和最终归宿。实施监狱工作信息化建设，在利用好传统改造手段的基础上，推广应用先进设备，运用现代科技手段，提高罪犯改造质量，使罪犯教育改造手段更加科学、更加开放，教育载体更加丰富。除了传统的劳动改造、教育改造这些手段外，实施信息化建设还为监狱更好地开展教育改造工作提供了更加丰富多样的手段，如网络电视教育系统、短信平台和远程帮教系统、数字教室、数字图书馆、心理矫治系统（特别是心理测试软件的应用，更加准确地掌握罪犯的心理问题，为警察开展个别教育和心理疏导工作提供了参考和依据，增强了教育改造的实效，大大提高了教育改造科学化水平，罪犯改造质量得到明显提升）、出入监模拟实训网络系统等。丰富多样的教育矫正手段的开展，为监狱更好地提高罪犯改造质量提供了良好的技术支持。

实施监狱工作信息化建设，在利用好传统改造手段的基础上，推广应用先进设备，运用现代科技手段，提高罪犯改造质量，使罪犯教育改造手段更加科学、更加开放，教育载体更加丰富。特别是心理测试软件的应用，更加准确地掌握罪犯的心理问题，为警察开展个别教育和心理疏导工作提供了参考和依据，增强了教育改造的实效，大大提高了教育改造科学化水平，罪犯改造质量得到明显提升。

第三，监狱信息化建设有效提高了监狱办公效率。

在实施信息化建设之前，在一些监狱和一些执法环节中仍然可能存在管理方式粗放和执法不规范的问题。信息化建设在很大程度上改进了现代监狱的管理方式，极大地提高了现代监狱的各方面管理水平，加快推进监狱执法规范化建设。

信息化建设通过建立监狱管理信息库、警察信息库、监管及执法管理系统、教育改造系统、生活保障及医疗卫生系统、警察管理系统、生产管理与劳动改造系统、监狱建设与保障系统、狱务公开系统、办公自动化和决策支持系统等多项内容，在狱政管理、刑罚执行、劳动改造、队伍建设、行政办公等多方面确实树立了先进的管理意识，推进了监狱执法规范化建设，在很大程度上改进了现代监狱的管理方式，极大地提高了现代监狱的各方面管理水平。

第四，监狱信息化建设有效提高了监狱其他各方面工作。

除了在提高监狱安全防控能力、提高教育改造质量、提高监狱办公效率等几大方面富有成效外，监狱信息化建设还通过对计算机技术、通信技术、网络即时等现代化技术和设施的有效利用，对监狱系统的各项工作进行创新性组合，对传统的监狱系统管理机制、组织结构、人员素质等诸方面进行优化、改革、重组，实现监狱工作更科学、更公正、更安全、更高效地履行监管改造的使命，满足监狱在安全预防、公正执法、改造质量、管理水平等方面的需要，使监狱的整体工作得到了提升。

（三）我国监狱信息化建设的发展方向

当前，我国监狱信息化建设的工作实现了跨越式发展，取得了显著成绩，监狱信息化建设规划、立项顺利完成，网络硬件平台、基础信息资源库、应用系统、技术防范工程、标准体系建设不断加强，监狱工作信息化水平显著提高，为监狱在新时期下更好地实现监狱职能打下了良好的基础。

但在新时期犯罪和司法政策的新形势下，监狱仍然面临着管理转型和创新治理模式的内在刚性需求：在宽严相济刑事政策指导下，尤其是在2011年5月1日开始正式实施的《刑法修正案（八)》预示着短期监禁刑减少和长期监禁刑犯罪（包括终身监禁刑）增加的趋势，监狱在押罪犯结构将发生重大变化，尤其近些年来关押重刑犯的监狱连续出现严重的安全事故（罪犯脱逃等)，种种新时期犯罪和司法政策的新形势都推动着监狱不应仅仅满足在信息化建设上取得的成效，还应顺应国际国内社会发展的趋势，积极探索监狱管理的进一步转型，实现监狱执行监禁刑的现代化发展。

从信息化发展的角度看，引入应用物联网技术将是我国监狱信息化建设的发展方向之一。前期的监狱信息化建设最主要的两个方面就是监狱安全防范信息化和管理信息化，目前监狱网络的硬件、软件建设已经显著地推进了监狱管理的规范化，但相关网络建设智能化水平不高（如安全视频监控系统主要仍然是监而不控，未构建视频行为模式分析的主动智能预警等），未能有效实现监狱的智能化管理，对信息化建设网络的应用仍然停留在由人进行数据分析、处理、指挥的阶段。而能有效实现一定网络范围内物体互联互通、智能管理的物联网将能进一步推进监狱信息化社会工作。

第一阶段，以物联网核心技术无线射频识别（Radio Frequency Identification，以下简称 RFID）为代表的无线定位技术应用于监狱安防系统，对监狱人员和重要物品进行无线定位跟踪，并逐步取代现有视频监控手段成为首要安防技术方案，实现对监狱人员和重要物品通过物联网的主动及时监控。

第二阶段，把各种传感器部署到监区，形成传感器的局域物联网，以物联网的状态感知技术应用于监狱罪犯日常管理和重点部位的管控与预警，甚至可以把传感器集成到罪犯所戴腕表或脚腕上，实现以罪犯个人为指向，感知其生命体征和危险行为，自动连接多种传感器信息，自动实现事故目标的有效分类和精确定位，在不需要监管人员介入的情况下自动启动各项应急措施。

第三阶段，突破传统的监狱安防需要，以满足矫正罪犯的目标，在系统集成罪犯无线定位和状态感知信息的基础上，运用云计算平台的强大计算能力和庞大数据库作为支撑，借助人工智能与数据挖掘技术，全面联系罪犯个人成长经历、家庭社会背景、个性特点、文化程度、技术专长和其他因素等，系统自动配置相应的个别化矫正模块，形成全面系统的贯穿于整个服刑过程的标准化矫正个案，全面达到教育改造实现智能化、网络化的目标。①

① 以上对监狱管理转型引入物联网技术的三个阶段发展设想，引自孙培梁、张怀仁等编著：《监狱物联网》，清华大学出版社 2012 年版，第 35 ~ 38 页。

三、信息化建设有利于现代监狱发挥职能

现代监狱在回答如何能更好地实现监禁刑“惩罚犯罪”与“预防犯罪”功能这个经典问题上，面临着时代提出的挑战：一方面，针对轻罪，国家采取宽松的刑事政策，更多地采用开放性刑罚，且传统监禁刑本身在行刑过程中也发生一定变化，即恢复性行刑和社会化行刑在中低戒备度的监狱不断得到强化，矫正功能的行刑大行其道，最终落实到行刑的个别化模式上；① 另一方面，在死刑废除的大背景下，针对日益增长的恐怖主义犯罪、黑社会犯罪和严重暴力犯罪等严重犯罪，国家采取严厉的刑事政策，尤其是在2011年5月1日开始正式实施的《刑法修正案（八）》预示着长期监禁刑犯罪（包括终身监禁刑）的增加，这意味着监狱在押罪犯结构将发生重大变化，重刑犯的累积关押比例将在今后相当长的一段时间内持续上升，给监狱安全带来极大的隐患，这要求监禁式、惩戒式行刑将在高戒备度监狱得到强化。而信息化的建设必然将从技术的角度为现代监狱更好地发挥职能提供有力的支持。

（一）信息化建设有利于现代监狱发挥惩罚犯罪的功能

如前所述，在宽严相济的刑事政策和《刑法修正案（八）》实施后的视角下，尤其针对日益增长的恐怖主义犯罪、黑社会犯罪和严重暴力犯罪等严重犯罪，监狱在押罪犯结构将发生重大变化，重刑犯的累积关押比例将在今后相当长的一段时间内持续上升。尤其在高戒备度监狱中，关押的很可能大部分都是面临着较长监禁刑甚至终身监禁刑的恶性犯罪罪犯，这部分犯罪人本来就具有更为严重的主观恶性和人身危险性，现在面临长期的关押，其回归社会、回归正常生活的希望值大幅降低，因此更容易产生负面心理，继而影响到其服刑生活的方方面面，甚至这种绝望后的赌徒心理还可能演变为团伙式的群体性暴狱事件（如脱逃、越狱等），给监狱的监管工作带来极大的安全隐患。

因此，无论是从这部分犯罪人原先具有的较为严重的犯罪危害性、人身危险性的角度，还是从面对长期监禁刑可能产生负面心理因而造成安全隐患

---

① 陈光明：“当下中国监狱的现代转型研究”，载《中国监狱学刊》2011年第3期。

的角度来说，关押这类犯罪人的高戒备监狱应更加强化监禁式、惩戒式行刑方式，在刑罚功能方面更加强调惩罚功能的实现。

监狱信息化建设在加强监狱安防工作方面的优势正可以为这类型监狱加强监禁式、惩戒式行刑方式提供有力的技术支持；监狱通过监控管理系统、门禁管理系统、报警系统、监狱管理信息系统、会见系统建设等多方面的信息化建设，实现安全防范智能化，形成了全面监控、快速处置的监狱安全防范与应急指挥系统，信息化改变了安全防控模式，大大提高了监狱安全系数，对罪犯“三大现场”实施全方位、全天候、全过程监控，形成了人防、物防、技防相结合的监管安全防范和应急指挥的新格局，并实现了与武警、公安联动，做到了信息沟通快捷、指挥协调有力、反应处置迅速，全面提升了监狱安全防范和处置突发事件的能力。

（二）信息化建设有利于现代监狱发挥预防犯罪的功能

同样，在面对现代犯罪的轻罪部分，国家采取宽松的刑事政策，更多地采用开放性刑罚，恢复性行刑和社会化行刑在中低戒备度的监狱不断得到强化，矫正功能的行刑大行其道；而在针对重罪的长期监禁刑服刑过程中，为了保障监狱的整体安全，除了从外界条件加强监狱安防工作外，对服刑人员的教育矫正也是从犯罪心理层面消除在狱犯罪的主要内在因素。因此，加强对犯罪人的教育矫正以达到预防犯罪的效果，无论针对轻罪监禁刑还是重罪监禁刑都具有重要的作用。

信息化建设在推进现代监狱发挥预防犯罪功能方面，至少可以从以下方面提供技术支持。

1. 通过信息化建设实现对犯罪人分类的科学化乃至行刑个别化

现代刑罚行刑的一个趋势就是针对不同的犯罪人和不同类型的监狱采取不同的行刑方式，如“监禁式、惩戒式行刑在高戒备度监狱得到强化，在中低戒备度监狱趋向弱化，在低戒备度和开放式监狱甚至趋于消亡。而恢复性行刑和社会化行刑在中低戒备度和开放式监狱不断得到强化，矫正功能的行刑大行其道，最终落实到行刑的个别化模式上”。①

---

① 陈光明：“当下中国监狱的现代转型研究”，载《中国监狱学刊》2011 年第 3 期。

而行刑个别化的前提条件是对犯罪人实现科学的分类，即根据罪犯个人成长经历、家庭社会背景、个性特点、文化程度、技术专长和其他因素等将犯罪人予以分类，并根据不同的分类在监狱行刑过程中采取不同的处遇（包括据此决定犯罪人的监区、劳动和教育改造的模式、监管级别等），实现严格的动态化管理。这种分类在本质上是对犯罪人的不同信息进行分析处理、进而据此对犯罪人进行分类的过程，监狱信息化建设可以高效地实现这种分类。通过罪犯信息库、教育改造系统、生产管理与劳动改造系统等多方面的信息化建设，监狱能更为科学地对犯罪人进行分类，并据此实现对预防犯罪、矫治犯罪人更为有效的行刑个别化。

2. 通过信息化建设丰富监狱教育矫正犯罪人的方式、内容

在刑罚目的为教育改造犯罪人的思路下，现代监狱执行监禁刑除了通过剥夺犯罪人人身自由对其进行惩罚外，还有很重要的核心工作目的，即通过监狱的教育改造工作，减少和消除犯罪人的恶性、培养其良好的生产生活习惯、教授其掌握一定的生存技能，最终提高罪犯改造质量，使犯罪人在刑满释放后能顺利融入正常的社会生活，预防和减少其再犯的情况。因此，监狱的一切工作都应以提高改造质量为出发点和最终归宿。

实施监狱工作信息化建设，在利用好传统改造手段的基础上，推广应用先进设备，运用现代科技手段，提高罪犯改造质量，使罪犯教育改造手段更加科学、更加开放，教育载体更加丰富。除了传统的劳动改造、教育改造这些手段外，实施信息化建设还为监狱更好地开展教育改造工作提供以下更加丰富多样的手段。

（1）网络电视教育系统。该系统由演播平台和信息发布平台组成，是制作和发布监狱重要信息，实施狱务公开并对罪犯实施电化教育、教学的信息平台。

（2）短信平台和远程帮教系统。该系统将信息化手段引入对罪犯的社会帮教工作，既方便了罪犯快速与亲属联系，又克服了亲情电话不容易监听、监控的弊端。远程帮教在罪犯与亲属间架起了一座“连心桥”。

（3）数字教室、数字图书馆。在每个监区配置有手持终端，罪犯通过手持终端观看教育科预设并审核的各类电子图书和视频，进一步充实了教育资

源，丰富了监区文化建设的内涵。

（4）心理矫治系统。监狱教育部门使用心理反馈仪、心理矫治、心理测试等专业综合软件开展罪犯心理矫治工作，增强了矫治工作的实效性（特别是心理测试软件的应用，更加准确地掌握罪犯的心理问题，为警察开展个别教育和心理疏导工作提供了参考和依据，增强了教育改造的实效，大大提高了教育改造科学化水平，罪犯改造质量得到明显提升）。

（5）出入监模拟实训网络系统。通过该系统平台，一方面使新入监罪犯了解监管法规、制度、措施和要求，明确改造方向，适应服刑生活；另一方面使即将刑满释放的罪犯熟悉社区矫正、安置帮教、工商税务、劳动与社会保障等程序，顺利融入社会等。

3. 通过信息化建设更好地将监禁刑与社区矫正等社会化行刑方式相衔接

现代监狱对监禁刑的执行，尤其在轻罪的执行方面，已经越来越多地受到恢复性刑罚的影响，开始更多地引入各种开放式刑罚或社会化行刑方式。尤其在社区矫正制度正式建立后，原来在监狱中执行监禁刑的犯罪人假释、缓刑都将回归社会、通过社区矫正的方式最终承担其刑事责任。因此，现代监禁刑，尤其在轻罪执行方面，监狱面临着在监执行监禁刑与出监后进行社区矫正的衔接问题。

社区矫正作为在社区中行刑的社会化行刑方式，其成功的关键在于参与社区矫正的各方主体（包括社区矫正原来执行监禁刑的监狱、社区矫正的管理部门、社区矫正的帮扶机构等）能够建立一个强健的运行机制，充分动员广大的社会保障、救助体系等有效参与，积极发挥社区矫正的“社会化”因素。而对于这种合力的形成，一个统一通畅的信息沟通传播网络是不可缺少的，监狱信息化建设的提升工作正是为构建这种网络奠定了物质基础。通过监狱方面有关犯罪人各种情况数据的信息化规范为后期社区矫正的开展提供各种研判基础，而监狱方面相关数据与社区矫正方面的衔接又有力地保障了对社区矫正效果的及时认定和处遇。因此，通过监狱信息化建设能够更好地将监禁刑与社区矫正等社会化行刑方式相衔接，更好地提升社区矫正的行刑质量，共同达成预防犯罪的刑罚目的。

（三）信息化建设有利于现代监狱提高各项管理水平

在实施信息化建设之前，在一些监狱和一些执法环节中仍然可能存在管理方式粗放和执法不规范的问题。随着监狱体制改革的不断深化，随着监狱布局调整的不断推进和创建现代化文明监狱活动的不断深入，迫切需要我们树立先进的管理意识，掌握先进的管理方法和管理手段，迫切需要我们加快推进监狱执法规范化建设。而信息化建设在很大程度上改进了现代监狱的管理方式，极大了提高了现代监狱的各方面管理水平。

从狱政管理方面来说，信息化建设可通过以下方面提高监狱管理水平：监管改造系统（管理全部罪犯的基础数据，具有查询、统计、生成各类执法文书、报表等功能。通过基础数据的联网录入，建立完整的执法信息资料数据库，做到执法信息实时查询、统计、分析）；会见管理系统（对罪犯亲属会见的全过程实时电子化、数字化、网络化管理。实现亲属登记、身份认证、监听、录音回放等功能。尤其是通过亲属图片数据库对亲属的会见资格进行对比识别和审查，极大地减轻了工作量，促进了执法的规范性）；劳动改造效果评估系统（对罪犯的劳动技能、劳动素养、劳动绩效进行评估。把罪犯的个体评估数据自动生成综合评估结论，能够对犯情作出预测、预报、预警，达到狱犯情分析的效果）。

从刑罚执行方面来说，信息化建设可通过以下方面提高监狱管理水平：刑释解教人员信息管理系统（该系统立足于监管改造数据库，可与全国看守所、监狱、司法局实现联网数据共享。通过联网报送刑释人员综合资料，便于司法局等部门根据录入的信息开展安置帮教工作）；刑罚执行管理系统（该系统包含收押、罪犯释放、减刑假释、暂予监外执行、申控检、辅助管理、统计分析、综合查询共8个子系统。实现法院、检察院、公安和司法行政的互联及资源共享，实现网上录入、网上管理、网上监督，确保执法的公开透明）；刑罚执行报表系统（该系统可访问监管改造系统数据库，并根据统一的模板生成报表，填写数据后可形成完整的报表，使报表工作规范化、程序化。确保数据的准确完整，实现无纸化办公）。

从队伍建设方面来说，信息化建设可通过以下方面提高监狱管理水平：多媒体信息发布系统（具有多媒体信息发布功能，可以将监狱的宣传信息、会议通知、狱务公开资料等信息通过该系统发布。支持视频、图片、文本、Flash 动画、幻灯片演示、网页等多种格式)；队伍建设管理信息系统（包括党员管理信息库、公务员职位管理库、人事信息管理库、监狱人民警察定期报表统计库、公务员管理信息系统库、警衔管理系统库。能对监狱警察队伍构成、分布情况、机构设置、人员编制、各部门警力等情况进行有效的统计、配备。有利于及时掌握全狱基础信息，服务警察队伍的建设工作)。

从行政办公方面来说，信息化建设可通过以下方面提高监狱管理水平：OA 办公自动化系统（包括公文收发、签报审批、通知和公告功能、会议管理、邮件交流等功能。实现公文流转、审核、签批等行政事务的自动处理，增加了协同办公能力，让日常办公变得快捷、高效，让决策变得迅速、科学并实现无纸化办公)；视频会议系统（实现了在司法行政系统内的远程视频会议功能。可以点对点、点对面召开会议进行交流，可以远程调度摄像头并同步传输音频及视频内容)；档案管理系统（该系统包含了档案目录查询、档案摘要查询、报表统计等功能。使档案管理更加便捷、归档管理更加规范)；电子公文交换系统（通过该系统，实现与辖区市级部门的非涉密公文交换，节约了人力、物力)。

>> 第二章

信息化建设对现代监狱实现刑罚报应功能的促进

虽然受到目的刑理论的冲击，但作为刑罚本质属性及缘起价值的报应功能仍然是刑罚不可或缺的目的和当然内涵，现代监狱也通过多方面工作实现刑罚的报应功能。信息化建设工作的推进在加强监狱安防工作、监狱劳动管理、监狱危机管理、监狱监管服刑犯罪人等多方面有力地促进了现代监狱实现刑罚的报应功能。

第一节　现代监狱工作对刑罚报应功能的实现

作为刑罚本质属性及缘起价值的报应功能虽然受到现代社会人道主义和目的刑理论的冲击，但由于其来源于“以牙还牙，以眼还眼”的人们普遍具有的朴素正义观，监禁刑的报应功能仍然是其作为刑罚不可或缺的目的和当然内涵。尤其在现代轻轻重重、宽严相济的刑事司法政策下，面对恐怖主义犯罪、黑社会犯罪和严重暴力犯罪等严重犯罪，监禁式、惩戒式行刑将在高戒备度监狱得到强化，主要通过剥夺犯罪人人身自由、对犯罪人在监狱予以一定时间的隔离、严格监管犯罪人、强制其进行劳动等诸方面实现对犯罪人的惩罚。

一、加强监狱安防工作更好地实现对犯罪人人身自由的剥夺和隔离

监狱是执行监禁刑这一国家刑罚的场所。而监禁刑的本质就是剥夺罪犯

的人身自由，并对其行为和行动予以限制。因此，监狱作为对犯罪人监禁刑的刑罚执行机构，确保犯罪人在监狱内按照判决要求被剥夺人身自由、确保其被隔离于社会生活是监狱的基本职能，也是实现监禁刑对犯罪人予以惩罚的根本体现。据此，无论在任何社会制度和刑罚理念下，加强监狱的安防工作、维持监狱的安全稳定一直是监狱工作永恒的主题。

加强监狱安防工作，首先要围绕着实现剥夺犯罪人人身自由和将其在刑期内隔离于特定场所的目标，要实现这个目标，监狱安防工作需要在硬件和软件上都提供相应的物质基础和技术支持。就防范手段而言，安全防范包括实体（物）防范、人力防范和技术防范三个范畴。以下，我们就从物防、人防、技防三个主要方面来对监狱安防工作进行分析。

（一）加强监狱实体防范（物防）工作

物防，顾名思义，就是通过物力进行安全防范，物力防范的主要作用在于推迟危险的发生，为“反应”提供足够的时间。

监狱监管基础设施的建设，是监狱物防工作的重要组成部分，是监狱开展相关监管工作和罪犯服刑改造工作的物质平台。科学合理的物防基础设施，不仅有利于监管的安全稳定，也有利于罪犯的改造和服刑工作者的身心健康。因此，监狱物防工作的建设，是监狱安防工作的根本，也是整个监狱开展工作的基础。

一般来说，监狱物防工作的建设主要包括以下方面。

1. 监狱建筑

监狱建筑是指监狱所属地域范围内的房屋、相关设施和场所的总称。①鉴于监狱执行监禁刑的实际需要，监狱建筑除了具有普通建筑所具有的一般居住、生活及办理事务的普遍功能外，还具有特定的功能，包括确保监管罪犯不予脱逃的安全功能、促进罪犯积极进行改造的改造性功能、提醒普通社会民众感受到国家刑罚威慑力的警示式功能等。因此，相比于普通建筑，监狱建筑一般都有高墙、岗楼、电网的特殊建筑形式，其风格也多偏向于威严庄重，其在具体的建筑标准上也不同于普通建筑。

---

① 吴宗宪：《监狱学导论》，法律出版社2012年版，第157页。

具体到建设标准与程序来说，由于监狱建筑的建设直接关系到服刑罪犯的基本生活和监管质量，司法部在2002年6月19日发布了经建设部、国家计委批准发布的《监狱建设标准》，这对我国监狱建设提出了法定的标准。这个标准分为6个部分：总则、建设规模与项目构成、选址与规划布局、建筑标准、安全警戒设施、场地及配套设施等，自2003年2月1日起施行。2010年9月7日，住房和城乡建设部与国家发展和改革委员会又在原《监狱建设标准》的基础上发布了司法部最新修订的《监狱建设标准》，为指导我国监狱建设制订了进一步的规范。

2. 罪犯监管设施及设备

罪犯监管设施及设备是监狱中用于监督管理罪犯和保障监管安全的设施及安全技术警戒设备等。这类设施设备从功能上来说基本都是专门用于维护监管安全、保障服刑罪犯服从监管、防止服刑罪犯脱逃的设施设备。

（1）监狱外围监管设施。

监狱外围监管设施，主要是指围绕监狱周边设置的、保障监狱监管功能的建筑设施。在传统监狱中，外围设施不仅是监狱最重要的标志性、象征性的建筑设施，而且也是监狱最主要的安全防控设施，是保证监管安全的最主要屏障。[①] 从功能上来说，监狱外围监管设施的建构既能防止服刑犯罪人脱逃、保障其接受国家刑罚，也能防止普通社会人员非法进入监狱、干扰国家刑罚的正常进行。一般来说，监狱外围监管设施包括围墙、电网、岗楼、大门和出入监设施等部分。

围墙是将监狱与周边社区进行隔绝的最主要界限标志，我国绝大部分监狱都使用了专门的水泥围墙，2002年版的《监狱建设标准》和2010年新修订的《监狱建设标准》都对我国监狱围墙的建设标准进行了规定（如要求中等戒备监狱围墙一般应高出地面5.5米，墙体应达到0.49米厚实心砖墙的安全防护要求；高度戒备监狱围墙应高出地面7米，墙体应达到0.3米厚钢筋混凝土的安全防护要求等）。

监狱电网是在监狱周围架设的高压电线网络，一般安装在监狱围墙顶部

---

① 吴宗宪：《监狱学导论》，法律出版社2012年版，第205页。

或者内侧，一般电压为 6 千 ~ 10 千伏。监狱电网应保持不间断通电。

岗楼是在监狱围墙上部设立的监视监狱周边情况的执勤设施，也是负责监狱外围警戒的武装警察部队执勤的重要部分。① 按照我国《监狱建设标准》规定，岗楼应当是封闭性的建筑物，四周应挑平台，平台应高出围墙 1.5 米以上，并设 1.2 米高栏杆。岗楼一般应设于围墙转折点处，视界、射界良好，无观察死角，岗楼之间视界、射界应重叠，并且岗楼间距不应大于 150 米。岗楼应设置防护门及通信报警装置。

监狱大门和出入监设施是监狱最重要的外围监管设施之一，一般应注意设立内外双道大门，并建立人车分离通道。另外，随着科技的进步，监狱大门的建设越来越注意安装技术识别系统和配备多种控制系统，帮助值班人员更加有效地识别进出车辆和人员的身份，并且通过电子开启系统增强大门开启的便利性。

（2）监狱安全防护设备。

监狱安全防护设备主要是指为了增强监狱安全而设计和使用的监视与控制设施。其与监狱外围监管设施不同：监狱外围监管设施更多地是对监狱进出的关键点进行监管，而对监狱内部服刑人员实时情况的监管则“有心无力”；但监狱安全防护设备针对的主要对象是监狱内部服刑罪犯及相关人员的活动情况，能够做到对服刑罪犯及监狱情况的全面监管。

监狱中的安全防护设备主要包括禁闭室、隔离设施等。

禁闭室是监狱用来处罚违反监管要求的服刑罪犯及隔离特定罪犯的特殊监管设施，其一般脱离于普通监舍而单独设立，且面积狭小。禁闭室能通过对特定服刑罪犯进行隔离，有效对其进行惩罚、防止或消除自杀等行凶危险、促使其改过自新等。由于关押在禁闭室中的罪犯往往具有更大的危险性或其他特殊情况，禁闭室在设计和建造方面比普通监舍更加重视安全性，且监控也更加严密。《监狱建设标准》规定：禁闭室室内净高不应低于 3 米，单间使用面积不应小于 6 平方米，禁闭室应集中设置于监狱围墙内，自成一区，

---

① 《中华人民共和监狱法》第 41 条规定：“监狱的武装警戒由人民武装警察部队负责，具体办法由国务院、中央军事委员会规定。”

离其他建筑物距离宜大于20米，并设值班及预审室。

监狱中除设置以惩罚功能为主的禁闭室外，有时因为其他原因也需要对服刑罪犯进行隔离，如特殊疾病、行政管理的特殊要求等，此时监狱中还会设置一些其他不同功能的隔离设施。如2005年10月24日，司法部监狱管理局印发《艾滋病罪犯监区专用设备基本配备参考标准》，对艾滋病罪犯监区应当配备的专用设备种类和数量作出了规定，要求在艾滋病罪犯监区应配备初筛实验设备、医院设备、污水处理设备和垃圾处理设备四大类设备，以保证对艾滋病罪犯的监护和治疗。

（二）加强监狱人防工作

所谓人防是通过人力进行安全防范，比如人员巡逻、站岗等防范措施。基础的人力防范是利用人们自身的传感器（眼、手、耳等）进行探测，发现妨害或破坏安全的目标，作出反应；用声音警告、恐吓、设障、武器还击等手段来延迟或阻止危险的发生，在自身力量不足时还要发出求援信号，以期待作出进一步的反应，制止危险的发生或处理已发生的危险。

监狱人防工作就是通过专门的人力就监狱进行安全防范。按照《中华人民共和国监狱法》（以下简称《监狱法》）（第5条："监狱的人民警察依法管理监狱、执行刑罚、对罪犯进行教育改造等活动，受法律保护"；第12条："监狱设监狱长一人、副监狱长若干人，并根据实际需要设置必要的工作机构和配备其他监狱管理人员。监狱的管理人员是人民警察"；第13条："监狱的人民警察应当严格遵守宪法和法律，忠于职守，秉公执法，严守纪律，清正廉洁"等）和《中华人民共和国人民警察法》（以下简称《人民警察法》）（第2条第2款："人民警察包括公安机关、国家安全机关、监狱、劳动教养管理机关的人民警察和人民法院、人民检察院的司法警察"）的相关规定，我国监狱由专门的人民警察进行管理，即由这部分专门的人民警察完成监狱的人防工作。

特别指出的是，《监狱法》第41条规定："监狱的武装警戒由人民武装警察部队负责，具体办法由国务院、中央军事委员会规定。"监狱的外围武装警戒由武警负责，即监狱围墙、岗楼等部分的执勤安保由武警负责。基于本书主要讨论监狱内部的管理和信息化建设问题，因此仅在监狱内部的人民警察层面探讨监狱的人防问题，暂不涉及监狱外围警戒之武警的人防问题。

相比物防和技防来说，人防是整个安全防范系统里最具有主观能动性的一环，也是处理、使用、支配、调配整个物防、技防等硬件防范措施的软件枢纽，其安全防范的效果和水平直接决定整个安全防范的效果和水平。如果没有高质量的人防、没有高素质的监狱管理人员和配套的管理规范，就算有再先进的物防和技防，其先进的防范效果也无法实现，整个监狱的安防水平和效果都无法保障。加强监狱人防建设，主要从加强监狱人民警察队伍建设和加强监狱管理制度建设的角度出发。

在此特别指出的是，从个人素质层面加强监狱人民警察队伍建设和从整体管理层面加强监狱制度建设，得益的不仅仅是监狱人防工作和监狱安全防范的效果，整体优化提高的将是监狱工作的各个方面（如监狱的安全预防、公正执法、改造质量、管理水平等多方面）。但限于本书讨论重点所限，此处主要在提高监狱安全防范的人防层面讨论监狱人民警察素质和管理的问题。

1. 加强监狱人民警察的队伍建设

监狱人防的基本单位是每个监狱人民警察的人防水平和基本素质，而决定新时期下监狱人防效果和水平的，并不是靠监狱人民警察对在监犯罪人的以暴制暴、拳打脚踢，而是依靠监狱人民警察的思想政治素质、专业知识水平和依法履行职责等方面。基于监狱人民警察队伍建设在提升整个监狱工作中的重要性，我国一直以来都非常重视对监狱人民警察的队伍建设。

《监狱法》、《人民警察法》等立法对监狱人民警察的定位、职责等进行了基础性规定。

为进一步规范监狱人民的执法，司法部先后发布《监狱和劳动教养机关人民警察违法违纪行为处分规定》、《执法人员守则》、《监狱教育改造工作规定》、《监狱劳动教养人民警察着装管理规定》、《司法部关于贯彻实施〈中华人民共和国人民警察使用警械和武器条例〉的通知》、《司法部关于禁止监狱以任何形式接受罪犯及其家属捐赠钱物的通知》等规定，对监狱人民警察的纪律、执业规范等作出了具体严格的要求。

为进一步加强监狱人民警察的队伍建设，司法部先后数次颁布“监狱劳教人民警察队伍建设规划纲要”（如《2003—2005 年监狱劳教人民警察队伍建设规划纲要》、《2006—2010 年监狱劳教人民警察队伍建设规划纲要》等），数次发文要求加强监狱人民警察队伍的建设（如司发［1998］004 号《司法部关于加强监狱劳教人民警察队伍建设的决定》、司发［2009］13 号《司法部关于进一步加强监狱劳教人民警察队伍建设的意见》等），对加强监狱人民警察队伍的理论政策水平和思想政治素质、专业知识水平、队伍管理和机制、党风廉政建设等方面都作出了明确具体的要求。

近年来，各级司法行政机关全面实施监狱人民警察队伍建设规划纲要，广泛开展大规模培训和岗位练兵，监狱人民警察队伍整体素质显著增强，队伍革命化、专业化、正规化水平明显提高，为推进监狱事业改革发展、加强监狱安防水平、维护社会和谐稳定作出了重要贡献。

第一，大力加强监狱人民警察队伍的思想政治建设。监狱人民警察的思想政治水平直接影响到监狱执法的指向性，因此，必须大力加强思想政治建设，教育广大监狱人民警察认真学习党的基本理论、理论路线，牢固树立共产主义理想和社会主义信念，自觉在思想上、政治上、行动上与党中央保持高度一致，自觉坚决维护马克思主义在政法意识形态领域的主导地位，始终坚持党的事业至上、人民利益至上、宪法法律至上。努力把监狱人民警察队伍建设成为一支用党的先进理论武装起来的充满生机和活力、富有坚强战斗力的队伍。

第二，大力加强监狱人民警察的业务素养建设。现代监狱无论是从信息化高科技建设角度，还是从加强对在监犯罪人教育矫正的角度，都需要监狱人民警察具有相当的知识水平和业务素养才能胜任。因此，要通过提高监狱人民警察的准入门槛（按照中央的统一部署和要求，开展监狱人民警察定向招录和从普通高等学校法学专业以及其他相关专业毕业生中招录监狱人民警察工作）、加强在职人民警察的培训（包括初任培训、晋升晋级培训、常规培训等）、支持鼓励人民警察自主选学和利用业务实践参加学历（学位）教育、深入开展岗位练兵活动等提高监狱人民警察的业务素养；通过加强人民警察职业道德教育，引导监狱人民警察做到恪尽职守、主持正义、维护公平，为监狱人民警察更好地执法奠定人力基础。

第三，严格要求监狱人民警察依法履行职责。相对于监狱在监犯罪人来说，监狱人民警察作为监管的国家专门机关工作人员，具有一定的职权。为了限制监狱人民警察滥用职权、依法履行职责，相关法律法规对监狱人民警察的纪律规范进行了明确的规定，如《监狱法》规定监狱人民警察“九不得”（不得索要、收受、侵占罪犯及其亲属的财物；不得私放罪犯或者玩忽职守造成罪犯脱逃；不得刑讯逼供或者体罚、虐待罪犯；不得侮辱罪犯的人格；不得殴打或者纵容他人殴打罪犯；不得为谋取私利，利用罪犯提供劳务；不得违反规定，私自为罪犯传递信件或者物品；不得非法将监管罪犯的职权交予他人行使；不得有其他违法行为）、司法部《监狱人民警察六条禁令》（严禁殴打、体罚或者指使他人殴打、体罚服刑人员；严禁违规使用枪支、警械、警车；严禁索要、收受服刑人员及其亲属的财物；严禁为服刑人员传递、提供违禁物品；严禁工作期间饮酒；严禁参与赌博）等。这些严格的纪律规范对监狱人民警察执法的范围和界限进行了限定，将监狱人民警察执法行为严格限制在“依法执法”的范畴之内，这也是新时期依法治国要求在监狱工作方面的体现。

此外，加强监狱人民警察反腐倡廉建设、加强监狱人民警察党建等多方面工作的开展，都是我国加强监狱人民警察队伍建设的重要内容，是提升监狱人防工作质量和成效的基础。

2. 加强监狱管理的制度建设①

如前所述，作为监狱人防的基本单位，每个监狱人民警察的基本素质是决定监狱整体人防效果的基石。但即使监狱中每个人民警察都有过硬的综合素质，仍然需要一个良好的系统来加以运行，通过这个良好的系统对监狱人民警察的管理监管行为进行规范，使每个监狱人民警察的力量能够合成为整个监狱坚实的战斗力。确保监狱人防系统良好运转的工具就是对监狱各项管理监管行为设置科学可行的规范、并将这种规范运行予以制度化，用制度对人的行为予以规范约束，实现依法治监。甚至可以说，所有监狱有关管理的

---

① 此处主要强调关于监狱管理的制度，即主要针对监狱人民警察在管理监狱过程中的相关规定，而非监狱方面制定的针对服刑犯罪人应遵守的行为规范（有关服刑犯罪人应当遵守的行为规范将于后文加强对服刑犯罪人监管部分论及）。

相关制度，都是针对监狱人民警察这个主观能动的主体制定、最终也都是通过监狱人民警察这个载体实现的。

加强监狱管理的制度建设，将监狱各项管理监管行为纳入依法治监的范畴，需要从制定、实施和保障几方面入手。

首先，监狱管理规章制度的制定是加强制度建设的基础。实现现代监狱依法治监的前提就是监狱各项管理监管行为有规范的制度予以规定。一般来说，监狱管理规章制度的制定包括两个层面：一是国家或有关主管部门对全辖监狱管理统一制定的规章制度（如司法部颁布的《监狱和劳动教养机关人民警察违法违纪行为处分规定》、《执法人员守则》、《监狱教育改造工作规定》、《监狱劳动教养人民警察着装管理规定》、《司法部关于贯彻实施〈中华人民共和国人民警察使用警械和武器条例〉的通知》、《司法部关于禁止监狱以任何形式接受罪犯及其家属捐赠钱物的通知》等），要求全辖监狱人民警察都予以遵守；二是各个监狱也可以根据自己监狱管理的实际情况，对相关管理行为作出具体规定，适用于本监狱人民警察对监狱的管理监管。但各个监狱自行作出的有关管理方面的具体规定，不能与国家有关统一规定相违背。

其次，在监狱有关管理活动中切实落实相关规章制度是实现依法治监的关键，这个过程就是要求监狱人民警察在监狱具体管理监管活动中按照有关规定的权限、内容、程序等执法，以避免出现监狱人民警察滥用权力的情况，将监狱人民警察的权力纳入制度框架。

最后，对监狱有关管理制度的实施需要通过对违反者追究责任来加以保障，即监狱相关管理的规章制度需要设置明确的责任条款，对违反相关规定的监狱人民警察追究相应的责任（主要是行政责任，严重的需要承担刑事责任）。通过责任条款对违反规章制度者追究责任，才能体现和落实规章制度的效力与强制力，是法律产生效力的必备要件。

（三）加强监狱技防工作

技防的概念是在现代科学技术（最初是电子监控、电子报警技术等）用于安全防范领域并逐渐形成的一种独立防范手段的过程中所产生的一种新的防范概念。相比于古已有之的传统防范手段人防和物防，技防则是通过现代科学技术进行安全防范，比如电子监控、电子防盗报警等技术手段。技术防范手段可以说是人力防范手段和实体防范手段功能的延伸和加强，是对人力防范和实体防范在技术手段上的补充和加强。由于现代科学技术的不断发展和普及应用，技防的内容也随着科学技术的进步而不断更新，可以说，技防在安全防范技术中的地位和作用将越来越重要，它已经带来了安全防范的一次新的革命。现代科学技术的发展也为监狱技防工作提供了广阔的可能性。

1. 监狱技防工作的发展

在监狱广泛使用技防技术前，监狱的安全防范主要靠狱警进行人防和监狱物理基础进行物防，这两种传统的防范手段在监管犯罪人时，暴露出明显的短板：如警力有限，无法全方位全天候对犯罪人进行监控，监狱物理基础一旦被破坏如未能及时发现的话后果不堪设想等。因此，随着现代科学技术的进步，越来越多的科技手段被应用于监狱安防工作，从早期的简易报警系统到后来的电视监控系统，再到近期改造提升的安防系统，我国监狱的技防工作主要经历了以下几个阶段：①

第一阶段，20 世纪 80 年代中后期的监狱技防系统。那个年代监狱是以物防（高墙、铁门、铁窗、大铁锁、厚墙、探照灯、武装执勤、角楼、电网等）为基础，增加了一定的技防系统，例如电视监控系统、简易报警系统、广播系统、门禁系统（以机械锁为主，加一些门的电动装置以及互锁装置）。

第二阶段，20 世纪 90 年代中前期的监狱技防系统。当时一般会含有电视监控系统、简易报警系统、通信系统（有线电话、无线对讲）、广播系统、音频系统等。电视监控系统是当时安防系统的代表。当时的典型电视监控系统有摄像机、音视频矩阵、视频分配器、视频均衡放大器、显示器、显示器墙、录像机等。

第三阶段，21 世纪初现代监狱智能技防系统。现代监狱技防系统在智能化方面有很大发展，特别表现在数字化、网络化、智能化方面，一般包括安防系统（多级视频联网的电视监控系统、门禁系统、周界防范系统、非法进出报警系统、电子巡更系统等）、信息管理系统（重点在办公和管理区域）、

① 以下内容主要参考马志刚：“简述监狱安防系统的发展”，载《智能建筑与城市信息》2008 年第 5 期。

监舍管理系统（探访犯人管理系统、出入人员和出入车辆管理系统、车辆底部电视监控系统、犯人的 GPS 定位系统、轻犯人的监外管理系统等）、监狱的住处传输系统、现代图像存储系统等。

由此可见，现代科学技术飞速发展，能够广泛应用于监狱工作的方方面面，满足监狱管理的不同需求，极大地提升了监狱人防与物防的安防程度，是监狱执行监禁刑现代化发展的技术基础。

2. 监狱技防工作与人防、物防工作的关系

在安全防范系统的三个系统（人防、物防、技防）里，人防、物防是相对较为传统古老的防范方式，主要依靠人力和物力进行防范。但对于监狱这种对安全防范要求较高的场所来说，人防和物防越来越暴露出不足。而技防作为运用现代高科技手段进行安防的新兴手段，各种先进科技手段的运用，很好地弥补了人防、物防的不足，极大提高了监狱安防的成效。

但是值得特别指出的是，技术防范手段本身并不是能完全脱离人防、物防就可以独立自行存在的一种防范手段，其必定依附于一定的物防基础，并由人防最终实现控制。如将电视监控这一科技手段运用于监狱安防工作，必须将电视监控系统的前端数字摄像机、数字交换机、专用局域网、核心交换机、视频管理服务器、中控室集中存储系统、解码器、电脑显示器等技术硬件设施装配在监狱实体上（据此也可以成为监狱物防的一部分），再通过监狱管理人员的人力资源对整套电视监控系统进行操作、调试、处理，最终实现电视监控系统技术在监狱安防中的运用。因此，技防手段可以说是利用现代高科技手段对人力防范手段和实体防范手段功能的延伸和加强，是对人力防范和实体防范在技术手段上的补充和加强，其在硬件上一般需要依附于监狱的物防基础，而最终通过监狱人防的人力基础在软件层面实现防范效果。

当然，虽然此处主要是在监狱安防系统构建的体系下论述监狱技防工作的发展，但高科技发展带给监狱的便利和机会并不仅仅体现在监狱的安防工作层面，监狱的其他工作层面也随着高科技的发展和引入发生着巨大的变化：如电子计算机及信息网络处理系统的引入带来的监狱办公和执法自动化，电教视频、新兴心理矫治设施的引用带来监狱矫正工作的多样化和科学化等。

3. 监狱技防工作与监狱信息化建设

本书所要着重探讨的监狱信息化建设是指通过有效地利用计算机技术、通信技术、网络即时等现代化技术和设施，对监狱系统的各项工作进行创新性组合，对传统的监狱系统管理机制、组织结构、人员素质等诸方面进行优化、改革、重组，实现监狱工作更科学、更公正、更安全、更高效地履行监管改造的使命，满足监狱在安全预防、公正执法、改造质量、管理水平等方面的需要，更好地发挥监狱的本质职能。① 具体到此轮主要由司法部发布《全国监狱信息化建设规划》推动的监狱信息化建设，主要包括以下几个方面的工作：建设完善基础网络，实现信息传输网络化；建设完善基础信息资源库，实现信息化处理数字化；建设完善安全防范系统，实现安全防范智能化；建设完善监管和执法管理系统，实现监狱管理、执法规范化；建设完善电子政务系统，实现办公自动化；建设完善标准规范，实现技术应用标准化。②

由此可见，监狱技防工作与监狱信息化建设有非常密切的关系：

首先，监狱信息化建设的基础是提升监狱技防工作的水平。监狱信息化建设，尤其此轮主要由司法部发布《全国监狱信息化建设规划》推动的监狱信息化建设，其基础着眼点是建设完善监狱的计算机技术、通信技术、网络即时等现代化技术和设施，其基础是提升监狱技防工作的水平。说监狱信息化建设的基础就是监狱技防的建设也不为过，这也是科技飞速发展的背景下现代监狱建设的必然趋势。

其次，不仅仅着眼于技防水平的提升，监狱信息化建设拟通过技术升级提升监狱的整体工作水平。监狱信息化建设虽然是以提升监狱技防水平为基础，但整个监狱信息化建设工作并不仅仅落脚于监狱技防硬件的提升改善，也不仅仅满足于监狱安防工作水平的提升，而是以技防水平提升为硬件基础，在此基础上优化、改革、重组整个监狱安防工作、管理机制、组织结构、人员素质等诸方面，实现监狱工作更科学、更公正、更安全、更高效地履行监

---

① 孙念："监狱信息化建设的风险与防范"，载《社科纵横》2010 年第 5 期。

② 摘自时任司法部部长吴爱英在 2007 年全国监狱信息化建设工作会议上的讲话。

管改造的使命，满足监狱在安全预防、公正执法、改造质量、管理水平等方面的需要。

由此可见，监狱信息化建设是一项以提升监狱技防硬件水平为基础，着眼于优化、改革、充足整个监狱各方面工作的长效性、系统性工程，其外延远远大于监狱技防工作的层面。

二、加强监狱劳动管理实现对犯罪人的负担

罪犯劳动是指在监狱组织和监督下罪犯从事的创造产品、提供劳务或者发展自身的活动，[①] 其具有法定刑、强制性、改造性特点。虽然在近现代目的刑理念的影响下，监狱劳动是作为改造犯罪人的手段而非惩罚犯罪人的手段存在，但其强制性在客观上仍然带来对犯罪人身心的负担。加强监狱劳动的管理，不仅是教育矫正犯罪人工作的一环，也是包括惩罚犯罪人在内的整个监狱工作的一环。

（一）监狱劳动在客观上给犯罪人带来负担

要求在监人员参与劳动，是监狱从古至今都存在的一项内容。但对监狱强制在监人员强制劳动的性质，不同时代基于对刑罚目的的不同认识也有所差异。

在奴隶社会和封建社会，刑罚主要被视为惩罚犯罪的报应刑，因此，在监狱监禁过程中强制被监禁者进行劳动，也是一种对其予以惩罚的劳役。如我国奴隶社会就把刑罚和劳役结合起来，“墨者使守门，劓者使守关，宫者使守内，刖者使守囿，髡者使守积”（《汉书·刑法志》）。封建社会初期，犯人劳动本来就是一种刑罚，如秦朝前后的城旦春、鬼薪、白粲、罚作、居住等；封建社会中后期，则是判处后就“即日发配”从事炼铁、炒盐等劳役。正因为如此，《唐律疏议》曰：“徒者，奴也，盖奴辱之”。[②] 在早期的西方国家，那些被送到船上进行划船劳动的划船奴隶，是最早被驱使进行强迫劳动的罪犯之一。到 16 世纪中叶，在欧洲建立的很多贫民习艺所中，也对其他收

---

① 吴宗宪主编：《刑事执行法学》，中国人民大学出版社 2007 年版，第 250 页。
② 杨显光：“监狱劳动性质辨析”，载《现代法学》1993 年第 3 期。

容的青少年犯罪人实行强迫劳动。①

随着资产阶级革命的胜利、启蒙思想的传播，人们开始从目的刑的角度审视刑罚的目的，即认为刑罚除了惩罚报应犯罪人外，还应该具有教育矫正犯罪人、预防犯罪的功能。在目的刑理念影响下，监狱劳动的性质开始更多地从惩罚向教育矫正的角度（通过强制犯罪人劳动可以强健其体魄、塑造其身心、养成勤劳的良好习惯并掌握一技之长、实现复归社会）转变，监狱劳动开始更多地被视为从劳动改造犯罪人的角度而非仅是通过劳动奴役惩罚犯罪人的角度来适用。因此，监禁刑要求犯罪人强制劳动既是一种“劳动惩罚”，在近现代时代背景下更是一种“劳动改造”。1955 年联合国第一届预防犯罪和罪犯待遇大会通过了《关于监狱劳动的建议》，在总则部分规定：“在根据医学方法确定身心条件适合的情况下，所有犯人都必须参加劳动。不能把劳动看成是额外惩罚，只能把劳动看成是促进犯人回归、训练犯人劳动、培养良好劳动习惯、预防游手好闲和疫病发生的一种措施”；联合国 1990 年通过的《联合国保护被剥夺自由少年规则》也规定：“应当总是把劳动看作一种教育手段，一种增进少年自尊以便为其回归社会做准备的方法，并不应当强行把劳动作为一种纪律制裁使用”。② 我国有关法律也对监狱劳动的劳动改造性质进行了明确的规定，《监狱法》第 3 条规定：“监狱对罪犯实行惩罚和改造相结合、教育和劳动相结合的原则，将罪犯改造成为守法公民”；第 4 条规定：“监狱对罪犯应当依法监管，根据改造罪犯的需要，组织罪犯从事生产劳动，对罪犯进行思想教育、文化教育，技术教育”；第 69 条规定：“有劳动能力的罪犯，必须参加劳动”等。

虽然监狱劳动在近现代从理念到具体制度都经历了较大的变化与转向，但不可否认的是，在实现通过劳动教育矫正犯罪人的同时，要求犯罪人强制劳动在客观上仍然对犯罪人来说具有一定的惩罚色彩：犯罪人在监狱服刑期间参加劳动具有刑事强制性，犯罪人无法自由选择和拒绝；而这种强制的劳动会在犯罪人体力上造成负担，尤其对好逸恶劳的犯罪人来说更是从心理上

---

① 吴宗宪：《监狱学导论》，法律出版社 2012 年版，第 528 页。

② 同上书，第 531 ~534 页。

带来负担，进而客观上对犯罪人也不失为一种惩罚或者负担。因此，虽然从行刑的角度来看，现代刑罚并不在惩罚层面而是在改造层面要求犯罪人进行监狱劳动，但这种劳动的强制性本身在客观上给犯罪人造成的效果也不失为一种惩罚或者负担。后文主要从监狱劳动具有的这一客观效果层面分析监狱劳动在实现刑罚报应功能中的作用，而并不据此否定对劳动改造犯罪人的目的预设。

现代监狱（尤其我国监狱）通过规范的监狱劳动从客观效果上对犯罪人产生一定负担乃至体现一定的惩罚色彩，主要体现在以下方面。

1. 监狱劳动具有强制性

《中华人民共和国刑法》（以下简称《刑法》）第46条明确规定："被判处有期徒刑、无期徒刑的犯罪分子，在监狱或者其他执行场所执行；凡有劳动能力的，都应当参加劳动，接受教育和改造"；《监狱法》第69条规定："有劳动能力的罪犯，必须参加劳动"。这表明，犯罪人参加监狱劳动具有强制性，无论其主观意愿如何，只要具有劳动能力就要参加监狱劳动，否则会导致承担惩罚性的后果，如《监狱法》第58条第（5）项规定，"有劳动能力拒不参加劳动或者消极怠工，经教育不改的"，监狱可以给予警告、记过或者禁闭的处罚。

但是，监狱劳动具有强制性并不代表从立法主观意愿层面具有惩罚性。如前所述，从刑罚发展角度和制定监狱劳动作为刑罚内容的主观层面，并不强调或者追求监狱劳动作为惩罚措施，而本文也只是从监狱劳动产生的客观效果层面强调，无论犯罪人的主观意愿如何都强制犯罪人参加监狱劳动，是对犯罪人的一种负担。

2. 监狱劳动具有法定性

所谓监狱劳动具有法定性，是指犯罪人参加监狱劳动并不是某个监狱自己的规定，而是来源于立法的要求，如前述《刑法》、《监狱法》的明确规定。监狱劳动具有法定刑，既是对犯罪人服刑层面的要求，也是对监狱管理层面的要求：这意味着犯罪人参加监狱劳动是其服刑的法定内容之一，是监狱执行监禁刑的行刑内容之一；也意味着监狱方面要求犯罪人劳动应按照有关法律规定执行，严格遵守有关法律的规定（如监狱劳动保障方面的规定）。

3. 我国监狱劳动具有经常性和规模性

与其他国家监狱劳动相比，我国监狱劳动还具有经常性和规模性的特点。所谓监狱劳动具有经常性，是指我国犯罪人在平日的大部分时间都需要参加监狱劳动，即犯罪人服刑期间，除了法定节日和休息日外，其余剩余时间的每天大部分时间都需要参加劳动；所谓监狱劳动具有规模性，是指我国监狱劳动一般都是集中地、大规模地进行，参加监狱劳动是大部分监狱犯罪人日常的服刑内容。

我国监狱劳动具有的经常性和规模性意味着监狱劳动在我国监狱监禁刑执行过程中占有相当大的比重，是犯罪人服刑的主要内容之一，这一方面体现我国刑罚观念对劳动改造的重视，另一方面也意味着在我国监狱服刑的犯罪人客观上有更重的监狱劳动负担。

（二）监狱劳动的人权保障

在现代法治和人权保障的理念下，在监狱服刑的犯罪人即使因触犯刑事法律而承担刑事法律责任，其除了被剥夺人身自由外，其他的基本人权仍然得到法律保障，在监狱劳动方面亦是如此（如正常的休息时间、基本的劳动保护等权利）。但基于监狱劳动具有特殊性，其是犯罪人在监狱服刑强制性的服刑内容之一，因此，犯罪人在监狱劳动方面虽然具有基本的保障，但与正常社会生活中劳动者的自主劳动权益还是有所区别，犯罪人进行监狱劳动对其来说客观上仍然是一种带有一定惩罚色彩的负担。

1. 监狱劳动中休息时间的保障

与很多国家监狱中的罪犯劳动不同，我国监狱中的罪犯劳动具有经常性，即犯罪人服刑期间，除了法定节日和休息日外，其余每天剩余的大部分时间都需要参加劳动。

为了确保犯罪人的合理休息时间不受侵犯，司法部制定的《关于罪犯劳动工时的规定》明确对罪犯劳动和休息时间进行了规定：罪犯劳动时间为6天，每天劳动8小时，平均每周劳动时间不超过48小时，未成年犯的劳动时间减半；监狱除保证罪犯每周休息一天外，在元旦、春节、国际劳动节和国庆节时按照相关的法律规定安排休假；监狱生产单位要延长罪犯劳动时间，必须提前拟订加班计划，经监狱狱政、劳动管理部门审核，得到监狱长批准方可实施，事后安排罪犯补休，不能安排补休的，根据延长罪犯劳动时间的长短，支付一定数量的加班费。

2. 监狱劳动中的劳动安全和卫生保护

监狱劳动的形式及内容是多种多样的，既包括技术性的与非技术性的，又包括体力的与脑力的。当监狱劳动可能对犯罪人产生危险、危害或危及健康的，监狱应该对犯罪人提供基本的劳动安全和卫生保护。这需要监狱从管理方面对整个监狱劳动进行规范，包括对监狱劳动项目的合理设置（如注意选择较为安全的监狱劳动项目、尽量避免高危险性的监狱劳动项目）、健全劳动安全和卫生保护措施（如设立防护网、隔离栏、危险标志、防止粉尘污染设施、降温降噪设备、供给防护用品等）、制定并要求犯罪人遵守相应的安全规章等。如犯罪人发生伤残甚至死亡事故的，按照司法部《罪犯工伤补偿办法（试行）》，监狱还应按照工伤给予合理补偿。

特别指出的是，对于女性犯罪人和未成年犯罪人，由于这部分犯罪人的特殊生理心理状况，还应实施特殊的劳动保护。如《中华人民共和国劳动法》（以下简称《劳动法》）第58条第1款规定："国家对女职工和未成年工实行特殊劳动保护"；第59条规定："禁止安排女职工从事矿山井下、国家规定的第四级体力劳动强度的劳动和其他禁忌从事的劳动"；第60条规定："不得安排女职工在经期从事高处、低温、冷水作业和国家规定的第三级体力劳动强度的劳动"；第64条规定："不得安排未成年工从事矿山井下、有毒有害、国家规定的第四级体力劳动强度的劳动和其他禁忌从事的劳动"。这些规定同样适用于女性犯罪人和未成年犯罪人。

3. 监狱劳动报酬

虽然犯罪人在服刑期间参加监狱劳动具有强制性，但监狱劳动并不是劳役，不是犯罪人承担刑事责任的方式，因此，对于犯罪人的监狱劳动，监狱应按照《监狱法》、《劳动法》等有关规定向犯罪人支付报酬（《监狱法》第72条规定："监狱向参加劳动的罪犯，应当按照有关规定给予报酬并执行国家有关劳动保护的规定"）。

但鉴于监狱劳动的特殊性，有关监狱劳动报酬的规定和执行与正常社会生活中的自主劳动还是有所区别的，如监狱劳动报酬并不受最低工资保障制度的制约，不同地区监狱执行的劳动报酬制度差异较大（如支付方式较为多样、具体数额差别较大）等。因此，一般来说，监狱劳动报酬主要还是具有鼓励罪犯积极参加劳动而非正常劳动对价的特性。

4. 监狱劳动的考评

虽然犯罪人在服刑期间都应参加监狱劳动，但强制犯罪人参加劳动只能保证其劳动的时间，而无法保证其提供劳动的质量。具体每个参加监狱劳动的犯罪人的投入程度、劳动成效方面还是会根据犯罪人的主观意识有很大差别的。这个差别直接体现了犯罪人接受国家刑罚制裁的态度，对监狱方面评估犯罪人的主观恶性和服刑效果等都具有直接参考意义。因此，合理设置监狱劳动的考核指标并予以科学考核，有助于评价犯罪人接受刑罚的成效，进而可以为犯罪人监禁刑的后续调整（如缓刑、假释等）、行刑个别化等处遇提供依据。

特别指出的一点是，如果犯罪人积极参加监狱劳动、各项监狱劳动考评成绩优良，可以作为犯罪人积极接受改造、主观恶性降低、服刑效果良好的指针之一，进而可以为监禁刑向缓刑、假释等处遇发展提供一定参考和依据；但犯罪人不积极参加监狱劳动、各项监狱劳动考评成绩不良时，可以视为犯罪人不积极接受改造、主观恶性无明显改善、服刑效果不明显，却不能据此加重犯罪人已经由法院审判确定的刑罚。

三、加强监狱危机管理实现对犯罪人引发危机的处置

作为关押被判处监禁刑罪犯的场所，基于服刑罪犯的特殊性，监狱先天就存在一定的不安定因素。虽然监管现实中监狱已与社会采取联合力量，用剥夺自由等各种手段尽量扼制了该等不安定因素，但其内部和外在环境仍然可能隐藏酝酿着各种危险因素，不排除发生犯罪人自残、自杀、凶杀、逃脱、暴狱、闹监、哄监乃至自然灾害等各种对监狱安全稳定工作、服刑罪犯乃至监管人员的人身构成威胁的非常规事件和状态，该等非常规事件和状态就是我们此处讨论的监狱危机。从监狱危机的发生来看，包括由犯罪人原因和其他非犯罪人原因导致的危机事件（如监狱食品安全卫生、病疫情、自然灾害等）。基于此处讨论的主要是现代监狱对犯罪人惩罚功能

的实现，此处我们也主要讨论因犯罪人原因引发的监狱危机相关问题。

（一）通过对犯罪人引发监狱危机的处置恢复实现对犯罪人的惩罚

监狱是关押被判处监禁刑的犯罪人的场所，其关押对象的特殊性（即监狱监管安全对象的特殊性）决定了监狱存在先天的不安定性，其在监管改造、狱政管理等事务中可能随时会面对突发犯罪人凶杀、暴狱、闹监、哄监等狱内犯罪或犯罪人逃脱、自残、自杀引发的危机事件。对该等由犯罪人引发的监狱危机的及时妥善处置，有助于恢复、实现监狱对犯罪人的惩罚功能。

严格来说，监狱危机处置对惩罚犯罪人功能的恢复与实现包括以下层面：

首先，及时妥善处置犯罪人引发的监狱危机、恢复对犯罪人的监管秩序，是恢复实现监狱对犯罪人惩罚功能的基本要求。

从监狱执行监禁刑的报应功能本质来说，就是要通过在一定时期内剥夺犯罪人人身自由并将其隔离在特定地点来实现对犯罪人的惩罚和报应，这种监禁理所当然就带有剥夺犯罪人的再犯能力、使其在监狱中按照监管要求服刑的效果。如犯罪人在监狱服刑时引发与服刑目的不相符的危机事件（如犯罪人凶杀、暴狱、闹监、哄监等狱内犯罪或犯罪人逃脱、自残、自杀引发的危机事件），必然与监狱执行监禁刑的职能相违背，也未能按照刑罚目的预设实现对犯罪人的惩罚。因此，监狱对于该等犯罪人引发的危机的及时处置不仅是恢复监狱监管秩序的需要，也是及时恢复监狱执行监禁刑的职能所需。只有监狱及时、妥善地对犯罪人引发的监狱危机予以处置，将引发危机的犯罪人重新置于监狱正常监管秩序下、按照监狱有关监管要求服刑，才能恢复、实现刑罚预设的对犯罪人的惩罚报应功能。

其次，及时、妥善处置犯罪人引发的监狱危机，并针对犯罪人相关行为予以处遇，是对犯罪人引发危机之不法行为的惩罚。

犯罪人据以引发监狱危机的行为可能多种多样，既包括凶杀、暴狱、闹监、哄监等狱内犯罪，也包括犯罪人逃脱的情况，甚至还会有犯罪人自残、自杀的事件。这些行为绝大多数本身都具有不法性，轻则违反监狱内部有关犯罪人服刑的监管规定（如犯罪人自残、闹监等），重则甚至可能违反刑律进而构成新的犯罪。监狱在对这些危机进行处置时，一般都会根据犯罪人行为的不法性和严重程度，予以不同的处理：如对轻微闹监或不遵守监狱内部监管规定的犯罪人不法行为，一般可能由监狱直接以禁闭等方式处罚；对狱内犯罪乃至脱逃等严重犯罪行为，还需要由刑事诉讼程序另行追究新罪的刑事责任后与旧罪合并执行；而对于自残、自杀等行为，监狱还需要给予相应的医疗救治等。这些对犯罪人不法行为的不同处理也是对不法行为的处罚，因此对监狱危机处置本身也是对犯罪人不法行为的惩罚。只不过相比于通过处遇犯罪人引发的监狱危机恢复对犯罪人的监管秩序更多是恢复对犯罪人原刑罚的惩罚，对犯罪人不法行为的处置更多是对新的不法行为的惩罚（当然，如果犯罪人引发监狱危机的新的不法行为涉嫌犯罪的话，最终对其的惩罚由新确定的刑罚来体现，并不体现在原犯罪的执行过程中）。

据此，无论是从通过处遇犯罪人引发的监狱危机恢复对犯罪人的监管秩序层面、还是从处遇引发危机时对犯罪人予以惩罚的层面来说，对犯罪人引发的监狱危机予以及时妥善的处遇都具有恢复实现对犯罪人惩罚功能的效果；其中，前者更多是恢复对犯罪人原刑罚的惩罚，而后者更多是对犯罪人新的不法行为的惩罚。

（二）对主要不同类型监狱危机的处置

由犯罪人引发的监狱危机，一般可以分为狱内犯罪、罪犯自杀或自残、罪犯逃脱几大类，不同种类的监狱危机处置也有一定差别。

1. 对于狱内犯罪的监狱危机处置

狱内犯罪是指犯罪人（罪犯）在监狱服刑期间进行的犯罪行为，如凶杀、暴狱、闹监、哄监等。

狱内犯罪作为犯罪人一项新的犯罪，应由刑事司法程序经由侦查、起诉、审判后再行确定刑事责任。基于狱内犯罪发生在监狱服刑期间这一特定时空环境，导致对狱内犯罪的刑事司法程序与普通犯罪的刑事司法程序有所差别，主要体现在狱内犯罪由监狱本着“预防为主、防破结合、及时发现、迅速破案”的方针自行负责侦查（我国《刑事诉讼法》、《监狱法》等都明确规定对罪犯在监狱内犯罪的案件由监狱进行侦查，具体有关侦查事宜除适用《中华人民共和国刑事诉讼法》（以下简称《刑事诉讼法》）外，有关具体问题还适用司法部《狱内侦查工作规定》、《狱内刑事案件立案标准》等规定）。经监狱侦查、人民检察院审查起诉、人民法院审判确定狱内犯罪的刑事责任后，与原来犯罪的刑事责任按照《刑法》有关规定合并执行。

除了从刑事司法程序层面追究狱内犯罪的刑事责任外，全面妥善处置狱内犯罪的危机，还应注意深挖在押罪犯未交代的余罪和其他犯罪线索，及时总结狱内犯罪发生的原因教训，完善监管方面可能存在的漏洞（尤其在监狱管理或制度存在一定不合理性、进而对狱内犯罪的发生也有一定影响的情况下）等。

2. 对于犯罪人自杀、自残的监狱危机处置

犯罪人自杀、自残行为主要是指犯罪人在服刑期间出现故意结束自己生命或故意伤害自己的行为，其主要是由犯罪人因服刑遭受极大的挫折、绝望情绪引发。犯罪人自杀、自残行为虽然并不是一种犯罪，但对其本人或家庭都会带来巨大的痛苦，并且对于监狱方面以及直接监管犯罪人的监狱警察来说是严重的工作事故，也是监狱管理制度缺陷和监狱工作不到位的体现，因此在监狱工作中应尽量避免此类事件发生，妥善处理此类监狱危机。

对于犯罪人的自杀、自残行为，监狱应尽量通过日常的工作避免此类事件的发生，在平时的日常监管工作中关注自杀征兆，一旦发现犯罪人言行或情绪异常，应及时进行自杀干预，根据对自杀危险性的评估合理处置企图自杀者（除常规进行心理治疗外，必要时可对具有特高近期自杀危险性的犯罪人安排安排监护、进行药物治疗等），以避免自杀事件的发生。

如未能避免犯罪人自杀、自残这类悲剧性事件的发生，监狱应及时妥善处理。对受伤的犯罪人及时予以救治，而对犯罪人自杀的按照非正常死亡程序进行后续处理：如犯罪人是因为遭受虐待、体罚等监狱方面的原因导致其不堪忍受而自杀的，监狱方面应予赔偿；如犯罪人是因为刑期漫长而悲观失望等个人原因自杀的，监狱不承担责任，但可酌情对困难家属予以适当补偿。

3. 对犯罪人脱逃的监狱危机处置

犯罪人脱逃是指犯罪人在监狱服刑期间脱离监管并从监狱中逃跑的行为。对于犯罪人来说，脱逃是一种犯罪行为（我国《刑法》规定，罪犯实施脱逃行为的，处5年以下有期徒刑或者拘役）；而对于监狱来说，犯罪人脱逃意味

着监狱监管失职，是严重的监管安全事故。

避免出现犯罪人脱逃的监狱危机事件是一项系统性工程，需要监狱完善多方面工作：监狱方应做好监狱安全防范工作，提高监狱人防、物防、技防的水平和成效；还应在法律规定范围内适时帮助犯罪人减轻监禁痛苦，做到监狱人民警察文明、人道、科学地进行执法工作；并对有脱逃征兆的重点危险罪犯予以监控，有效矫治其脱逃心理等。

如出现犯罪人脱逃事件的，按照《监狱法》有关规定（第 42 条："监狱发现在押罪犯脱逃，应当即时将其抓获，不能即时抓获的，应该立即通知公安机关，由公安机关负责追捕，监狱密切配合"），监狱在发现犯罪人脱逃后应立即启动相关预案开展追逃工作，对于监狱追逃的时间范围，司法实践中一般理解为 24 小时；与此同时，监狱还应将犯罪人脱逃的信息通知所在地公安机关（如监狱与公安机关就有关信息沟通联网时，应通过专用网络立即将犯罪人脱逃的相关信息与公安机关及时分享），在不能及时抓获时由公安机关及时开展抓逃工作。实践中，一般由监狱机关在监狱内部和周围开展追逃工作，公安机关在更大范围内开展追逃工作。在抓获脱逃犯罪人后，由监狱方面负责侦查和移送审查起诉工作；如犯罪人是由公安机关抓获并且在逃脱期间实施新的犯罪行为的，由公安机关负责侦查和移送审查起诉工作。经人民检察院审查起诉后，对犯罪人脱逃的犯罪行为或脱逃期间实施的新的犯罪行为定罪量刑，与前罪一并执行。

（三）对犯罪人引发监狱危机的管理①

美国管理学专家诺曼·奥古斯丁曾经指出："一次危机既包含了导致失败的根源，又蕴含着成功的种子，发现、培育进而收获潜在的成功机会，就是危机处理的精髓"，因此，如能妥当管理监狱危机，不但有助于对此次危机的解决，还将进一步消除后续危机发生的隐患，更大限度地实现对危机的有效控制，进而保障监狱的安全稳定。

监狱危机管理从种属关系上来说仍然属于危机管理，同样适用危机管理

---

① 以下部分内容摘自杨锦芳、肖雯：《文化润泽高墙》，知识产权出版社 2014 年版，第 63 ~ 74 页。

的相关理论。[①] 从有关危机管理理论的模型出发，监狱危机管理体系也可以分为对监狱危机的预备、反应、恢复，并最终达到监狱危机缩减的四个过程。由于监狱危机缩减管理是危机管理的核心内容和最终目的，通过其他三个阶段的危机管理得以实现，后文对动态的监狱危机管理的机制构建就主要集中在预备、反应、恢复三个阶段。如能构建有效的以上三阶段的动态管理，监狱危机管理将涵盖事前控制、事中控制和事后控制全过程，最终达到监狱危机缩减的目的。

1. 监狱危机预备管理

“凡事预则立，不预则废。”如能在危机发生前进行有效的防范和预警，消灭可能引发危机的不确定因素，则可能将危机扼杀于萌芽状态，这将是减少危机发生概率的最理想状态。即使危机预备管理最终未能完全预防危机发生，对其有效的预警也将为危机发生后的反应赢得宝贵的时间和先发制人的优势。因此，监狱危机管理应首先着眼于对危机的事先控制，加强预备管理工作。

一般来说，监狱危机预备管理包括两个阶段：监狱危机的防范和监狱危机的预警。所谓监狱危机的防范，是指在监狱危机事件尚未发生时予以事先防备，其关键在于对可能引发监狱危机的不安定因素的识别和消灭；所谓监狱危机的预警，是指在引发危机的不安定因素未能有效防范时，及时在监狱危机发生前予以识别，发布预警信号，对可能出现的危机做好化解、准备、转移、疏散的工作。

应该说，由于监狱危机发生原因的多样性、复杂性，不一定能将所有的监狱危机事先全部防范掉。但即便未能达到对监狱危机的事先防范，我们仍然有必要建立有效的监狱危机预警机制，在监狱危机发生前予以识别，并为

---

① 美国危机管理大师罗伯特·希斯在其著作《危机管理》中率先提出危机管理4R模式，即缩减（reduction）、预备（readiness）、反应（response）、恢复（recovery）四个过程。其中“缩减”是整个危机管理的核心，目的是通过其他三个层面的管理最终降低危机发生的概率；“预备”阶段强调的是事先对危机的防范和预警；“反应”阶段强调的是对现实出现的危机的快速决策、协调处置并遏制危机的进一步扩散；“恢复”阶段强调的是对危机消除后的恢复和总结，为危机的最终缩减提供理论和经验，避免危机的再次发生。四个层面中，缩减是目的，预备是关键，反应是重点，恢复是基础，它们相互依存、相互衔接，共同构成一个完整的动态的危机管理体系。

狱方作出反应取得先机和优势。

2. 监狱危机反应管理

如监狱未能在事先予以有效控制、通过危机防范而消灭危机，而是确实发生的，此时对于监狱监管人员乃至其他涉及主体来说，应作出及时快速的反应以有效解决危机，最大限度降低监狱危机带来的危害。相比监狱危机防范而言，监狱危机反应管理是危机的事中管理，也是我们最为熟悉的危机管理阶段。

（1）监狱危机发生前为监狱危机管理构建有效的应急预案、组织、信息交换、多层级沟通等机制。

首先，为监狱危机管理建立有效的应急预案，是贯彻落实党的十六届三中全会关于“建立健全各种预警和应急机制，提高政府应对突发事件和风险的能力”的要求，做好应对监狱危机这一突发公共事件①的思想准备、预案准备、机制准备和工作准备，防患于未然，是监狱非常重要的一项工作。但我们也强调，监狱危机一旦发生，尤其出现对监狱外社会环境的影响时，其已经具有公共事件的性质，可能牵涉多个负责部门和单位。因此，应急预案的制定是一项系统工程，除涉及监狱外，其他有关部门（如武警、公安、司法行政等部门）也需要配合协同。

其次，加强应对监狱危机的组织保障。如前所述，监狱危机发生后，很多情况下会牵涉以监狱为主的多个部门和单位，对监狱的有效反应也是一项多部门和单位联动的系统工程。因此，如何有效地协调不同部门和单位，使之在监狱危机反应时能够形成合力，除在书面的应急预案中予以体现外，还应做好相关组织保障的安排（如建立监狱危机指挥小组，明确该指挥小组的参与人员、职权等，与其他部门和单位建立监狱危机联席机制，在日常工作中安排危机处置的演习和培训等），为监狱危机反应提供完备的组织保障。

最后，建立有效畅通的监狱危机信息交换、沟通平台。危机信息是危机

---

① 《国务院有关部门和单位制定和修订突发公共事件应急预案框架指南》附件说明第 3 条“内容和范围”规定：“本应急预案所称突发公共事件是指突然发生，造成或者可能造成重大人员伤亡、重大财产损失、重大生态环境破坏和对全国或者一个地区的经济社会稳定、政治安定构成重大威胁或损害，有重大社会影响的涉及公共安全的紧急事件。”

管理中至关重要的参数，根据危机信息的不同情况才可选择不同的危机处理方案。因此，及时全面掌握监狱危机的有关信息，是正确判断危机情况、进而有效管理监狱危机的关键所在。在监狱危机这种公共事件中，监狱危机信息的交换沟通不仅在于监狱监管方对信息的掌握，还在于与处置监狱危机有关的多方部门或单位直接的信息交换沟通，因此，有必要建立有效畅通的、主要针对处置监狱危机的多部门和单位之间的信息交换沟通平台。

（2）监狱危机发生后及时快速有效的反应管理。

虽然经过危机的事先防范程序，但仍然不排除部分危机最终爆发。在监狱危机实际发生后，监狱或者有关部门和单位，应及时、快速、有效地对危机进行反应管理。

一般来说，针对不同类型、不同情况的监狱危机，应收集相关信息后，根据提前制定好的监狱危机应急预案，启动不同的方案、采取不同的措施，相关部门和人员应按照方案要求的组织、职责、程序、步骤等，对监狱危机予以处置，以达到有效控制监狱危机、最大限度减小该等危机可能带来的危害和不利影响的目的。

相比监狱危机的事先管理和预案等工作，对监狱危机直接进行处置的反应管理可谓实战阶段。在这个阶段，我们要求根据应急预案对监狱危机的处置及时、快速、有效。

3. 监狱危机恢复管理

与着眼于危机事先控制的监狱危机预备管理一样，着眼于事后控制的监狱危机恢复管理，相比直面处置危机的反应管理阶段而言，一般并不直接凸显在危机处置的过程中，却是最终落实危机反应管理成效、对危机管理提供经验和修正的重要阶段，同样应得到重视和加强。

所谓监狱危机恢复管理，包括危机发生并得到控制后的善后管理和在危机处置结束后的总结两个层面。

对监狱危机发生并得到控制后的善后管理是指消除监狱危机的发生给各方面主体带来的有关物质、精神等各方面的不利后果。物质性危机后果包括给监狱硬件、有关人身乃至给社会造成的物质性损害。这些物质性危机后果造成后，应及时恢复原状、损害赔偿等，尽快恢复危机前的水平、甚至更完善的水平；对于精神性危机后果，如对有关人员（如狱方监管人员、其他受害人等）造成心理创伤，与物质性损害不同，心理创伤作为精神性损害难以及时发现、在短时间内难以愈合、消除效果也不太明显，因此消除危害较大、消除难度也大。这就需要狱方和有关单位和部门在处理时有极大的耐心，调配专业心理疏导人员，着眼于成效开展心理疏导工作。

而监狱危机结束后的总结阶段主要是指总结此次危机发生的原因，分析危机处理整个阶段的情况，对怎样预防危机、怎样处理危机等过程进行全面调查，总结经验和教训，寻找把“危机”转化为“机遇”的可能性，并最终为将来防范危机的发生、更有效地处置危机及恢复其造成的后果等方面提供支持。相比监狱危机管理的其他阶段，危机总结是以此次危机为调查研究对象，其视角更多着眼于对今后危机管理产生借鉴意义，防范监狱危机今后的发生。作为此次危机管理最后阶段的总结阶段，其伸展效应联结着下一次危机管理中的第一个阶段（危机预备阶段），这构成了危机管理不同阶段中动态的系统循环全过程。

四、加强监狱各项监管实现对犯罪人的惩罚

监禁刑的执行并非仅仅是将犯罪人隔离在监狱剥夺其人身自由，犯罪人在监狱中也不是自由自在、为所欲为的。为了确立正常的监管秩序，保证所有犯罪人能够安全有序地进行各种服刑活动，监狱需要对服刑犯罪人进行必要的监管。对于几乎所有的犯罪人来说，在监狱里的这种受严格监管的服刑生活与其以往的社会生活是截然不同的。犯罪人将无法选择控制自己的在监状态，不能做自己想做的事情，取而代之的是在整个服刑过程中几乎所有的状态都需要遵守各项监管规定（当然现代监狱有关监管规定的执行和实施也是要遵守法制的）。这对于犯罪人来说无疑是一种极大的限制和不适，这种限制和不适给犯罪人身心上带来的痛苦也是监禁刑带来的惩罚，同时也具有塑造犯罪人良好习性及便于监狱监管的作用。

监狱针对犯罪人的监管，主要是通过对犯罪人行为和重点物品的控制监管实现的。

（一）对犯罪人行为的控制监管

犯罪人是监狱监管的直接对象，也是监狱监管的重点。犯罪人具有的主观恶性和正在经历服刑的特殊经历，决定了其可能具有的不安全因素。为了尽量消除犯罪人的不安全因素、实现对犯罪人统一的监管秩序，监狱可以采取静态的行为规范设置和动态的活动监管两方面措施。

1. 静态地对犯罪人进行行为规范控制

所谓行为规范控制是指通过对罪犯规定明确的行为规范而对罪犯进行的控制。这类监管措施是国内外监狱管理者普遍使用的方法。[①] 其主要是通过静态地对犯罪人在监的日常行为进行明确规定，要求犯罪人按照此行为规定进行日常服刑活动。与普通社会团体和人群的行为规范不同，监狱中对犯罪人行为规范要求是半军事化的严格要求（具体体现在半军事化的作息表、半军事化的纪律要求、半军事化的着装、半军事化的建筑模式、严格的罪犯分类等）。这种通过设立行为规范对犯罪人在监服刑行为予以控制的方式，从实效上来说有助于监狱管理方对犯罪人统一管理、维持正常的监狱秩序，也起到塑造犯罪人良好习性的效果。

对于犯罪人在监的行为规范，既包括国家层面和有关主管部门的统一规定（我国司法部于 2004 年 3 月 19 日颁布了最新的《监狱服刑人员行为规范》[②]），也包括各个监狱根据自己的不同情况对在本监狱服刑的犯罪人作出的具体规定（根据本监狱具体情况建立完善对本监狱服刑人员的行为规范也是监狱管理制度化的要求之一）。如犯罪人在服刑期间不遵守相应行为规范的，将可能带来一定处罚，包括禁闭等。

2. 动态地对犯罪人进行活动监管

除了对犯罪人的日常行为通过具体行为规定予以静态规定外，监狱管理方还应主要开展相关活动对犯罪人进行监管。两者相较而言，前者的管理主

---

① 吴宗宪：《监狱学导论》，法律出版社 2012 年版，第 379 页。

② 如该规范第 6 条明确规定："服刑期间严格遵守下列纪律：（一）不超越警戒线和规定区域、脱离监管擅自行动；（二）不私藏现金、刀具等违禁品；（三）不私自与外界人员接触，索取、借用、交换、传递钱物；（四）不在会见时私传信件、现金等物品；（五）不擅自使用绝缘、攀援、挖掘物品；（六）不偷窃、赌博；（七）不打架斗殴、自伤自残；（八）不拉帮结伙、欺压他人；（九）不传播犯罪手段、怂恿他人犯罪；（十）不习练、传播有害气功、邪教。"

要体现在监管管理方静态地设置行为规范，而最终是否遵守及如何遵守仍然是要靠犯罪人来实现；后者的管理由监狱方面主动、动态开展。

一般来说，监狱通过以下活动对犯罪人进行动态的监管。

（1）点名。

点名是监狱管理方清点犯罪人人数的活动，其目的是通过点名了解掌握犯罪人是否在指定的地方，其简便易行，是最基本、最常用的犯罪人监管活动之一。

从我国监狱的监管实践来看，主要有交接班点名、起床后点名、就寝前点名、劳动结束时点名、其他集体活动结束时点名、紧急点名等不同类型，监狱管理方还可以在认为需要清点犯罪人数量时随时点名。通过点名，监狱管理方能及时发现犯罪人不在指定地点的异常情况。

（2）安全检查。

安全检查是指对监狱内的有关场所、设施、设备和人员进行查看，以发现相关场所、设施、设备和人员是否存在安全隐患（如是否有可能危害监管安全的违禁品），确保监管安全。

为了确保监管秩序和服刑犯罪人的人身安全，监狱里是不允许犯罪人藏匿和使用违禁品的（如枪支弹药、管制刀具、爆炸物、毒品、易燃易爆品等非法物品及便服、酒精饮料、现金、移动电话、照相机、计算机、赌具等犯罪人在监狱中不能拥有的物品）。一般来说，监狱安全检查的目的主要就是检查有无可能危害监管安全的违禁品，以免犯罪人因此威胁监管安全。

违禁品的安全检查既包括出入监狱时带入或者带出监狱（出入安全检查），也包括在监狱相关场所或人身藏匿（平时安全检查）。出入安全检查的重点是对车辆等设备和犯罪人等人员出入监狱进行检查，对象包括除犯罪人以外其他进出监狱的车辆和人员，主要是在监狱进出门的场所进行；平时安全检查主要是在监狱正常运行过程中对监狱内部有关场所、设施、设备、人员进行的检查，一般定期进行，也可根据狱情发现可疑情况时随时检查。

（3）犯情分析。

犯情分析是指监狱监管方了解、掌握、讨论服刑犯罪人的相关情况及其动态变化的活动，即监狱方面对犯罪人服刑情况的分析和掌握。

犯罪人经法院审判定罪量刑后进入监狱服刑，监狱的工作并不是将其收押即可，还需要对犯罪人的服刑情况进行动态掌握。开展具有针对性、高成效的狱情分析，能及时全面掌握犯罪人的服刑情况，对做到针对不同犯罪人的行刑个别化措施、预防监狱危机的发生、为监禁刑后续处遇（如减刑、假释等）提供依据等都具有非常重要的意义。

一般来说，犯情分析主要需要直接监管服刑犯罪人的监狱人民警察在日常监管活动中，根据犯罪人的服刑表现，观察犯罪人的服刑状态，以此作为信息基础再作出分析。目前我国监狱工作实践中主要实行分监区、监区和监狱三级犯情分析制度："分监区一般每星期召开一次犯情分析会议，交流、讨论所管理的罪犯的动态情况，提出预防和应对措施；发现特殊情况或者重大情况时，要及时上报。监区犯情分析会议一般每两个星期召开一次，着重分析和预测本监区罪犯的动态情况和未来趋势，特别是重点罪犯的情况和可能产生严重危害的情况，提出整改措施和预防方法。犯情分析会议的总结材料，要上报监狱主管部门。监狱犯情分析会议一般每月召开一次，往往是在月底或者月初举行。在监狱的犯情分析会议上，要研究各监区上报、汇总的情况，分析和研究在监狱内存在的重大问题和普遍性问题，制定应对策略、提出工作部署。"①

（二）对重点物品的控制监管

监狱对犯罪人的监管除了通过直接监管犯罪人的行为实现外，还可以将着眼点放在对监狱重点物品的控制监管上。毕竟，有的时候，对人的动态的监管可能不一定能够实现实时监管，但对某些重点物品可以相对容易地实现实时监控，进而通过对这些重点物品的实时监控可以实现对犯罪人获取该部分重点物品的监管。

一般来说，监狱方面重点控制监管的物品主要是通过控制该物品可能用于危害行为或者产生有害结果的物品，如违禁品、钥匙、劳动工具、武器等。根据来源不同，监狱重点监控的物品可分为监狱人民警察使用的监管物品、用于监狱改造的物品和其他来源的违禁物品。

---

① 吴宗宪：《监狱学导论》，法律出版社2012年版，第384页。

1. 对监狱人民警察使用的监管物品的控制监管

为了实现对服刑犯罪人的监控，监狱人民警察需要用到相应的监管物品，主要包括钥匙和相应武器，这部分监管物品是辅助监狱人民警察实现监管的重要工具，一旦这些监管物品被服刑犯罪人控制，也可能成为服刑犯罪人逃脱监控、甚至进行其他犯罪的工具，因此，对这部分监管工具的控制监管极为重要。

监狱人民警察使用的钥匙，涉及监狱工作的方方面面，如监狱各类门锁、各种柜子或箱子的锁、抽屉锁等。可考虑根据钥匙的重要性和使用的人员范围等标准，将监狱中的钥匙分为不同安全级别，由不同类型的人员采取不同安全要求进行使用管理，严格控制携带钥匙的使用范围（一般情况下，监狱钥匙只能在监狱中使用，下班后不得将钥匙带出监狱）和丢损管理（钥匙丢损处理、配备备用钥匙等）制度。

监狱人民警察使用的武器可能包括必要的枪支弹药、催泪瓦斯等可用以进行杀伤与破坏活动的器械与装置。如这些武器被犯罪人控制，将产生破坏性的后果，因此，需要对其进行严格控制监管。应注意：对武器进行分类管理使用（平时不用的武器应保存在武器库中，日常随身携带使用的武器要严格核定使用人员及方法等），在进入监房和犯罪人作息场所等犯罪人聚集场所时不携带武器。另外，特别提出注意的是，由于我国监狱的外围保卫警戒工作是由武装部队负责，因此对武警使用的武器也要进行严格监控，除非紧急情况下有特殊需要，否则不得将武警使用的武器带入监狱。

2. 对监狱改造物品的控制监管

监狱改造物品主要是指对犯罪人在监狱服刑期间接触到的、可能通过控制该物品产生危害行为或者产生有害结果的物品，一般主要是指犯罪人进行劳动改造时使用的劳动工具。

与犯罪人一般无法接触监狱人民警察使用的监管工具不同，监狱改造物品（主要指劳动工具）是犯罪人日常经常接触的，因此，对其管理要贯穿整个劳动改造的监管过程，从静态地对劳动工具标记编号、不适用时上锁后统一保管到固定位置，到动态地在使用时进行使用登记、使用完毕后及时清点等。

3. 对其他来源违禁物品的控制监管

除由监狱人民警察使用和监狱改造使用的物品外，监狱中还可能有其他来源的、如犯罪人控制将可能产生危害行为或有害结果的物品，比如不允许犯罪人拥有的物品（如监狱警察的衣物徽章等、便服、移动电话、酒精饮料、现金、移动电话、打火机、计算机、照相机、赌具等）和其他非法物品（如枪支弹药、管制刀具、爆炸物、毒品、易燃易爆品等）。这部分物品可能会在犯罪人入监、亲友探监或者其他情况下流向监狱。因此，对这些物品的控制监管，首先要做好监狱出入的安全检查，其次应完善对犯罪人的日常检查，通过细致的监管检查尽量杜绝该类物品。

特别指出的是，有些物品本身可能是允许服刑犯罪人拥有的物品，但如果拥有的数量超过限额规定，超过的部分也可能被视为违禁品，如服刑犯罪人拥有超过限额的食物就是不允许的，犯罪人可能利用多余的食物进行逃脱活动或用以操纵影响其他犯罪人。因此，对这种情况下的违禁品，也应注意加以防范检查。

第二节　监狱信息化建设对监狱安防工作的提升与发展

安防工作是监狱工作的重中之重，也是实现监狱其他监管职能的基础。无论在任何社会制度和刑罚理念下，加强监狱的安防工作、维持监狱的安全稳定一直是监狱工作永恒的主题。监狱信息化建设的开展，将新时代高科技技术通过技防提升的基础运用于监狱的安防工作，极大地加强了监狱安防在硬件和软件层面上的物质基础和技术支持，提升了监狱安防工作的整体水平。

以下，本书将主要以云南省丽江监狱在此轮信息化建设中的实践为例，通过比较丽江监狱这一国家西部地区的中型戒备监狱在信息化建设前后的工作变化，着重阐述信息化建设对监狱工作的提升发展，为我们更好地全景掌握信息化建设背景下我国监狱发展的现实提供视角。后文涉及从监狱安防工作、监狱劳动管理工作、监狱危机管理工作和各项监管工作层面对监狱信息化建设的论述，都将通过对云南省丽江监狱的调研分析展开。

一、监狱传统安防管理的执行情况

在此轮监狱信息化建设开展之前，受整个社会发展水平和经济情况所限，我国监狱的安防工作（尤其是技防工作）的科技水平相对有限，主要体现为早期的简易报警系统和后来的电视监控系统。

一般认为，在监狱信息化建设之前，我国监狱的技防工作主要经历了两个阶段：[①] 第一阶段，20 世纪 80 年代中后期的监狱技防系统。当时监狱的安防工作主要是以物防（高墙、铁门、铁窗、大铁锁、厚墙、探照灯、武装执勤、角楼、电网等）为基础，增加了一定的技防系统，例如电视监控系统、简易报警系统、广播系统、门禁系统（以机械锁为主，加一些门的电动装置以及互锁装置）。第二阶段，20 世纪 90 年代中前期的监狱技防系统。一般当时会含有电视监控、简易报警系统、通信系统（有线电话、无线对讲）、广播系统、音频系统等。电视监控系统是当时安防系统的代表。当时的典型电视监控系统有摄像机、音视频矩阵、视频分配器、视频均衡放大器、显示器、显示器墙、录像机等。

由此可见，在监狱信息化建设开展之前，我国监狱安防工作（尤其是技防工作）的科技水平相对有限，这不仅给监狱管理人员带来了更多额外的由人防予以弥补的工作量，也可能出现一些安全隐患。

同样，云南省丽江监狱作为国家西部地区的中型戒备监狱，其在监狱信息化建设之前对先进科学技术的引入相对有限，更多地是通过传统安防管理实现监狱的安全，也可能存在上述的一些安全隐患。

二、监狱信息化建设对监狱安防工作的提升

如前所述，监狱信息化建设的开展，首要的就是对监狱技防系统的改造提升，并在技防系统改造提升的基础上更好地整合人防和物防的合力，综合

---

① 以下内容主要参考马志刚："简述监狱安防系统的发展"，载《智能建筑与城市信息》2008 年第 5 期。

提高整个监狱安防工作的水平。

（一）监狱信息化建设后对监狱安防工作水平的整体提升

我国此轮由司法部主导的监狱信息化建设，是指通过有效地利用计算机技术、通信技术、网络即时等现代化技术和设施，对监狱系统的各项工作进行创新性组合，对传统的监狱系统管理机制、组织结构、人员素质等诸方面进行优化、改革、重组，实现监狱工作更科学、更公正、更安全、更高效地履行监管改造的使命，满足监狱在安全预防、公正执法、改造质量、管理水平等方面的需要，更好地发挥监狱的本质职能。①

由此可见，我国此轮监狱信息化建设的基础是围绕着提升监狱技防系统的科技水平而开展，着眼点是建设完善监狱的计算机技术、通信技术、网络即时等现代化技术和设施。这也是经过前期两个阶段后、监狱方面在21世纪高科技背景下以现代监狱智能技防系统为标志的监狱技防发展第三个阶段。

但我们需要强调的是，监狱信息化建设虽然以提升监狱技防水平为基础，但其并不仅仅落脚于监狱技防硬件的提升改善，也不仅仅满足于监狱安防工作水平的提升，而是以技防水平提升为硬件基础，在此基础上优化、改革、重组整个的监狱安防工作、管理机制、组织结构、人员素质等诸方面，实现监狱工作更科学、更公正、更安全、更高效地履行监管改造的使命，满足监狱在安全预防、公正执法、改造质量、管理水平等方面的需要。

到此轮主要由司法部发布《全国监狱信息化建设规范》推动的监狱信息化建设主要包括以下几个方面的工作：建设完善基础网络，实现信息传输网络化；建设完善基础信息资源库，实现信息化处理数字化；建设完善安全防范系统，实现安全防范智能化；建设完善监管和执法管理系统，实现监狱管理、执法规范化；建设完善电子政务系统，实现办公自动化；建设完善标准规范，实现技术应用标准化。②

（二）信息化建设对丽江监狱安防工作水平的整体提升

以下，本书将以丽江监狱信息化建设的实践为例，通过对信息化建设提

---

① 孙念："监狱信息化建设的风险与防范"，载《社科纵横》2010年第5期。

② 摘自时任司法部部长吴爱英在2007年全国监狱信息化建设工作会议上的讲话。

升丽江监狱安防水平的基本情况、个别富有成效的技防特色和丽江监狱整体安防管理的提升进行介绍，为更全面地掌握我国监狱信息化发展情况提供生动的参照。

1. 信息化建设提升丽江监狱安防工作水平的基本情况

在司法部开展的监狱信息化建设大潮下，丽江监狱深刻地认识到信息化是时代发展和社会进步的必然结果，习近平总书记指出："没有信息化，就没有现代化"。信息化已成为国家发展战略，信息化的引入是监狱工作发展的必然趋势，是监狱工作深化改革和转型发展的必然要求，是监狱执法工作现代化的标志。

按照《监狱法》、国家《监狱建设标准》、司法部《全国监狱信息化建设规划》、司法部《关于加强监狱安全管理工作的若干规定》、公安部《安全防范工程技术规范》、云南省监狱管理局《监狱安全技术防范系统建设标准（试行）》等有关法律法规规定，根据司法部、云南省监狱管理局有关信息化工作的要求，丽江监狱党委高度重视信息化工作，主要领导亲自抓，自2009年开始投资1300余万元建成了6套网络、1个综合安防管理平台的17个子系统、8套业务网络的33个子系统；形成了以指挥中心为枢纽、以功能网络为骨干、以应用软件为支撑的信息化工作模式；实现了指挥中心管理的创新，警务执勤模式的变革，网络技术的广泛应用。

在丽江监狱开展信息化建设过程中，丽江监狱按照《防盗报警控制器通用技术条件》、《入侵探测器通用技术条件》、《安全防范工程程序与要求》、《民用闭路监视电视系统工程技术规范》、《建筑电气工程施工质量验收规范》、《安全防范工程技术规范》、《建筑与建筑群综合布线系统工程验收规范》、《入侵报警系统工程设计规范》、《出入口控制系统工程设计规范》、《视频安防监控系统工程设计规范》、《综合布线系统工程设计规范》、《电子信息系统机房设计规范》、《城市地理信息系统设计规范》、《建筑内部装修设计防火规范》、《建筑物电子信息系统防雷技术规范》、《国家应急平台体系总体方案设计》等国家标准，遵循可靠性、安全性、实用性、先进性、经济性、扩展性、统一性、可操作性的基本原则，对丽江监狱的各方面的技防系统（包括视频监控系统、周界防范报警系统、围墙电网防范系统、门禁系统、安检系统、监听对讲系统、巡查系统、目标跟踪地理信息管理系统、紧急报警系统、会见录音及亲情电话系统、广播系统、监狱指挥中心、武警部队执勤目标安全保障系统、技防综合布线系统等）都进行了建设和升级改造。通过此次监狱安全技术防范系统的技术的建设和升级改造，丽江监狱的技防水平得到了质的飞跃，真正实现了监狱安全管理上的“四防一体化”；安防系统各种高科技信息的引入，改变了由传统型、死看死守型的管理模式向超越时空的科技信息管理模式的转变，促进了监狱安全管理的进步，筑牢了安全防线、夯实了安全基础。目前，丽江监狱已连续 9 年确保了安全稳定，现更有能力、更有信心在信息化建设的支撑下长期实现监狱的安全稳定。

具体来说，云南省丽江监狱信息化建设总体规划方案于 2011 年 6 月 15 日通过省局评审组评审，根据《云南省监狱管理局关于下达信息化建设项目投资计划的通知》和省局关于监狱信息化建设的相关要求，云南省丽江监狱于 2011 年 8 月 18 日委托云南省丽江金元招标有限公司进行招标，云南东阳科技有限公司以 597 317.97 元中标；2012 年 2 月 15 日，进行了信息化建设（一期）扩建项目的招标工作，云南东阳科技有限公司为中标单位，中标价为 2 799 700 元。云南紫金实业发展有限公司进行全程监理。整个项目的建设范围涵盖中心监管区各监区、医院、车间、食堂、周界围墙等和外围四、七、九监区；建设内容包括机房和接地防雷系统、综合布线和网络通信系统、指挥中心系统、视频监控系统、监听对讲系统、紧急报警系统、电子巡更系统、公共广播系统、围墙电网系统、周界雷达报警系统、门禁系统、安检系统、目标地理信息管理系统、武警部队执勤目标安全保障系统和会见录音系统共 17 个子系统。整个项目历时 14 个月，综合布线等前期工作于 2011 年 12 月完成，设备安装工作于 2012 年 4 月初完成，系统调试及第二阶段建设的实施工作于 2012 年 6 月完成。

该项目共建设 17 套子系统：指挥中心系统建设指挥中心 1 个，指挥分中心 24 个，指挥中心和分中心均配备综合安防平台端和报警端管理计算机。机房建设及防雷接地系统已按机房相关标准建设完成中心机房 1 个，汇聚机房 1 个，分中心机房 19 个。综合布线和网络通信系统采用万兆主干、千兆到桌面的数据通信方式，共建成监狱专网、电子政务网、机要网、服刑人员专网、互联网共5套网络，各技防系统硬件设备的线路连接全部完成。视频监控系统共安装1017个摄像头，其中半球592个，枪机402个，球机18个，云台3个；高清点位237路，标清点位780路，实现了监管区内建筑物的全覆盖；视频监控存储设备和图像智能分析服务器部署到位，摄像头选型和视频监控存储时间符合省局要求。智能分析报警系统在周界围墙所有监控点位及监区重要通道监控点位部署有103路。监听对讲系统安装监听、对讲、广播、报警四合一分机共计281套，部署于犯罪人监舍，主/分控主机15个，可实现语音监听、室内广播、人员报警和对话功能。紧急报警系统、电子巡更系统在监舍楼走廊、公共活动场所等区域部署主动按钮报警点130个，在线式巡更点90个，报警巡更平台14个；公共广播系统在监舍楼走廊、公共活动场所等区域部署广播点160个，广播平台15个，可实现分区、集群、定时等多功能广播。围墙电网系统新建智能电网防区20个，升级整合原有电网防区20个，实现主机或电脑客户端统一管理。周界雷达报警系统部署微波对射雷达报警点22对。门禁系统共建设1套，采用卡片加密码识别方式的人形门禁部署在中心监管区一大门及指挥中心。此外还部署车辆底盘扫描系统1套，车辆防撞破胎系统1套，以对进出监区车辆进行防范管理。安检系统共安装安检门15套，部署在各监区、医院等押犯出入通道，并配备手持金属探测器；AB门配备X安检设备1套。目标地理信息管理系统部署GPS定位跟踪、实时监控功能的车载设备2套于救护车和押犯车，另配备移动设备2套。武警部队执勤目标安全保障系统建设武警指挥分中心1个，配备对讲、报警、监控分控平台及2×2的46寸拼接大屏各1套。

同时，丽江监狱信息化建设采取数模结合的集散式系统结构。在主干系统上，形成模、数双路结构。以视频监控为核心实现相关子系统的技术集成和功能联动，监控系统的控制信号和报警信号应通过综合信息网传输。以各分管理中心为节点，构成整个监狱的数字监控网络。基于IP架构的视频监控系统具有实时性强、图像质量好的优点，且技术成熟、可靠性好、标准化水平高、产品选择范围宽。充分发挥数字系统的易存储性，网络远程访问和控制、管理方便等特点，建立一个既便于分级监控又能实现集中管理的系统，并融入整个信息系统中。在保障系统稳定实用的前提下综合运用计算机网络技术、多媒体视音频技术、数据库技术、现代通信技术，将视音频、报警、对讲、出入口控制等的控制、显示、储存、传输、查询纳入计算机网络的统一管理，加强数字、模拟系统的结合程度。两者互为补充、相辅相成，共同构建实用、效率、快速反应的监狱智能化管理系统体系。

综上所述，丽江监狱十分重视信息化建设工作，近年来由丽江监狱领导层面牵头对国内信息化发展水平较好的监狱进行考察学习，借鉴先进经验和技术结合自身情况进行发展建设，对于信息化建设投入了大量的资金，建成了集监控监听、人员定位、自动感知、智能报警功能为一体的安防系统。完成了监狱指挥中心和监区分控平台的建设，指挥中心和分控平台是监狱信息化管理的重要载体，担负着各类信息的汇集、各种指令的下达，以及对监狱进行一个动态实时管控的重要作用。随着安防系统的建立，各类设备产生的数据海量增长，对于传输和储存的要求在不断提高，建造了光纤传输管路和数据存储服务器。对信息资源的采集设备、通讯设备、传输线路、储存服务器以及信息化安防设施都进行了较高标准的配备或建设，为信息化管理奠定了良好的基础条件。从当前监狱信息化基础设施配备的综合实力来看，云南省丽江监狱已经处于国内较为领先的位置。

2. 信息化建设背景下丽江监狱的部分技防要点

在监狱信息化背景下，技防系统是丽江监狱监管安全的新生力量，信息化系统中的重点。通过安防系统的利用，能够最大限度地克服监狱各种信息不清、情况不明、盲目指挥的问题，为监狱快速反应、统一指挥、科学决策提供坚实依据。同时，安全警戒、安防集成、应急指挥、联动控制等功能的综合应用，进一步突出了指挥中心的中枢地位，为监狱安全筑起了一道“看不见”的安全屏障。

以下，我们可以通过对以下部分技防要点的具体介绍来整体了解丽江监狱此次信息化建设在技防方面的提升。

（1）在各项技防子系统管理控制软件基础上建立监狱技防综合管理平台。

所谓综合安防管理平台是整个监狱技防系统的核心应用平台，建立在监狱指挥中心。该平台通过整合视频监控、紧急报警、周界防范系统、高压电网系统、门禁系统、对讲系统等各项技防系统和报警联动，提供统一的登录、管理以及业务浏览界面，实现各系统间相互关联、报警联动、统一管理、统一界面、智能互动，便于监狱各级指挥中心和技防系统管理终端的日常使用，目的在于提高监狱管理部门对整个监狱各技防系统的利用效率和应急处理能力，用户仅需通过综合安防管理客户端登录集成管理平台即可统一管理和集中查看和管理已整合的所有安防资源，从而大大提升管理集中性、便捷性以及管理效率。除了在监狱内部管理层面整合各项技防系统，实现统一界面、系统集成、智能互动，便于各级指挥中心和技防系统管理终端的日常使用外，监狱指挥中心对外还可以通过云南监狱专网传输，实现监狱技防综合管理平台（即监狱指挥中心）与省局（即省局指挥中心）之间的数据互通互联、智能分析、联动处置。

丽江监狱信息化建设过程中，在以上各项技防子系统基础上建立了丽江监狱技防综合管理平台，实现了对监狱各项技防子系统的联动职能指挥。以监狱围墙周界的警戒部署工作为例，丽江监狱主要通过在视频智能报警、智能哨兵警戒系统、智能浓缩巡检系统基础上集成的技防综合管理平台实现对监狱的围墙周界进行警戒部署。视频智能报警是科达摄像机自带的功能，监狱在围墙周界、主要通道和其他警戒区域设置警戒线，当有物体穿过警戒线时，报警主机就会把报警的摄像机显示在指挥中心的大屏上，指挥中心值班警察通过监狱的视频网络对报警区域进行查看，当发现异常情况时立即启动监狱的应急处突预案，对突发情况进行处置。智能哨兵实时警戒系统是针对监狱特性所定制研发的智能视频分析预警系统，该系统部署在各个监狱各个不同特征场所，由智能哨兵警戒设备和监狱智能哨兵分控平台构成，实现对脱逃等狱内案件进行实时自动判断、有效处置、记录备案、视频摘要等功能。而智能浓缩巡检系统是在一定时间段内，每个视频设备产生的所有索引指向的视频片段，按顺序合成在一起的视频录像，即成为视频片段摘要。视频摘要内的每个目标上标有时间标签，表明该目标在视频中出现和消失的时间，通过视频摘要，可以指向原始视频录像的特定录像段。视频浓缩录像保留了原始视频录像中目标活动的画面，而将无变化的背景图像省略，节省了存储空间，提高了存储效率。而技防综合管理平台可以集合上述子系统的各项信息，并在出现警报时自动启动相关应急预案，实现对监狱围墙周界的警戒部署。

（2）监狱技防子系统在异常情况（故障、损坏或异常事件）下一般具有自动报警功能。

监狱技防系统是监狱安防工作的重要方面，因此，监狱技防系统能否保持良好工作状态、抗外界破坏等，对整个监狱安防工作都具有重要意义。一般来说，监狱技防子系统可能遇到的异常情况包括两种，一种是该技防系统本身运行正常，而是在运行过程中发现可疑因素，如监狱门禁系统发现非法侵入、门超时未关等情况；另外一种是该技防运行出现异常情况，既包括运行故障，也包括遇到认为损坏等其他情况。无论出现哪种异常情况，只有监狱技防系统能够及时自动报警，才能保证监狱后续对异常情况的及时排查处理，进而确保监狱的整体安全。

在此次丽江监狱信息化建设过程中，监狱方面十分注意对监狱技防子系统（如监狱视频监控系统、监狱周界防范报警系统、围墙电网防范系统、门禁系统等）在异常情况下自动报警功能的建设，要求监狱技防子系统在出现故障、损坏或发现可疑因素等异常情况下，能够自动启动报警功能，达到对可能影响监狱安全的可疑因素的及时报警排查。如在丽江监狱建设的智能哨兵实时警戒系统运行过程中，该系统采用视频分析方法，对监狱内的各种突发事件进行自动识别和判断，并根据事件的严重程度将警报分发到监狱的不同接警点，尤其值得注意的是，智能哨兵警戒系统不仅可以根据实时监测视频，做到“检测”的水平，并且可以根据“目标”的行为做到“识别”的层面，在威胁状况预报警方面，该智能化系统已经可以帮助操作者分析具有威胁的监控画面，有别于人力监控的是，系统能够保持持续性的检测和判断，而不会产生注意力不集中或者疲劳等现象；在物体跟踪方面，系统则帮助监控人员通过警报的方法呈现物体的遗失、移动、滞留等现象，较好地实现了系统的自动报警功能。

（3）监狱技防子系统报警后处置的联动化、智能化功能。

如前所述，监狱技防子系统在出现、发现异常情况后及时自动报警，是确保监狱能够对这些可能影响监狱整体安全的因素进行及时排查处理的基础。但仅仅自动报警本身尚不足以排除这些影响监狱整体安全的因素，仍然需要监狱对各自异常事件作出正确及时的反应。此次丽江监狱信息化建设过程中，就实现了监狱技防子系统报警后处置的联动化、智能化。如监狱周界防范报警系统在工作中发现目标出现异常情况的，在系统自动报警的同时，系统也在及时进行智能化处置和联动，一方面周界防范系统针对入侵情况，自动发出声光警示，警示现场相关人员，提示值班人员进行处置，并具有对现场报警信息和非法处理信息自动储存的功能；另一方面，周界防范系统还对周界报警通过集成平台软件实现统一联动调度管理，可自动将报警点附近的视频切换到监狱指挥中心和分中心的大屏幕上，自动在集成软件界面上对报警点进行电子地图定位，软件客户端自动弹出接警窗口、提示应急预案等。

监狱技防子系统报警后处置的联动化、智能化，是监狱处置异常事件的重要方面，其与监狱技防系统的自动报警功能，共同构成了监狱对可能影响监狱安全因素及时发现、处置的“铜墙铁壁”。尤其在监狱信息化的建设下，这道“铜墙铁壁”得到了高科技的支持，不再受人力限制，对监狱安防工作起到了极大的作用。

同样以丽江监狱建设的智能哨兵实时警戒系统为例，该系统是针对监狱特性所定制研发的智能视频分析预警系统，该系统部署在各个监狱各个不同特征场所，由智能哨兵警戒设备和监狱智能哨兵分控平台构成，实现对脱逃等狱内案件进行实时自动判断、有效处置、记录备案、视频摘要等功能。利用智能哨兵技术实现自动值守的运行过程主要分成3步：首先对进入摄像头监控视野的警戒目标进行判断分类；然后对该目标对象的行为进行分析判断，检测其是否违反已经设定的安全规则；最后将违反安全规则的目标和目标行为视为安全威胁，并且产生安全警告，向安全管理人员及时发出警报。智能哨兵警戒设备采用视频分析方法，对监狱内的各种突发事件进行自动识别和判断，并根据事件的严重程度将警报分发到监狱的不同接警点，实现对突发事件的侦测功能；监狱智能哨兵分控平台根据接到的事件警报和预案对事件进行处置，各级接警点接收到智能哨兵警戒设备分发的报警信号和报警信息后，将自动弹出相应的处置预案提示，各级接警点根据预案、在监狱指挥长的指挥调度下，对事件进行联防处置，为事后统计和分析建立数据基础，实现对突发事件的处置功能。

另外，由于监狱技防系统对可能影响监狱安全因素的发现和处置，也属于监狱危机管理的内容，后文专门讲述监狱危机管理的章节将从监狱危机管理的角度再予以阐述。

（4）对监狱各方面（包括服刑情况和监狱人民警察）情况的综合把控。

监狱信息化建设背景下对监狱各项技防系统的建设提升，不仅针对犯罪人服刑情况的把控，还包括对监狱其他方面情况的综合把控，如对监狱人民警察各项监管执法活动的把控。监狱各项技防系统的建设提升，意味着要求监狱人民警察按照新的技防需要和安全要求来进行各项监管执法活动（如门禁系统的建立要求监狱人民警察严格按照门禁系统的权限、程序等要求出入开关门），如监狱人民警察未能按照这些新的技防需要和安全要求操作监管执法活动的，轻则无法启动和顺利运行技防系统，重则可能导致系统报警（如监狱巡查系统通过软件制定规定时间内对规定区域进行巡查的监狱人民警察任务列表，能设定巡查计划并考核值班人员的巡查情况、反馈巡查人员基本信息。如出现巡查人员不按任务列表进行巡查的，该巡查系统能自动报警）。

监狱技防系统这种对监狱各方面情况（犯罪人服刑情况和监狱人民警察监管执法情况等）的综合全面把控，从安全角度来说，能全方面监控可能影响监狱安全的各方面异常情况，更好地保障监狱安全；从提升监狱人民警察监管和执法水平的角度来说，通过这种技防系统对安全操作要求铁面无私地贯彻，能够有效地提升监狱人民警察监管和执法的规范性，提升监狱管理水平，进而从根本上夯实监狱安全的基础。

（5）各项技防系统对系统和信息安全的保障。

监狱对各项技防系统的信息化建设，面临一个不容忽视的问题，即信息安全的问题。

所谓信息安全，国际标准化组织（International Organization for Standardization，以下简称ISO）曾经主要从技术的狭义层面将其定义为“为数据处理系统建立和采取的技术和管理的安全保护，保护计算机硬件、软件和数据不因偶然和恶意的原因而遭到破坏、更改和显露”。[①] 随着信息化的进一步发展，尤其

① 冯长根、刘振翼：“信息安全的现状与若干进展”，载《安全与环境学报》2003年第1期。

是网络技术的普及，危害信息安全的因素和隐患也不断增加。一般认为，导致危害信息安全行为出现的原因是多样的，既包括信息及信息系统自身存在的技术缺陷问题，也包括人为的危害信息及信息系统安全的行为。相应地，保障信息安全、规制信息及信息系统运行、打击危害信息安全行为的治理体系也分为技术和管理的不同层面。

同样，监狱在信息化建设的过程中，除了享受信息化带来的科技便利外，还需要承担与信息化建设相伴相生的信息安全问题，我们同样需要从技术和管理的不同层面加强对监狱信息安全的完善。

丽江监狱在信息化建设之初就十分注重对监狱信息安全的投入重视，先后投入资金确保信息安全的物质支持、引入专门信息人才负责监狱信息安全工作、严格化信息安全系统的操作流程及权限等。

（6）对重点目标使用 GPS、RFID 等定位技术体现物联网的概念。

为了监管安全，监狱需要对某些重要目标（包括某些需要重点监控的服刑犯罪人、监狱人民警察的警用器械等）所在位置、所处状态等相关情况予以实时监控和掌控。在传统监狱安防模式下，仅凭简单的监狱物防和有限的监狱人防条件，可能无法对相关重要目标实现实时的监控，进而可能带来一定的安全隐患。但在监狱信息化的背景下，高科技的使用（如 GPS、RFID 等物联网概念下的定位技术）则为实现对重点目标的实时监控带来了可能性。

所谓 GPS（Navigation Satellite Timing And Ranging/Global Position System）定位技术，其意为“卫星测时测距导航/全球定位系统”，简称 GPS 系统。该系统是以卫星为基础的无线电导航定位系统。所谓 RFID（Radio Frequency Identification）定位技术，又称无线射频识别，是一种通信技术，可通过无线电信号识别特定目标并读写相关数据，而无须识别系统与特定目标之间建立机械或光学接触。以上技术都是通过无线电信号实现对特定目标的定位、识别和读写相关数据，是物联网时代的核心技术之一。将物联网核心技术 RFID 无线射频为代表的无线定位技术应用于监狱安防系统，能够实现对监狱人员和重要物品进行无线定位跟踪、及时监控乃至物联网概念下的识别和读写相关数据。

目前，丽江监狱主要是在目标跟踪地理信息管理系统中通过在监狱内外使用 GPS、RFID 等定位技术实现警察、服刑人员、车辆等移动目标地理位置定位，并实时记录目标运动轨迹。如跟踪目标出现报警或异常情况的，经由 GPS、RFID 等定位技术传输回目标跟踪地理信息管理系统的数据，系统能自动报警，启动与相关区域的视频监控互动和其他联动处置。

3. 信息化建设背景下对丽江监狱人防工作的影响和提升

监狱人防工作就是通过专门的人力对监狱进行安全防范。按照《监狱法》（第 5 条："监狱的人民警察依法管理监狱、执行刑罚、对罪犯进行教育改造等活动，受法律保护"；第 12 条："监狱设监狱长一人、副监狱长若干人，并根据实际需要设置必要的工作机构和配备其他监狱管理人员。监狱的管理人员是人民警察"；第 13 条："监狱的人民警察应当严格遵守宪法和法律，忠于职守，秉公执法，严守纪律，清正廉洁" 等）和《人民警察法》（第 2 条："人民警察包括公安机关、国家安全机关、监狱、劳动教养管理机关的人民警察和人民法院、人民检察院的司法警察"）的相关规定，我国监狱由专门的人民警察进行管理，即由这部分专门的人民警察完成监狱内部的人防工作。

相比物防和技防来说，人防是整个安全防范系统里较为传统的一项防范措施，但也是最具有主观能动性的一环，其是处理、使用、支配、调配整个物防、技防等硬件防范措施的软件枢纽，其安全防范的效果和水平直接决定整个安全防范的效果和水平。如果没有高质量的人防、没有高素质的监狱管理人员和配套的管理规范，就算有再先进的物防和技防，其先进的防范效果也无法实现，整个监狱的安防水平和效果都无法保障。

在监狱信息化建设背景下，丽江监狱依托技防层面的提升发展，也充分对监狱人防水平进行了整合和进一步提升：

（1）技防系统的提升对丽江监狱传统警务执勤模式进行了变革。

监狱传统安防模式下，技防水平不高，监狱方面无法通过（或者无法大量通过）高效的技防支持来保障监狱的整体安全，因此对监狱人防提出了更高的要求，并增加了监狱人防的工作量和监狱的人员支出成本。

丽江监狱 17 个安防系统的建成并投入使用，对传统的警务执勤模式进行了变革：一方面，信息化技防系统的投入使用，大大分解了监狱人民警察的工作，监狱只需要投入更少的警力并配合技防系统的支持，就可以确保监狱的安全稳定和各项工作正常有序开展；另一方面，信息化技防系统的投入使用，能够更加拓展传统监狱人民警察执勤的眼睛与耳朵，在第一时间发现警情并报警自动处理，甚至比传统人防能够取得更好的安防效果，基本做到监狱无死角的实时监控；另外，监狱信息化建设建立的武警联动模式，值班武警能实时监控监狱周界情况，接收监狱相关报警信息，实现监狱人民警察和外围武警对重要目标的综合保障，确保第一时间能有效处置事态。

综上，信息化技防系统的投入使用，对丽江监狱传统的警务执勤模式（包括监区白天和节假日的执勤模式、监区夜间执勤模式、监区大门执勤模式、特警队执/备勤模式、监狱中心执勤模式、监狱机关备勤模式、武警联动模式等）进行了变革，真正实现了向科技要警力的目标。按司法部警囚比18%的规定，监狱在缺编约280名警力的情况下，保证了监狱全面工作的协调发展。

（2）监狱技防子系统的提升促进了丽江监狱人民警察队伍素质的提升。

监狱技防系统的提升，意味着高科技在监狱工作中大量的运用，这必然要求操作各项监狱技防系统的监狱人民警察需要提升专业水平、掌握相关技防操作技能。

在加大对监狱各项技防子系统硬件投入的同时，丽江监狱也非常注意对监狱人民警察提升素质、掌握相关技防子系统操作技能的培训和各方面人才储备：一方面，丽江监狱十分注意对专业技防人才的引进和储备；另一方面，丽江监狱注意对使用信息安全系统的干警进行及时和定期培训。据统计，自2006年至2014年4月，丽江监狱在信息化方面展开了14次培训，内容包括监管改造系统使用培训、用友财务软件使用培训、劳动改造效果评估软件使用培训、安防系统培训、手持办公自动化终端（E人E本）使用培训（针对监狱领导及改造系列的中层领导）、幻灯片的制作及视频录制工具的使用培训、服刑人员会见系统使用培训、刑罚执行平台的培训、安防系统使用再次培训、计算机基础知识培训（请丽江市古城区职高老师进行培训）、办公自动化系统使用培训、多媒体信息发布系统使用培训、刑罚执行平台再次培训等，极大提高了监狱警察的思想意识和现代信息知识及运用能力。目前，监狱干警已经能较好地掌握相关技防子系统操作技能。

（3）监狱信息化建设促进了丽江监狱队伍建设管理水平的提升。

监狱信息化建设带来的各项技防系统的高科技性，要求使用者应严格按照相关规范和流程操作，这也意味着监狱方面需要制定相关操作规范对人民警察相关技防系统的使用情况进行规定，相应地，必然能够促进监狱队伍管理的制度建设水平。丽江监狱针对信息化建设工作的需要先后制定了多项相关操作规范制度。

另外，监狱信息化建设也极大地改进了监狱办公管理方式，尤其在监狱人民警察队伍建设方面，丽江监狱建立了专门针对人民警察管理的队伍建设管理信息系统，该系统包括全国党员管理信息库、公务员职位管理库、人事信息管理库、监狱人民警察定期报表统计库、全国公务员管理信息系统库、警衔管理系统库等，以上信息库涵盖了编制信息管理、人员信息管理、数据信息管理等功能，对监狱警察队伍构成情况进行有效的统计，其能对监狱警察队伍构成、分布情况、机构设置、人员编制、各部门警力等情况进行有效的统计、配备，可及时掌握全狱基础信息，有效地解决了上报材料编辑慢与查找难等问题，为及时解决警察职工切身利益提供了有力的保障。

另外，从保障队伍建设方面的工作来说，丽江监狱信息化过程中还建设了多媒体信息发布系统，该系统具有多媒体信息发布功能，可以将监狱的宣传信息、会议通知、调动通知、放假通知、对外宣传资料、狱务公开资料等信息通过该系统发布。支持视频、图片、文本、flash 动画、幻灯片演示、网页等多种格式。支持远程网络集中统一管理，一套管理软件实现全网管理，支持对终端的分区、分组、分级管理。该系统采用 B/S 架构，通过浏览器访问内容服务器即可登录系统后台进行信息的编辑及发布。该多媒体信息发布系统的建立有利于更高效、更精细地向监狱人民干警发布相关信息。

4. 信息化建设背景下以指挥中心为代表的丽江监狱整体安防管理水平的提升

监狱指挥中心是整个监狱信息化建设后相关技防子系统的综合管理和调

度平台，是整合视频监控系统、周界防范报警系统、围墙电网防范系统、门禁系统、安检系统、监听对讲系统、巡查系统、目标跟踪地理信息管理系统、紧急报警系统、会见录音及亲情电话系统、广播系统的多功能指挥中心，具备人员指挥调度、决策支持、预案处置、视频会议、重点区域监控、接（报）警、武警联动、数据汇总存储、智能分析、联动布控等功能。因此可以说，指挥中心是信息化建设后整个监狱指挥的“司令部”，其运转状况直接体现了监狱整体安防管理水平的提高。

在此轮监狱信息化建设过程中，丽江监狱指挥中心从无到有、从有到精，得到了大跨步的飞跃发展。虽然原来也有称为“指挥中心”的机构，但原来的指挥中心人员结构不合理、职责不清、任务不明，只是效能低下的单一的值班室和监控室，对监狱的管理几乎没有什么作用。丽江监狱在此轮信息化建设过程中，经过一年多的探索和实践，重新构建了能够驾驭各项技防子系统的现代化的指挥中心，赋予了指挥中心管理权、协调权、指挥权、知情权、话语权、监督权，指挥中心已形成了一整套成熟完备的领导体制和工作机制，使指挥中心成为名副其实的监狱“神经中枢”和“司令部”。目前，丽江监狱的指挥中心具备以下多种综合智能。

第一，总值班室职能。指挥中心负责调度协调监狱所有的值班及执勤业务，监狱领导、科室领导及指挥中心执勤警察均在指挥中心按照三个层次进行值班。

第二，指挥职能。指挥中心值班人员拥有监狱规定的指挥职权。值班指挥长可依据不同的事件处置预案，调度相关值班警察进行及时有效的处置。

第三，监狱管理职能。指挥中心安防系统的管理和控制实行四级管理模式，由指挥中心统一进行管理和指挥。凡涉及刑罚执行、狱政管理、教育改造、劳动改造、生活卫生、罪犯出入监等重要活动必须经指挥中心下达指令方可执行。

第四，监控管理职能。指挥中心负责对监狱监控系统的管理和调度，并对 17 个安防系统进行实际运用。指挥中心值班警察应用监控、监听、对讲、报警等设备，实时掌握监狱情况和管控罪犯，特别是对重点时段、重点人员、重点部位实行切实有效的管理和控制。

第五，执法督察职能。指挥中心担负着警察执法活动的督察职责，通过认真落实监狱值班领导日督察、督察大队周督察、分管领导和业务科室的不定时督察制度，对监狱“三大现场”的管理警察执法执勤情况实时督察，对发现的问题及时处理，并对省局视频督察丽江监狱的情况进行督促整改。

第六，核心信息发布职能。指挥中心是监狱管理工作的枢纽和信息处理中心，具有信息收集、整合、传递的职责。监狱的重大事项、会议通知、警察调度、罪犯调动、每日狱情等信息都必须由指挥中心统一收集、发布、上报。

第七，应急处突职能。指挥中心是监狱发生重大突发事件时的应急指挥部。监狱特设处突专线电话，在发生突发事件时，指挥中心能够立即依照主要领导的授权和应急预案，借助完备的监控、监听设施和交通、通信、人员的调度手段，准确把握现场动态，及时果断发布命令，妥善处置，确保时间不拖延、事态不扩大。

第八，日常事件处置职能。丽江监狱指挥中心参照110处警模式，建成一套完善的处突体系。做到每一名值班员都既是接线员，又是指挥员。在接到警情时依照职责权限下达准确、及时、果断的处置指令。

第九，自身建设职能。指挥中心是一个全新的职能部门，同时又是整个监狱信息化工作的枢纽和窗口。通过加强政治、责任、业务、纪律、作风建设使指挥中心工作人员能够真正成为合格的指挥员。

第十，对外协调职能。当监狱发生突发事件时，由指挥中心负责与公、检、法、司、武警联系，确保多警联动处置突发事件。

第三节 监狱信息化建设对监狱劳动管理工作的提升与发展

虽然在近现代目的刑刑罚理念下，制定刑罚的国家立法主体将监狱劳动作为改造犯罪人的手段而非惩罚犯罪人的手段，但监狱劳动的强制性在客观上仍然给犯罪人带来身心的负担。加强监狱劳动的管理，不仅是教育矫正犯罪人工作的一环，也是包括惩罚犯罪人在内的整个监狱工作的一环。监狱信息化建设的开展，为监狱劳动管理工作的提升与发展带来了契机与技术支持。

一、监狱传统劳动管理工作的执行情况

服刑犯罪人参加监狱劳动，是教育和改造罪犯的一个重要手段，也是加强监狱全方位管理、实现对犯罪人惩罚的一个方面。并且，服刑犯罪人参加监狱劳动的表现体现了其接受国家刑罚惩罚和改造的态度及成效，直接关系到对服刑犯罪人后续减刑、假释等情况的考评，因此，我国监狱工作向来十分重视对服刑犯罪人生产劳动情况的管理。

在监狱信息化建设之前，我国监狱对服刑犯罪人生产劳动的管理主要通过由监狱干警个人负责，这种传统对服刑犯罪人生产劳动情况的管理虽然经实践证明也能够符合相关时代背景下监狱实践的要求，但从效率上说并不够高效，如监狱干警针对服刑犯罪人的生产劳动原始情况需要重复进行很多手工抄录和查询评测的工作；并且不排除在此过程中由于监狱干警执法、执纪的漏洞，出现未能公平、公开、公正地处理服刑犯罪人在劳动过程中所产生的效益及表现的个别情况，进而有损国家刑罚最终实现的效果。

二、信息化建设对监狱劳动管理工作的提升

（一）信息化建设后对监狱劳动管理工作水平的整体提升

我国监狱的信息化建设是将信息化的现代科技手段运用于监狱各方面工作的过程，按照司法部对监狱信息化建设的要求，监狱信息化从技术上主要包括以下几个方面的工作：建设完善基础网络，实现信息传输网络化；建设完善基础信息资源库，实现信息化处理数字化；建设完善安全防范系统，实现安全防范智能化；建设完善监管和执法管理系统，实现监狱管理、执法规范化；建设完善电子政务系统，实现办公自动化；建设完善标准规范，实现

技术应用标准化。[①] 最终实现建设 1 个平台（即网络和硬件平台）、3 个信息资源库（即监狱管理信息库、罪犯信息库、警察信息库）、10 个应用系统的（即监狱安全防范和应急指挥系统、监管及执法管理系统、教育改造系统、生活保障及医疗卫生系统、警察管理系统、生产管理与劳动改造系统、监狱建设与保障系统、狱务公开系统、办公自动化和决策支持系统）的主要任务。

由此可见，我国监狱信息化建设从内容上主要涉及安防建设和电子狱务办公两方面。而有关监狱劳动管理的内容，就属于监狱内部办公管理的一个部分。针对推进监狱电子狱务办公方面来说，在实施信息化建设之前，在一些监狱和一些执法环节中仍然可能存在管理方式粗放和执法不规范的问题（如对服刑犯罪人的监狱劳动管理基本情况主要靠监狱人民警察原始手工抄录模式，对服刑犯罪人监狱劳动的生产定额也主要通过监狱人民警察进行评测，过程可能不够透明公正等）。而监狱信息化的建设通过建立包括生产管理与劳动改造系统在内的多项内容（如监狱管理信息库、警察信息库、监管及执法管理系统、教育改造系统、生活保障及医疗卫生系统、警察管理系统、监狱建设与保障系统、狱务公开系统、办公自动化和决策支持系统等），在包括劳动改造等在内的多方面（如狱政管理、刑罚执行、队伍建设、行政办公等）确实树立了先进的管理意识，从原始的手工抄录模式过渡到计算机统一管理，使监狱人民警察能够规范、科学、高效地统计生产定额，作为初步研究、分析罪犯个体劳动改造工作的主要依据，从而节省警力并提高干警执法、执纪水平，推进了监狱执法规范化建设，在很大程度上改进了现代监狱针对服刑犯罪人强制劳动的管理方式，极大地提高了现代监狱对服刑犯罪人强制劳动的管理水平。并且，罪犯劳动改造综合管理系统还能实现与监狱其他业务系统的互联互通和资源共享，推动全局信息化建设的整体发展。

（二）信息化建设对丽江监狱劳动管理工作水平的整体提升

以下，本书将以丽江监狱信息化建设的实践为例，通过对信息化建设提升丽江监狱劳动管理工作水平的基本情况进行介绍，为更全面地掌握我国监

---

① 摘自时任司法部部长吴爱英在 2007 年全国监狱信息化建设工作会议上的讲话。

狱信息化发展情况提供生动的参照。

1. 信息化建设提升丽江监狱劳动管理工作水平的基本情况

狱务电子办公的变革，是此次监狱信息化建设的重要内容之一，通过“建设完善基础信息资源库，实现信息化处理数字化；建设完善监管和执法管理系统，实现监狱管理、执法规范化；建设完善电子政务系统，实现办公自动化；建设完善标准规范，实现技术应用标准化”，能够大力提升监狱各项管理工作的水平。

服刑犯罪人的生产劳动作为教育和改造罪犯的一个重要手段和接受国家刑罚的一个重要方面，意味着监狱对服刑犯罪人生产劳动情况的管理是狱务管理中的一个重点。为了公平、公开、公正地处理好罪犯在劳动过程中所产生的效益及表现，使干警能够规范、科学、高效地统计生产定额，从原始的手工抄录模式过渡到计算机统一管理，从而节省警力并提高干警执法、执纪水平，必须致力于罪犯劳动改造综合管理的研发和建设。

在此次丽江监狱的信息化建设过程中，丽江监狱非常重视对服刑犯罪人生产劳动管理工作的改造和投入，开发建设了劳动改造效果评估系统。该系统是一个综合性的应用系统，含定额管理模块、设备管理模块、信息管理模块、统计管理模块、项目管理模块、生产安全管理模块、劳动力资源管理模块。各模块共享数据库资源，既可独立运行也可协同办公。而监狱可通过该系统实现对服刑犯罪人生产劳动的适时管理、动态管理；记录罪犯个体劳动改造表现资料，作为初步研究、分析罪犯个体劳动改造工作的主要依据：对罪犯的劳动技能、劳动素养、劳动绩效进行评估；把罪犯的个体评估数据自动生成综合评估结论，能够对犯情作出预测、预报、预警，达到狱犯情分析的效果等。并且，作为监狱信息化建设整体的一部分，该系统还实现了与监狱其他业务系统的互联互通和资源共享，推动信息化建设的整体发展。丽江监狱属于该系统首批推广的10家监狱之一，现已在整个监狱9个押犯单位全面使用，效果良好。

2. 信息化建设背景下丽江监狱对劳动改造效果评估系统的使用

丽江监狱在此次信息化建设过程中，对服刑犯罪人劳动改造管理工作建设了专门的劳动改造系统，该系统从规章制度、劳动组织管理（包括监企协调、劳动班组管理、罪犯劳动组管理）、劳动项目与计划管理、劳动生产管理、劳动分类分级、劳动过程管理、劳动保护管理、安全生产管理、劳动改造效果评估以及信息查询各个方面涵盖了劳动改造业务工作的全部内容，从而能够更加规范、高效管理劳动改造工作，进一步加强劳动改造工作的规范化、精细化、信息化。

3. 信息化建设对丽江监狱劳动管理工作水平的整体提升

如前所述，信息化建设背景下劳动改造效果评估系统的开发运用，极大地改变了丽江监狱原来主要通过监狱人民警察个人对服刑犯罪人生产劳动情况进行记录评测的管理模式，有力地促进了丽江监狱劳动管理工作水平的整体提升。

（1）劳动改造效果评估系统由计算机统一管理的功能节省了警力，提升了监狱劳动管理工作的效率。丽江监狱的信息化建设，使得监狱人民警察在进行服刑犯罪人劳动管理的过程中，从原始的对服刑犯罪人相关生产劳动基本情况手工抄录统计的模式过渡到运用劳动改造效果评估系统的计算机统一管理模式，人民警察从大量繁杂的手工工作中解放出来，极大地解放、节省了警力，并能最大限度减少各种手工处理数据可能出现的纰漏，极大地提升了监狱管理服刑犯罪人生产劳动情况的效率。

（2）劳动改造效果评估系统自动评估、动态管理的功能提升了监狱劳动管理工作的科学性。服刑犯罪人在监狱接受生产劳动的情况，直接反映了该犯罪人接受国家刑罚的程度及改造教育的成效，是服刑犯罪人在监狱服刑状况的基本表现之一。而作为刑罚执行部门，监狱方面为了更好地实现对犯罪人的个性化监管和对相关狱情的及时掌握，有必要对服刑犯罪人的生产劳动情况予以及时掌握，并针对相关生产劳动情况的表现对服刑犯罪人作出准确的狱情分析，在必要的时候及时调整相关监管措施。相较传统监狱生产劳动管理模式下由监狱干警个人依据主观判断和经验对服刑犯罪人生产劳动效果进行评估的模式，信息化建设背景下丽江监狱劳动改造效果评估系统极大提升了这一过程的科学性，其能在记录服刑犯罪人劳动量的基础上，对服刑犯罪人的劳动技能、劳动素养、劳动绩效等劳动情况进行评估；再把服刑犯罪人的个体评估数据自动生成综合评估结论，能够对犯情作出预测、预报、预警，达到狱犯情分析的效果。

(3) 劳动改造效果评估系统的运用有助于公平、公正、公开地处理服刑犯罪人在劳动过程中所产生的效益及表现。

服刑犯罪人在监狱进行生产劳动的情况，作为其接受国家刑罚惩罚和改造的主要表现，直接关系到对服刑犯罪人后续减刑、假释等情况的考评。在传统的由监狱干警个人依据主观判断和经验对服刑犯罪人生产劳动效果进行评估并据此作为后续减刑、假释依据的管理模式下，由于相关过程主要由直接负责劳动改造的部分监狱人民警察管理，不排除在不够公开透明的环境中可能出现未公正认定和处理犯罪人劳动效果的情况。在丽江监狱信息化建设背景下，监狱方面通过对劳动改造效果评估系统的运用，整个过程（包括对服刑犯罪人劳动改造情况的基本记录、分析、评测、对比、排名等）通过系统统一操作，更加公开透明，并且最大限度杜绝了人为不当干预的情况发生，有助于监狱方面在处理服刑犯罪人在劳动过程中所产生的效益及表现的过程中实现公平、公正、公开。

第四节　监狱信息化建设对监狱危机管理工作的提升与发展

安全稳定工作是监狱工作的重中之重，监狱工作的重要目的是排除相关安全隐患、杜绝监狱危机事件的发生。但不排除由于监狱内部和外在环境仍然可能隐藏、酝酿着各种危险因素，仍然可能发生犯罪人自残、自杀、凶杀、逃脱、暴狱、闹监、哄监乃至自然灾害等各种对监狱安全稳定工作、服刑罪犯乃至监管人员的人身构成威胁的非常规事件和状态。一旦发生监狱危机，如能妥当管理监狱危机，不但有助于对此次危机的解决，还将进一步消除后续危机发生的隐患，更大限度地实现对危机的有效控制，进而保障监狱的安全稳定。监狱信息化建设的开展，无论是从技术硬件还是从管理模式上，都大大提升了监狱危机管理工作的水平。

一、监狱传统危机管理工作的执行情况

如前所述，我们将由服刑犯罪人引发的监狱危机主要分为三大类：狱内犯罪、犯罪人自杀或自残和犯罪人逃脱。虽然不同类别的监狱危机在具体处置管理方式上有所区别，但都要经过监狱危机防范和预警、发现监狱危机和及时有效处置监狱危机、对监狱危机进行善后处置及总结的三个主要阶段（即前文有关监狱危机管理的预备管理、反应管理、恢复管理三个阶段）。以下内容主要从不同类型监狱危机共同具有的三个处置阶段入手来对信息化建设下监狱危机管理工作的发展进行分析。

监狱信息化建设之前，由于受各种硬件和管理模式限制，监狱在管理监狱危机方面尚存在以下不足之处：

首先，在监狱危机防范和预警阶段（即监狱危机预备管理阶段），由于受技防硬件和技术条件的限制，信息化建设前的监狱一般不具备各种先进的安防设备，进而很多监狱安防工作还停留在依靠监狱人民警察人力防范的阶段。由于人防的先天不足，不排除未能在监狱危机发生时第一时间予以预警的可能性，并且也影响到系统的监狱危机防范工作的开展。

其次，在发现监狱危机和及时有效处置监狱危机阶段（即监狱危机反应管理阶段），同样受技防硬件、技术条件和管理模式的限制，监狱方面可能无法联动不同部门对危机进行第一时间的智能处置，不同部门之间的协同和处置方案的出台都需要时间反应，甚至可能没有预案可以参考，进而可能影响解决监狱危机的成效和效率。

最后，在对监狱危机进行善后处置及总结阶段（即监狱危机恢复管理阶段），受技防硬件、技术条件和经费等各种条件的限制，导致即使监狱方面能够对监狱危机发生的原因作出总结（尤其对于那些由于技防硬件导致的监狱危机），仅凭监狱一己之力也不一定能够及时弥补相关漏洞，完全避免同类问题导致其他监狱危机的发生。

这种传统对监狱危机的处置受技术的限制，一方面在预警、发现、处置和总结监狱危机方面存在不够及时和不够妥善解决的缺陷；另一方面相关监狱危机管理模式也受基础条件限制而呈现出不够联动、不够智能、不够规范

的特征。这些都是在信息化建设前监狱危机管理存在的不足之处。

二、监狱信息化建设对监狱危机管理工作的提升

（一）监狱信息化建设后对监狱危机管理工作水平的整体提升

我国监狱的信息化建设是将信息化的现代科技手段运用于监狱各方面工作的过程，按照司法部对监狱信息化建设的要求，监狱信息化从技术上主要包括以下几个方面的工作：建设完善基础网络，实现信息传输网络化；建设完善基础信息资源库，实现信息化处理数字化；建设完善安全防范系统，实现安全防范智能化；建设完善监管和执法管理系统，实现监狱管理、执法规范化；建设完善电子政务系统，实现办公自动化；建设完善标准规范，实现技术应用标准化。[①] 最终实现建设 1 个平台（即网络和硬件平台）、3 个信息资源库（即监狱管理信息库、罪犯信息库、警察信息库）、10 个应用系统（即监狱安全防范和应急指挥系统、监管及执法管理系统、教育改造系统、生活保障及医疗卫生系统、警察管理系统、生产管理与劳动改造系统、监狱建设与保障系统、狱务公开系统、办公自动化和决策支持系统）的主要任务。

由此可见，监狱信息化建设从技术层面涵盖了提升监狱危机管理工作所需要的主要方面，包括建设完善监狱安全预防系统及办公自动化和决策支持系统等。通过监狱信息化建设，一方面可以提升监狱安全预防系统的科技水平，通过多个监狱技防子系统的建设与完善，实现对监狱各方面情况的动态实时监控，大大提升了监狱安防水平，很大程度上消除了监狱危机发生的安全隐患。即使可能发生监狱危机，各项技防子系统也能做到一旦发现异常情况即启动自动预警，在第一时间向监狱方面传输监狱危机发生的情况，为监狱方面及时正确处置监狱危机提供支持。另一方面，监狱办公自动化和决策系统的建设与完善，实现了监狱不同技防子系统之间的联动，并提前自动设置了针对不同种类监狱危机的处置预案，一旦发生监狱危机的，在监狱指挥中心作为安防枢纽收到相关预警后，系统能自动联动启动其他技防子系统，

---

① 摘自时任司法部部长吴爱英在 2007 年全国监狱信息化建设工作会议上的讲话。

获得监狱整个安防系统的整体支持，并能够针对不同种类的监狱危机，自动向监狱管理人员提示相关预案和处置方案，为整个监狱危机的解决提供决策支持。另外，除了获得监狱内部各项资源的联动支持外，信息化建设后的监狱指挥中心还与上级省局指挥中心及外围武警执勤力量相互联动，在处置监狱危机时，能确保监狱方面取得必要的来自各个方面的支持，为更好地解决监狱危机奠定了扎实的基础。

据此，信息化建设为监狱危机管理工作带来了技术上的支持，提供了管理模式上的转变，大大提升了监狱危机管理工作的整体水平。

（二）信息化建设对丽江监狱危机管理工作水平的整体提升

以下，本书将以丽江监狱信息化建设的实践为例，通过对信息化建设对丽江监狱在不同阶段提升危机管理工作水平的情况进行介绍，为更全面地掌握我国监狱信息化发展情况提供生动的参照。

1. 信息化建设提升丽江监狱危机预备阶段管理水平的情况

如前所述，监狱危机预备管理阶段主要涉及监狱危机的预防和预警两个工作。

从预防层面来说，需要整体提升监狱的安防水平，为从根本上杜绝监狱危机的发生奠定基础。丽江监狱从 2009 年开始信息化建设过程，先后投资 1300 余万元建成了 6 套网络、1 个综合安防管理平台的 17 个子系统、8 套业务网络的 33 个子系统，极大地改善了监狱技防基础硬件，整体提升了监狱安防水平，为预防监狱危机的出现奠定了良好的硬件基础。

从预警层面来说，意味着要求在具体发生某一监狱危机时，监狱方面能够及时发现并启动处置程序。如前所述，丽江监狱信息化建设的多个技防子系统（如监狱视频监控系统、监狱周界防范报警系统、围墙电网防范系统、门禁系统等）在出现故障、损坏或发现可疑因素等异常情况下，能够自动启动报警功能，达到对可能影响监狱安全的危机因素的及时预警。如在丽江监狱建设的智能哨兵实时警戒系统运行过程中，该系统采用视频分析方法，对监狱内的各种突发事件进行自动识别和判断，并根据事件的严重程度将警报分发到监狱的不同接警点。尤其值得注意的是，智能哨兵警戒系统不仅可以根据实时监测视频，做到“检测”的水平，并且可以根据“目标”的行为做到“识别”的层面。在威胁状况预报警方面，该智能化系统已经可以帮助操作者分析具有威胁的监控画面，有别于人力监控的是，系统能够保持持续性的检测和判断，而不会产生注意力不集中或者疲劳等现象；在物体跟踪方面，系统则帮助监控人员通过警报的方法呈现物体的遗失、移动、滞留等现象，较好地实现了系统的自动报警功能。

2. 信息化建设提升丽江监狱危机反应阶段管理水平的情况

在监狱危机发生后，监狱方面进入发现和及时有效处置监狱危机的反应管理阶段。此次丽江监狱信息化建设过程中，实现了监狱技防子系统报警后处置的联动化、智能化。如监狱周界防范报警系统在工作中发现目标出现异常情况的，系统在自动报警的同时，也会及时进行智能化处置和联动，一方面，周界防范系统针对入侵情况，自动发出声光警示，警示现场相关人员，提示值班人员进行处置，并具有对现场报警信息和非法处理信息自动储存的功能；另一方面，周界防范系统还对周界报警通过集成平台软件实现统一联动调度管理，可自动将报警点附近的视频切换到监狱指挥中心和分中心的大屏幕上，自动在集成软件界面上对报警点进行电子地图定位，软件客户端自动弹出接警窗口、提示应急预案等。

监狱技防子系统报警后对监狱危机处置的联动化、智能化，是监狱处置危机事件的重要方面，其与监狱技防系统的自动报警功能，共同构成了监狱对可能影响监狱安全的因素及时发现、处置的“铜墙铁壁”。尤其在监狱信息化的建设下，这道“铜墙铁壁”得到了高科技的支持，不再受人力限制，对监狱安防工作起到了极大的作用。

同样以丽江监狱建设的智能哨兵实时警戒系统为例，该系统是针对监狱特性所定制研发的智能视频分析预警系统，该系统部署在各个监狱各个不同特征场所，由智能哨兵警戒设备和监狱智能哨兵分控平台构成，实现对脱逃等狱内案件进行实时自动判断、有效处置、记录备案、视频摘要等功能。利用智能哨兵技术实现自动值守的运行过程主要分成 3 步：首先对进入摄像头监控视野的警戒目标进行判断分类；然后对该目标对象的行为进行分析判断，检测其是否违反已经设定的安全规则；最后将违反安全规则的目标和目标行为视为安全威胁，并且产生安全警告，向安全管理人员及时发出警报。智能哨兵警戒设备采用视频分析方法，对监狱内的各种突发事件进行自动识别和判断，并根据事件的严重程度将警报分发到监狱的不同接警点，实现对突发事件的侦测功能；监狱智能哨兵分控平台根据接到的事件警报和预案对事件进行处置，各级接警点接收到智能哨兵警戒设备分发的报警信号和报警信息后，将自动弹出相应的处置预案提示，各级接警点根据预案、在监狱指挥长的指挥调度下，对事件进行联防处置，为事后统计和分析建立数据基础，实现对突发事件的处置功能。

3. 信息化建设提升丽江监狱危机恢复阶段管理水平的情况

在某一具体监狱危机处置后，监狱方面还需要对相关遗留问题进行善后处理、对此次监狱危机发生所暴露出来的相关问题进行总结，这是监狱危机的恢复管理阶段。

虽然丽江监狱近年来安全稳定工作取得良好成绩，并没有出现相关监狱危机，但丽江监狱也十分注意在可能出现监狱危机时对危机暴露出来的问题进行总结，时刻将监狱的安全稳定放在工作的首要位置。

>>第三章

信息化建设对现代监狱实现刑罚一般预防功能的促进

第一节　现代监狱工作对刑罚一般预防功能的实现

一、监狱工作对刑罚一般预防功能的体现

在研究领域，关于各种刑罚目的观的具体内容，可谓百家争鸣、百花齐放，中外学者已经多有介绍，足见其重要价值。从总体上看，各种一元的刑罚目的观已经很少再被主张，争论主要集中在不同形态的复合目的说之间。在刑罚理论的研究上，刑罚复合目的说的形成经历了这样的过程：从报应主义到功利主义，最后到报应论与预防论这两大理论进行整合，在吸收其各自合理内核、采纳其各自优点的基础上，灌注现代的元素，发展出复合目的刑罚理论。[①] 这种多元化的刑罚复合目的观已灵活地反映在各国刑事立法、司法与执法的实践中。

然而，由于刑罚可以直接作用于犯罪人，而无法直接作用于一般社会成员，因此，将一般预防作为刑罚目的，特别是监狱行刑的目的，仍然争议较大。[②] 有些学者对此问题采取回避态度。有些学者在肯定特殊预防为监狱行刑目的的同时，否认一般预防目的为这个阶段的行刑目的。监狱行刑目的观

---

① 王世洲："现代刑罚目的理论与中国的选择"，载《法学研究》2003 年第 3 期。

② 蔡维力："刑事程序多元化与刑罚相对个别化的契合——论刑事司法改革对现代刑罚观的应然回应"，载《法律科学（西北政法大学学报）》2012 年第 1 期。

问题是指导监禁刑执行的根本问题，直接决定行刑制度的制定和执行，进而影响行刑效果。厘清这一争议具有深刻的理论和实践意义。

（一）从应然的角度，国家对监狱行刑的刑罚目的包括一般预防的期待

“作为哲学范畴，目的是表示在人的有意识的活动中，按照自己的需要和对象本身的固有属性预先设计，并以观念形式预先存在于人们头脑之中的活动结果，是人对自身需要同客观对象之间的内在联系的主观印象”。[①] 目的是主体对客体需要的反映。因此，监狱行刑目的是指监狱作为代表国家执行监禁刑的机关，通过动用强制力量，剥夺犯罪人人身自由，限制犯罪人其他相关权利的行使所希望实现的效果。我们应该明确监狱只是代表国家执行刑罚的机构之一，监狱行刑目的的主体不是监狱而是国家。

由于监狱行刑目的的问题隶属于国家刑罚目的这一大的命题之中。以下笔者拟从刑罚权的本质、监狱行刑在国家刑罚权实现中的地位、监狱行刑实践中可期待一般预防目的的实现等方面论证国家对监狱行刑的刑罚目的包括一般预防的期待，解决监狱行刑目的的应然问题。

1. 国家刑罚权本质表明一般预防为刑罚目的

鉴于刑罚目的是指刑罚权主体根据刑罚权的本质，想要达到的境地和结果，对于刑罚目的的思考就应该起源于对刑罚权本质的解析。

国家刑罚权的产生源于对人与人之间权利的协调。众所周知，人同时具备自然属性和社会属性。人的自然属性使人具有需求永不满足的特征。对此心理学家马斯洛主张，人和动物相区别的地方在于人是一种不断需求的动物。而人的社会属性源于人是群居动物，人必须生活在社会当中，人满足需要不仅要借助于社会才能完成，而且满足需要的方式必须得到社会的认同或者容忍。人的自然属性和社会属性决定了这样一个事实：在最极为理想的社会中，人们按照各自的方式在生活的过程中所产生的需求之间会相互制约。这种制约不仅仅来自社会中个体需要之间的冲突，还来自社会所能提供的物质条件和文化环境的制约。因此，人类社会是一个交往联系的构造，在这个构造中，需要通过法律规范来满足人们一定的需要，限制另外需求的实现，以此保持

---

① 宋英辉：《刑事诉讼目的论》，中国人民公安大学出版社1995年版，第2页。

社会稳定。法律规范于社会个体而言，便是可以为、必须为和不得为，是人们的行为准则，又是人们行使人权自由的限制；法律规范对于社会全体民众来说，就是全体民众的基本人权总和，它体现并满足着同一时期同一国家的社会成员的最基本人权。

不可忽视的是，法律规范本身缺乏自我实现的先天力量，必须用其他的方式保证它的有效性，这就是通过制裁。其他部门法在保障其法律规范不被违反时，相应的惩戒手段极为有限。以刑罚惩罚为手段的刑法规范是其他法律规范的后盾，是一个社会生存的底线。如果刑法规范遭到破坏，则会颠覆整个社会。国家需要适用刑罚权来剥夺犯罪人最基本的权利，以此维护社会秩序。

对此，联合国《世界人权宣言》第29条也作了规定："人人在行使他的权利和自由时，只受法律所确定的限制，确定此种限制的唯一目的在于保证对旁人的权利和自由给予应有的承认和尊重，并在一个民主的社会中适应道德、公共秩序和普遍福利的正当需要。"所以，国家以保护公民的基本人权为职责，只有当一个公民侵犯了其他人享受同样权利的时候，国家才迫不得已着手限制该公民相应的基本人权。这种"迫不得已"意味着：国家适用刑罚权的界限在于危害社会的严重性已经不能用其他法律来调整，并且如果不用刑法调整，其他保障公民基本人权的法律制度就可能崩溃，在此情况下，国家才有权适用刑罚权。

犯罪是人类进入阶级社会以来，各种社会形态中普遍存在的社会现象。犯罪的产生与存在具有一定的社会必然性，是社会生活不可缺少的一部分事实。法国著名社会学家埃米尔·迪尔凯姆认为犯罪是一种规则现象（或常态现象），犯罪之于人类社会，犹如疾病之于人体那样合乎规则地存在而难以避免，或者说，犯罪是从人类社会内部所衍生出来的东西，既非天外来物，也不是魔鬼在人类播下的恶的种子。① 人们的生活面临着犯罪的威胁。担负着保护被害人和社会其他人员利益的国家在行使刑罚权时，其目的不仅在于惩罚已犯罪之人，而且也希望通过动用自己的全部强制性暴力资源，来剥夺

---

① 许章润：《犯罪学》，法律出版社2004年版，第290页。

一个作为“孤立的个人”的公民的最基本权利的方式，威慑潜在的犯罪者，以实现限制和控制犯罪，维护多数人的利益。权力本身是建立在利益基础之上的，体现着进行利益勾兑的公平诉求。刑罚权作为一种国家权力，同样也建立在调和公民个体和整体利益的基础之上，以实现社会公平为目标，是国家统治权的一部分。这种对对抗者使用的制裁权本质上是一种公权力，是国家剥夺犯罪人基本权利的一种痛苦活动。马克昌教授认为：“刑罚权是国家基于统治权依法对实施犯罪行为的人实行刑罚惩罚的权力。”① 陈兴良教授认为：“刑罚权是国家基于独立主权，对犯罪人实行刑事制裁的权力。在这个意义上说，刑罚权是一种国家权力。”② 贝卡里亚的“迫不得已原则”也认为人们被迫牺牲一部分自由是为了平安无忧地享受剩下的那份自由，牺牲得最少的那份自由的结晶就是惩罚权。

由此，从维护社会秩序、保障社会稳定的角度，我们认为国家对刑罚权的期待不仅在于以对犯罪人的惩罚和威慑为主的一般预防，而且还在于以对社会民众的威慑与警戒、宣告和指引为主的一般预防。

2. 监狱行刑作为主要的刑罚执行方式应受制并体现一般预防的刑罚目的

不同的国家刑罚执行机关各有不同，而监狱是自国家产生以来世界范围内人类对付犯罪人的带有普遍性意义的机构，为主要行刑机关。其行刑活动具有主观价值目标，而该目标应该受制并体现国家刑罚目标。

国家作为刑罚权主体从刑罚目的出发启动刑事立法，制定刑罚基本原则、制度、种类、体系、法定刑，使刑罚得以确立；人民检察院作为求刑机关向人民法院提起公诉，正式启动了刑罚权；人民法院作为审判机关对案件进行审理，其刑事判决和裁定是代表国家宣告被告人的行为是否构成犯罪以及使用何种刑罚。如果只有刑事立法、刑事判决和裁定，没有实际执行，刑罚的惩罚无从谈起，刑罚的目的就不可能实现。刑罚一旦未被执行，那么不管是法院的判决还是立法机关的刑罚条文终将只是一纸空文。因此，监狱行刑是刑事活动的主要的最后一个环节，是刑罚的“实践性”或“实现性”环节；

---

① 马克昌：《刑罚通论》，武汉大学出版社 1999 年版，第 16 页。

② 陈兴良：《刑法的价值构造》，中国人民大学出版社 1998 年版，第 45 页。

相应地，监狱行刑目标也就是刑罚权在刑罚处于现实状态的运行目标。如果在监狱行刑阶段忽视甚至否认一般预防目的，那么先前的制刑、求刑、量刑中所期待的一般预防目的就会削弱。正如清朝宣统二年徐谦在奏折中所说的那样："监狱制度与刑法审判二者有密切之关系，监狱不良则行刑之机关未完善，而立法与执法之精神均不能见诸作用。无论法律若何美备，裁判若何公平，而刑罚宣告以后悉归于无效。"

（二）监狱行刑从客观上可期待一般预防目的的实现

早在古希腊时代，著名的哲学家普罗泰格拉、亚里士多德等都认为刑罚具有对社会大众的一般预防作用。边沁甚至认为，一般预防是刑罚的首要和主要目的，也是惩罚真正的正当性所在。在柏拉图的《法律篇》中已有明确的阐述，后来由费尔巴哈作了最具影响力的理论概括。费尔巴哈认为：犯罪人之所以实施犯罪，是因为犯罪行为能给他带来某种欢乐；而如果有一种犯罪后的必然结果能够让犯罪人承受大于犯罪欢乐的痛苦，犯罪人就会放弃犯罪的念头。刑罚就是为犯罪人设定的这样一种痛苦。每个犯罪人在实施犯罪之前，必然在犯罪之乐与刑罚之苦之间进行选择，只要刑罚有可能带给他足够的痛苦，他就不会选择犯罪。国家有义务必须防止法律被违反，而此种预防单纯从身体强制是无法达到的。刑罚要防止刑法规范被违反，就必须运用心理强制的方法，才能达到对于一般社会大众威吓的效应。费尔巴哈的一般预防理论是从他的"心理强制学说"中推导出来的，是建立在"人是趋利避害"的动物的基础之上的。

监狱通过威慑和间接教育这两个途径预防社会其他成员实施犯罪行为，实现消极的一般预防目的，并在此基础上，使广大民众信赖法律，从而实现积极的一般预防。

1. 监狱行刑通过对犯罪人的惩罚实现对社会民众的威慑作用，从而实现消极的一般预防目的①

监狱行刑对于社会上的有犯罪倾向的人即已产生犯罪意识的人的功能表

---

① 传统一般预防主张用刑罚威慑来抑制那些具有实施类似行为危险的人，因而此种理论被称为"消极的一般预防论"。

现为一般威慑。这些人由于看到受刑人在剥夺人身自由状态下的痛苦，受到威吓和震慑，从而抑制、消除犯罪意识，不敢以身试法。这种威慑作用在刑法学家们关于刑罚一般预防目的的论述中已诠释得明确。这一点也能从犯罪学的研究成果中得到证实，并在实际生活中得以进一步佐证。

对于被害人而言，由于遭受犯罪行为的侵害，对犯罪人自然会产生激愤和义愤的心情，并强烈要求依法严惩。将犯罪人绳之以法，使其经受铁窗之苦，不仅满足了被害人的强烈报复愿望，使其受到的精神创伤得到抚慰，并且能使其从痛苦中尽快解脱出来。

对于广大的民众而言，监禁刑的执行是以具体的形态向他们再次宣告了犯罪的后果，使他们确信有罪必罚的事实。刑法是具有效力的规范。刑法的规范性是向人们提供了行为模式以及遵循这些行为模式与否的法律效果。刑罚一般预防目的的实现首先是国家制定刑法时明确禁止人们实施某种行为、命令人们实施某种行为、允许人们实施某种行为。这些规范的制定和公示表明了国家对人们行为方式的认可范围和否定范围。监禁刑的实施再次以有形的方式向社会公众传递信息，即如果某个社会成员作出像犯罪人一样的犯罪行为就要受到惩罚。监狱行刑通过间接教育的方式警示广大民众，从而实现预防犯罪的目的。

但是，由于监狱行刑的一般预防目的更多针对潜在的犯罪人而言，其实际效果难以衡量或估算。面对日趋上升的犯罪率，一些学者对此目的产生质疑和否定。对此，笔者认为一般预防为监狱行刑目的是不容置疑的。首先，国家是一个调节社会各部分关系的机构，具有对社会进行管理的职能。面对犯罪对社会的危害，国家的意愿不能只是希望打击犯罪者本身，同时也是借打击犯罪者威慑社会中其他主体，以此实现其管理社会之职能。这一点在上文也有论述。其次，监狱行刑目的是国家根据需要，借助意识、观念的中介作用，预先设想的行为目标。监狱行刑的实际效果与国家行使监狱行刑权希望产生的效果毕竟是两个不同的概念。前者是客观层面的，后者是主观念层面的。因一般预防实际效果的模糊性而否认其主观目的显然是缺乏说服力的。更何况，否认监狱行刑一般预防目的的学者也不得不承认，在刑罚的适用与执行活动中，一般预防效果也是可以期待的。“国家刑罚权的运用确实具有一般预防的效果，社会上未犯罪的人可能会因为认识到刑罚的严苛而打消潜在的犯罪念头”。[①]

2. 监狱行刑通过对犯罪人的惩罚实现对社会法律的信赖，从而实现积极的一般预防目的

法规范的根本目的在于保护法益，而法益是维持人格自由展开必不可少的条件。犯罪人没有理由要求既生活在一个维护人格自由展开的社会里，又主张自己违反规范而不需要受到任何处罚。享受自由社会的成员的身份与承担违反规范的责任是捆绑在一起的选择。也正是在这一意义上，黑格尔曾说过：“判处刑罚是对犯罪人作为理性之物的尊重。”[②]

犯罪是违反规范的行为，是犯罪人从违反规范的意思到进而破坏法规范的过程。监狱行刑清楚地表明犯罪所需承担和承受的一种可能性：剥夺人身自由。这种可能性向人们警示：其一，犯罪行为是一种不值一提的行动。这种选择的无价值性是如此理所当然，以至于它要作为不可经历的选择而被排除掉。其二，监狱行刑不应仅仅作为实现维护法规范的威吓目的，而且还应将其所宣示的法规范的完整性，通过刑罚的威吓效应，达到尊重规范的目的。通过对破坏规范者的处罚，强化社会大众的规范意识，以达到规范信赖的目的。这不是威吓意义上的一般预防而是学会对法律的忠诚意义上的一般预防，即积极的一般预防。[③] 监狱行刑所追求的不仅仅是一种预防层面的社会心理事实，而是一种象征与理念意义上的目标。在沟通的层面，监狱行刑不断地赋予被违反的规范以效力。在对社会展示的层面，监狱行刑是一种否定犯罪并进而恢复规范确证的沟通仪式或者象征性的目的设置，即“建立和增强市民对法律的稳定以及保护法律秩序不受犯罪侵犯的信任”。由此，监狱行刑就具有了这样的任务：“在法律共同体中证明法律秩序的牢不可破，并且由此加强人民的法律忠诚感”。

监狱既是社会法治和人权状况的重要窗口，更在深层次上反映了社会民主发展状况。监狱在实现惩罚犯罪人恶因的同时，也需要注重对其善因的引

---

① 马腾：“论我国监狱刑罚执行的目的”，载《南方论刊》2014年第5期。

② ［德］黑格尔：《法哲学原理》，张企泰、范扬译，商务印书馆1961年版，第191页。

③ 韩友谊：“积极的一般预防”，载《河北法学》2005第2期。

导、发掘与培养，以实现“去恶扬善”。将犯罪人投入监狱进行物理隔离和管理教育，国家所追求的并不是“一关了之”，甚至对其肉体和精神的折磨。基于绝大多数犯罪人将来要重新回归社会，成为社会的一员、工作单位的一员以及其家庭的一员，先前被犯罪破坏的社会关系难以重新整合。从这个角度讲，监狱行刑是承接并化解社会矛盾的一个缓冲器和过滤器，带有极为突出的社会性特点，具有先天的社会关系整合作用。如果监狱缓冲器和过滤器的作用不能充分发挥，那么社会关系的不断整合过程和效果必然不会理想，积累的社会矛盾不但不会消解，反而或者会扩大，或者会变得更加复杂。监狱行刑的良好效果——恢复被破坏的社会关系在向社会展示法的不容违反性的同时，也彰显了法律对恢复和维护社会秩序的价值，使民众产生对法律的信赖感，从而实现积极的一般预防目的。

二、传统监狱行刑方式对刑罚一般预防目的的实现呈弱化趋势

如前所述，从主观看，国家在监狱行刑时应希望一般预防目的的实现；从客观看，这一期待是可行的。然而，在传统监狱行刑背景下对刑罚一般预防目的的实现呈弱化趋势。监狱行刑一般预防目的在实然问题上与预期存在一定的差距。

（一）监狱行刑的封闭性，使刑罚威慑功能弱化

监狱行刑一般预防目的需要通过行刑中产生的威慑功能实现。然而长期以来，由于受传统文化的影响和监狱自身监禁犯罪人性质使然，监狱是中国社会中一类神秘的、森严的、封闭的社会机构，外界知之甚少，并且心存畏惧，敬而远之。这一状况从监狱选址的情况和人们对监狱的关注程度表现得较为突出：我国的监狱通常都修建在边远的山区或较为偏僻的地区。除了服刑犯罪人的亲属以外，鲜有他人关注监狱。普通公民如果没有极为特殊的事由、经过层层严格审批，那么是不可能到监狱了解或感受到行刑情况。媒体对监狱情况的报道一般也只有在监狱主动安排并严格审查后才可能进监狱采访。这就使得一般的社会成员很少有机会接触监狱，对监狱行刑剥夺犯罪人人身自由的情况极为陌生。新闻媒体对监狱的报道寥寥无几。这一点在学术研究方面也较为突出。研究监狱的史料在我国可谓寥寥无几，虽然近年来学

者们也注意到监狱行刑的重要价值，相关成果有所增加，但相较其他领域的文献量明显较少，这使人们对监狱了解很少。人们对监狱行刑情况的陌生与无知，弱化了监狱对社会一般成员的威慑功能。

其次，我国监狱对近亲属的探监权利限制过严。监狱一般都会对近亲属的探监权利进行一定的限制，这种限制主要表现在对探监次数以及每次探监的时间、被允许的人数之上。我国监狱一般规定："犯人接见家属，每月一次或两次，每次不超过1小时，特殊情况，可以适当延长。"每次被允许探监的近亲属人数一般不超过3人。与国外监狱的规定相比，我国监狱在允许近亲属探监的次数和人数均显得过少。其实，每一个犯罪人的背后都隐藏着一个巨大的教育辐射群。就以一个中型规模的监狱而言，如果目前在押犯有4 000人的话，按照1∶3的比例进行放大，那么总共将有12 000名家属。如此推广下去，这无疑是一支庞大的教育和宣传队伍。由于监狱对近亲属的探监权利限制过严，便等同于减少了对犯罪人近亲属进行间接教育的机会。犯罪人近亲属是了解监狱、了解犯罪人意愿最为迫切的群体。有限的探监时间和次数，显然无法满足他们的要求。犯罪人长时间与他们隔离，他们在担忧犯罪人状况的同时，也会猜测被剥夺权利的各种情形，从而对监狱产生敌对心理。

最后，我国的被害人对监狱行刑的参与权一直没有受到重视。从法律规定的情况看，我国监狱法中没有一条是涉及被害人的，我国的刑事诉讼法中也没有规定被害人有参与监狱犯罪人改造的权利。从监狱的实践情况来看，在监狱行刑阶段，被害人也没有实际参与到改造犯罪人的过程中。被害人是权利受到犯罪行为直接侵害的个体，犯罪行为的发生导致了犯罪人和被害人之间的关系的破坏。监狱行刑的目的不在于以害制害，而在于以行刑促进侵害方与受害方及社会的和解，让受损害的社会关系恢复到受损害之前的平常状态，然而行刑中被害人的缺位使被害人对犯罪人受刑的情况一无所知，有碍实现安抚功能，同时也不利于构建和谐的社会关系状态。

（二）惩罚失衡和改造不当弱化刑罚对普通民众的法律效力信心

1. 惩罚失衡弱化刑罚对普通民众的法律效力信心

惩罚是监狱行刑的基本要求，当一个犯罪人被送进监狱时，他首先面临和感受到的就是惩罚——失去人身自由及其他相关公民权利。犯罪人在监狱中行刑既有监狱物的约束，比如围墙、电网、岗楼、监门、禁闭室等，又有监规监纪的限制，还有具体的行为约束和行为训练。这些无不彰显监狱对犯罪人人身自由的剥夺和限制，这是“对犯罪的惩罚和否定”（黑格尔言），这是正义和公平的价值追求。你犯下了罪、侵犯了别人的自由，你就必须失去自身的自由，这就是社会契约所恒久规定着的自由刑以人身自由为剥夺对象，将犯罪人与社会完全或者在一定程度上隔离，并基本上剥夺了犯罪人在自由状态下所能够享有的自决权，并在相当程度上影响到其他各种权利的行使。

普通公民的人身权具体内容丰富而活跃，涉及个人生活的全部。而对于在押犯罪人人身权而言，人身自由的限制，直接体现在诸多人身权的客观限制上，比如，隐私权、与配偶同居权、监护权等，显然受到限制。而更多的具体人身权，比如精神性人格权下的肖像权、名誉权、隐私权、贞操权、信用权等，一般也都处于休眠状态。“毫无疑问，犯人的权利要求受到双重限制，一方面他们对别人干下坏事，这个事实限制了他们；另一方面监狱的行政管理要求严格约束行动，这个事实也限制了他们。”被制度高度定型化的服刑生活，决定了在押犯罪人行使或者实现具体人身权的方式大多是被动的，高度地依赖于代表国家力量的监狱的协助。其人身权的具体内容，比如生命权、健康权，以及由之派生的适当生活水准权、休息权等，大多只能被动地在监狱正常运行中、管理秩序的统一规范中得以实现。更为典型的是，某些个性化的权利诉求，比如个体的著作人身权、婚姻自主权等，必须依靠监狱协助，才能够实现。另外，在押犯罪人某些具体人身权的实现程度，取决于其他权利的实现程度。吴宗宪先生将在押犯罪人权利分为一般权利和特殊权利，他认为，在押犯罪人特殊权利中包括必要生活保障权、休息权、伤亡补偿权、文体娱乐权等。而必要生活保障权、休息权等权利的实现程度当然地决定着在押犯罪人生命权、健康权的实现程度。

由于我国法律规定不明确，传统行刑模式在实现对犯罪人的惩罚功能、对待犯罪人的权利和义务方面，出现了偏差：监狱在行刑时，常常因为片面追求惩罚而导致惩罚过度，不应被剥夺的权利被剥夺了，不应被剥夺的自由被剥夺了，伤害了服刑犯罪人的权益。“超越法律限度的刑罚就不再是正义的刑罚。”另外，也有过分注重犯罪人权利，而对犯罪人在享受权利的同时必须履行的法定义务强调不够的情况。有的干警认为对犯罪人讲权利越多，就越顺应时代的发展和进步，就越体现人权，就越具有人性化的思想。殊不知，这样做的结果，不仅认为导致犯罪人片面维权，畸形发展，还增加了犯罪人的认罪悔罪难度，使得其身份意识淡化，干警的执法难度也相应增加。

犯人之所以成为犯人，是因为他侵犯了国家或者人民的利益，司法机关代表国家对其犯罪行为行使公权力，就是要对其进行惩罚和改造。要实现强化对犯罪人的惩罚和改造职能，就必须做到充分体现监狱作为国家机器和刑罚执行机关应有的威严，具体来说就是：监狱应有庄重、神圣、威严的形象，监狱干警应体现出忠诚、刚毅、廉明的形象，而犯罪人则应呈现悔罪、赎罪、伏法的局面。监狱对犯罪人权利的漠视、侵犯，或者对犯罪人权利过度重视，出现矫枉过正之嫌，都是不可取的。

2. 改造不当弱化刑罚对普通民众的法律效力信心

当代刑罚，不论被称为何种刑罚时代，对犯罪人的改造都已成为各国行刑的共同的追求。无论面对什么样的犯罪人，罪大恶极还是过失犯，我们都将义不容辞地努力改造他，使他顺利回归社会。在传统的行刑模式下，尽管我国通过采取各种措施改进改造效果，但是改造功能的发挥仍需进一步强调。再犯、累犯的现象依然相当严峻；而且这部分人再次犯罪的手法更为高明，社会危害更大。对于没有犯罪的人，尤其是对尚未犯罪但有犯罪冲动或受到犯罪诱惑的人，震慑作用不大。这一切都说明我国监狱行刑目的的实现存在着严峻的问题。

改造是一个动态的行为，应当因人而异、因地而异、因时而异。刑罚虽然是痛苦的，但刑罚对于犯罪人来说又具有重大改造、教育的作用。这种作用主要是在行刑过程中实现的。因此我们应该在劳动改造、教育改造、心理疏导过程中针对不同个体采用不同的方式。然而在传统行刑模式下，行刑个别化难以实现，有限的资源、有限的措施再加上自上而下的行政命令式的方法造成应当实施的改造措施没有实施、应当使用的改造资源没有使用、应当配给的改造时间没有配给，改造不到位，无法达到改造所追求的目标与效果。当然，改造也存在过度的可能性。有些犯罪人，其实已经完成了社会学意义上的改造——社会化已经达标，但由于法院判决刑期的确定性和减刑、假释工作做得不到位等原因，监狱仍在以其为客体，进行各种改造活动，使得被改造的犯罪人在长期的改造中形成了监狱人格，出现了今后适应社会的新的障碍。从而出现改造不当，损害了监狱行刑正义。

积极的一般预防更多是社会心理意义上的。监狱行刑长期适用的整体效果不能与民众对规范有效性的认同这一主张相冲突。因此，民众对于积极的一般预防目的的有效性验证，实际上是一个“试错”的过程，只要这种“试错”的结论并不与民众所认识到的客观事实发生明显的冲突，积极的一般预防目的的假定就不会被推翻。虽然我国监狱行刑从总体上能够贯彻罪责刑法定原则，做到重罪重罚、轻罪轻罚，并成功改造了大批犯罪人回归社会。然而行刑失衡和改造不当在一定程度上的客观存在，加之人们对监狱行刑的信息掌握不全面，导致人们对行刑的效果丧失信心，进而削弱对法律秩序的稳定和法律效力的信心。

（三）行刑工作效率低弱化刑罚对民众的规范意识

监狱行刑效率从一定程度反映了监狱行刑的水平和能力，直接影响监狱行刑功能的发挥。监狱行刑是一项庞杂的工作。监狱方面需要对犯罪人在监狱的所有活动和行为进行管理。对犯罪人日常行为进行训练，帮助他们形成良好的行为习惯，对犯罪人进行思想、文化、劳动技能等方面的教育，帮助他们顺利回归社会，对犯罪人进行心理疏导，帮助他们找到犯罪的原因和纠正的方法。在这个基础上还需要对整个过程适时记录、分析、评估。近年来，在押犯不断增长，监狱管理中犯罪人成分复杂、罪错类型多样，犯罪人管理工作的日益复杂、传统的手工操作和计算机相结合的管理方式使基层监狱警察往往处于超负荷工作的状态，不能适应内容繁多、任务艰巨的监狱系统工程，工作效率无法提高，无法现代满足监狱管理工作的实际需要。特别是狱政工作、刑罚执行等工作任务愈加繁重，一线的警察一边在改造现场进行大量的改造工作，一边还需消耗了大量的精力在案牍文书工作中。有限的警力从事着大量繁杂的工作，不可避免地会产生了各种错误疏漏和工作效率的降低。这些错误疏漏一旦出现，如未经仔细审查错误地将服刑犯罪人予以减刑、假释等，将给普通民众带来极其恶劣的影响，大大降低普通民众对监狱行刑工作的信服，甚至有可能弱化普通民众的规范意识。“迟来的正义为非正义”，工作效率的降低，也难以体现行刑正义。

三、监狱信息化建设通过保障公正执法助力实现监禁刑的一般预防功能

（一）监禁刑公正执法——提升监禁刑一般预防功能的出发点和关键点

如前所述，虽然传统监狱行刑方式可能对实现监禁刑的一般预防功能呈现某些弱化趋势，但不容否认的是我国当前的社会及犯罪形势却恰恰需要强化监狱行刑的一般预防功能。

从总体而言，我国社会治安形势稳定，民众的安全感有所提升。但是，社会转型所引发的多重矛盾仍然存在：贫富差距的不断拉大，使得仇富、仇官、仇星、仇警等心理日益严重，由此导致的灭门恶性犯罪在短期内难以消除；在民族、宗教、利益等问题没有及时有效解决的背景下，暴力恐怖主义犯罪威胁着广大民众的安全；在尚未完善社会体制的情况下，打击贪腐犯罪任重而道远。强调刑罚一般预防目的仍具有极大的现实意义。

另外，在监狱行刑领域，近年来执法不公、腐败现象饱受社会各界的质疑。相关部门滥用权力、伪造材料，违法进行减刑、假释或者暂予监外执行的案例不时发生。不符合条件的犯罪人脱离专门监管，违背刑罚权存在的逻辑，直接威胁甚至动摇着整个国家的刑事法律基础，严重冲击着司法的公正和权威，阻碍刑罚威慑、宣示、引导功能，动摇了人们对国家法律产生信赖的决心。监狱行刑阶段的一般预防犯罪目的的实现将因此而受阻。在这样的形势下，更加需要重视并强化监狱行刑的一般预防目的。鉴于此，《监狱法》第1条明确地规定了监狱行刑的目的与根据，即“为了正确执行刑罚，惩罚和改造犯罪人，我国预防和减少犯罪，根据宪法，制定本法”。现行监狱法律所规定的监狱行刑目的，表明了报应与功利的追求，反映了监狱行刑的价值取向，明确了一般预防目的为监狱行刑的功利追求。

如何能更好地发挥监狱执行监禁刑的一般预防功能，我们认为：在监狱行刑中，公正执法是发挥监禁刑震慑功能的基础，也是刑罚的功利目的、一般预防得以实现的出发点和关键点。尤其要注意的是，监狱行刑的公正性以“看得见的方式”向社会公开以及监狱行刑效果的提升是强化广大民众信赖

法律的保障。

（二）监狱信息化建设通过保障公正执法助力实现监禁刑一般预防功能

为适应社会的发展，从21世纪初开始，我国监狱系统开始启动监狱信息化建设工作。经过十多年的摸索，信息化工作从以建设为主已转向建设和应用并重的阶段。这不仅是一项实现科技强警、科技兴监的战略性伟大工程，而且也是促进我国监狱依法、规范、公开、公正、文明执法的重要保障。

监狱本身就是一个小社会，又是一个改造人的场所。因此监狱行刑公正是社会公正的起点。如果犯罪人在监狱服刑中不能感受到应有的公正存在，那么犯罪人就很难建立起公正的信念，就很难相信社会上会有公正存在，因而陷入对社会的失望、憎恶和重新对抗的情绪之中。这样，刑罚在最后的实现阶段，不仅不能震慑犯罪，而且还会弱化人们对法律的信赖。正如布坎南所说："人是自利的、效用的最大化，在市场中如此，在公共领域中也是如此。当个人由市场中的买者或卖者转变为政治过程中的投票者、政治家、纳税人或官员时，他们的品性不会发生变化"。因此，加强监狱公正廉洁执法尤为必要。监狱公正廉洁执法信息化建设可通过信息化的技术条件达到控制监狱执法人员个人的目的，使得监狱公正廉洁执法信息化建设在有效统筹平衡警察与犯罪人政治不平等以及信息不平等的基础上，合法、合理、合情考虑犯罪人的信息权益，注重社会公平正义，提高教育改造质量，从而实现监狱公正廉洁执法信息化建设的社会效益。

信息技术的发展使行刑公正、公开执法、行刑效果的提升成为可能。监狱信息系统的运用，包括各种办公系统的自动化、各项办公程序的透明化、各项管理的科学化，将极大地促进监狱执法的公正。监狱信息化是确保并强化监狱工作实现一般预防目的的强大支撑。"正义不仅要被实现，而且要以看得见的方式实现"，信息化建设不仅促进了监狱公正执法，而且拉近了监狱与社会的距离，有效解决了一些监狱较为偏远的问题，促进监狱机关执法信息共享与执法业务协同，促进监狱公正廉洁执法活动数字化、规范化管理，最终提升监狱行刑一般预防的目的的实现效果。

第二节　监狱信息化建设对狱方公正行刑的提升与发展

一、监狱信息化建设对狱方公正行刑的提升与发展

监狱行刑作为特殊的行政权力，常因监狱相对的独立性和封闭性，而存在被滥用的风险。为此，各国均对监狱的行刑权力进行规制。利用信息技术不仅能适时体现服刑犯罪人的改造效果，更能保障行刑程序公正，更完整地实现行刑目的，为确保公正行刑提供技术支持。

（一）利用信息技术标准化约束行刑权力

行刑标准是规范化、流程化、精细化的制度，摒弃了行刑的主观随意性，是极具可操作性的管理规范，是可以重复、倒推、回溯、量化考核的业务操作规范。在制度建设不完善的情况下，标准还具有创立制度的作用。然而，长期以来，监狱系统注重制度建设，却没有认识到标准是制度的重要组成部分，是制度的延伸和细化。

目前我国运行的行刑制度，包括狱政管理制度、刑罚执行制度、教育改造制度、劳动改造制度等，本身细化、量化不足，遇到行刑具体问题时，常因依靠人自觉的“理性执法能力”会难以把握、不易权衡，对犯罪人惩罚的限度也难以掌握，导致刑罚的可执行力被削减或执行不均衡的情况。在信息化建设的过程中，可实现将行刑制度以标准方式具体化。在行刑制度原则性的框架里，通过信息技术建设与控制要求，将总原则分解为若干细则，将总要求量化为若干标准，准确量化犯罪人被剥夺的权利和享有的权利，推进行刑制度执行的可操作性、可执行性，这样不仅使行刑执法更为规范有效，而且保障执法的客观性、公平性和标准性，限制行刑权力的裁量空间。

以监狱信息系统为例：监狱信息系统不仅把狱警日常治理行为录入信息系统，更把服刑犯罪人在行刑过程中的所有信息及时地记录到系统中。由于系统程序化的特点，极大限度地避免了狱警个人执法的随意性。应用信息技

术，实现原始执法记录与信息系统内部预设的程序和规范的比对，强大的数字化处理能力，使行刑权力的合法性、适切性得以参照、取证、印证和约束。对服刑犯罪人考核时，运用信息分析技术，不仅能实现服刑行为过程的量化，还能全面地监督考核过程，摆脱以往管教干警评分人为干扰的现象。在服刑犯罪人减刑、假释的评定过程中，通过信息化建设，实现行刑指标实时记录、量化评分、动态考核，更真实、准确地反映出服刑犯罪人改造表现的全貌。由于服刑犯罪人计分考核系统有着强大的数据查询功能，监狱各科室及各监区负责人可以清楚地看到监狱刑罚执行工作的状况，也可以明确地看到每个服刑犯罪人的详细情况。通过这些，既可以有效地约束刑罚执行工作，又可以对服刑犯罪人进行准确的危险度评估、改造表现评估等狱政分析，将服刑犯罪人分类、分级管理。

（二）利用信息技术的程序化，为实现行刑权力的内部监督提供可能

明朝廉政碑帖《官箴》上记载："吏不畏吾严而畏我廉，民不服我能而服我公；公则民不敢慢，廉则吏不敢欺。公生明，廉生威！"由此可见，通过公正廉洁执法信息化建设，以廉促严，加强民警队伍建设，敦促犯罪人认罪服法，既让人民群众满意，又塑造了监狱机关的良好形象。

监狱行刑是一项严肃的执法活动，有严格的程序性要求。在监狱信息化建设过程中，信息系统体现出程序化特点。监狱业务信息系统根据执法工作规范，按照统一标准，固化执法流程，实现犯罪人从入监到出监在狱内的生活、学习、改造活动的执法流程网上办理；同时确保执法主体的合法性，科学划分网上权限。在确保执法程序的公正性的前提下，网上办理流程与责任民警绑定，确保执法活动的有效性，并且执法信息一经录入，不得随意更改，促进了执法程序规范化。

另外，运用信息技术开展网上考核，充分发挥科技手段的支撑作用，树立考评权威，降低考评成本，提高考评效率。将日常考评与阶段考评、年度考评结合起来，实行实时、动态考评；落实考核公示制度，在网上设置考核公示栏目，对执法工作情况进行公示。当服刑犯罪人对自己的考核计分、减刑、假释有疑问时，警务人员可以迅速、准确地予以答复，并能出示详细、清晰的报表，促进监狱的整体监管改造工作的进行。

监狱还可通过服刑犯罪人计分考核系统的上报功能，及时将考核数据和减刑假释报表上报给省监狱管理局、检察院等上级主管部门和监督部门，构建完善省监狱管理局、监狱、监区三级考核机制。行刑工作在信息系统中的运作，使整个刑罚执行工作得到了有效监督，维护了刑罚执行的公正性和透明性。

（三）利用信息技术的网络化和公开化，实现服刑犯罪人对监狱行刑的监督

公开透明的执法监督是保障监狱执法公平公正的有效手段。要把监督功能嵌入执法业务系统中的每个环节和流程。对执法活动进行网上全时段、全过程、全方位监督管理。在确保安全的前提下，除前述通过信息联网使执法活动在监狱内部不同部门互通有无、在上下级之间信息畅通、实现对监狱执法活动的内部监督外，还可通过面向犯罪人的教育改造网站和自助查询系统，切实解决信息屏蔽的问题，最终实现执法活动的全面监督。

服刑犯罪人是监狱监管改造的对象，也是对行刑信息最为关注的主体。在一定意义上，他们对行刑信息的关注能够发挥监督行刑的客观作用。因此，利用信息化建设，我们还可以尝试在每个监区犯罪人活动室安装计算机，建立犯罪人局域网，和互联网及监狱机关局域网物理隔离，按照版块模式可以分为服刑生活、服刑动念、监规纪律、劳动生产等，建立电子公告系统和狱务公开系统。在服刑犯罪人集中劳作、生活、学习场所和监内一部分公共场所（如候见厅、会见大厅、亲情餐厅等），利用多媒体和计算机技术，以电子公告牌或触摸屏等方式，对服刑犯罪人公示行刑信息，比如犯罪人的行政奖励、计分考核等事关犯罪人改造的情况上网公布，犯罪人可以随时进行查阅，更加及时准确地了解监狱内的各种情况，消除因信息不畅而造成信息中断和丢失，促进服刑犯罪人的思想改造，增强公正执法力度。

二、信息化建设对丽江监狱公正行刑的整体提升

（一）丽江监狱采用刑释解教人员信息系统确保行刑的公正

在此轮信息化建设中，云南省丽江监狱采用了刑释解教人员信息系统确保了行刑的准确性，有效限制了行刑主体的行刑权。该系统主要功能是对刑

释解教人员的预报、衔接、帮教、安置、统计、分析、查询等工作实现信息化管理。丽江监狱在平时运用中，建立长效工作机制，指定专人维护和操作，严格按要求录入信息，维护系统的正常运行。在具体运用中，做到了每个季度与监管改造系统比对数据，保证数据的准确无误；要求在新犯入监后 2 个工作日内将新犯数据以及犯罪人未成年子女信息录入。同时按要求及时录入预释放犯罪人的改造表现，方便司法局开展安置帮教及社区矫正，并通知预释放犯罪人家属到监狱接回释放人员；每月导出司法局反馈的新犯身份核实失败的名单，报狱内侦查科进一步核实，并将身份核实失败犯罪人纳入“三假”犯罪人管理。根据安置帮教工作的实际需求，各级安置帮教工作领导小组办公室、监狱、戒毒所、司法所都具有单独、通用的客户端。这样，行刑的每一步骤及时记录与及时监督相配合，杜绝了行刑的随意性，限制了行刑权。

（二）丽江监狱加强对行刑工作的监督

丽江监狱在信息化建设过程中，强化建立了一套具备完整程序的行刑执法规范，通过程序化的业务系统，狱方按照统一标准，固化执法流程，实现犯罪人从入监到出监在狱内的生活、学习、改造活动的执法流程网上办理；针对犯罪人服刑情况开展网上考核，充分发挥科技手段的支撑作用，树立考评权威，降低考评成本，提高考评效率。

此外，丽江监狱通过服刑犯罪人计分考核系统的上报功能，及时将考核数据和减刑假释报表上报给省监狱管理局、检察院等上级主管部门和监督部门，构建完善省监狱管理局、监狱、监区三级考核机制。行刑工作在信息系统中的运作，使整个刑罚执行工作得到了有效监督，维护了刑罚执行的公正性和透明性。云南省丽江监狱自从与丽江市人民检察院联网办公以来，实现了检察机关对监狱工作的全面监督，特别是在减刑、假释报批和决定监外执行的工作上，监狱方面提前主动申请检察机关监督，认真执行检察机关的监督意见。由于这样的做法能使检察机关的监督活动落到实处，且大多数地区基本还处于事后监督的情况，所以得到了云南省检察院的肯定和云南省监狱局的大力支持。

第三节　监狱信息化建设对深化狱务公开的提升与发展

一、监狱信息化建设对深化狱务公开的提升与发展

（一）深化狱务公开的重要性和必要性

监狱要想发挥其对社会一般成员的教育功能，就必须加强与社会的互动。只有在这种监狱与社会成员的互动过程中，才能把监狱的间接教育功能发挥到较高程度。

监狱作为刑罚执行机关与其他国家机关有许多共性，同时也存在众多特殊性。监狱高墙电网的物理封闭环境，工作职责的相对单一，对外交流的缺乏，这些因素造成了监狱成为一个相对封闭的机关。同时基于安全与保密的要求，监狱信息化发展在一些技术与设备的运用上保持一种较为审慎的态度。不容我们否认的一个问题就是，尽管我国绝大部分监狱都已建成现代化的文明监狱，但由于人们受传统思维的束缚和公众了解国内外监狱不深入、不系统的局限，致使人们心目中仍然认为监狱的社会地位不高、形象不好。近几年，监狱工作在社会发展中的地位和作用日益彰显。但在影视媒体、报纸广播、公众开放活动上监狱人民警察少有身影、鲜有声音，人民群众、大众传播媒介缺乏与监狱和警察之间的沟通了解。人民群众的关注支持力度就自然比不上其他政法部门。

2001 年 10 月以来，全国监狱响应司法部关于在全国监狱系统推行狱务公开的号召，公开监狱执法的依据、过程和结果，自觉接受社会监督，取得较好的社会效果，初显狱务公开制度的优越性。然而，狱务公开的内容、方式方法、制度机制等方面与经济社会发展和人民群众的新要求新期待还存在一定差距。十八大和十八届三中、四中全会对完善司法公开、推进狱务公开进一步提出明确要求，将推进狱务公开列入深化司法体制改革的重要任务。监狱系统可依靠信息化平台切实做好深化狱务公开工作，这是监狱深化司法

体制改革的重要举措；是实现依法治监，推动法治中国建设、平安中国建设的迫切需要；是提升执法公信力，预防司法腐败，促进社会公平正义的必然要求；是确保监狱依法履行职责，规范执法行为，提高监狱人民警察业务素质和执法水平的有效途径。

2015 年 4 月 1 日，司法部下发了《司法部关于进一步深化狱务公开的意见》（以下简称《意见》），以求进一步增强监狱执法透明度。《意见》规定监狱在深化狱务公开时应当严格依照有关法律法规和规章规定的内容和程序，向社会公众、犯罪人及其近亲属公开相关执法信息。不得公开涉及国家秘密、工作秘密和个人隐私的信息，以及可能妨害正常执法活动或者影响社会稳定的执法信息。凡是依法应当公开的执法事项和信息，都应当在法定期限内采用方便、快捷的方式及时公开，在内容上确保客观、真实、准确。加强内部监督，依法接受检察机关监督，自觉接受人大、政协及社会公众监督，确保狱务公开工作持续健康开展。《意见》还明确了狱务公开的对象为社会公众、犯罪人近亲属和犯罪人。公开的内容应当根据公开对象的不同需求，继续深化狱务公开的内容，采取了分类公开、逐步扩大公开内容的方法：对社会公众，主要公开监狱执法、管理过程中的条件和程序，以及监狱犯罪人减刑、假释、暂予监外执行结果等社会关注度较高的监狱执法领域的重点、热点内容；对犯罪人近亲属，除向社会公众公开的内容外，还应依法公开监狱对犯罪人实行分级处遇、考评、奖惩等 10 项具体涉及犯罪人权利义务的个人服刑信息；对犯罪人，除向社会公众和犯罪人近亲属公开的内容外，还应以监区或分监区为单位，向犯罪人依法公开监狱执行刑罚和管理过程中的法律依据、程序、结果，以及对结果不服或者有异议的处理方式等执法、管理信息。

《意见》的发布为深化狱务公开指明了方向，畅通了监狱与社会、犯罪人、犯罪人亲属之间的信息交流，使监狱不再处于“隔离的信息孤岛”状态。当然，我们还应该看到《意见》是在不断深化狱务公开过程中出台的一个文件，随着该项工作的不断深入，狱务公开还有进一步完善的空间。譬如，《意见》尚未将被害人作为狱务公开的单独主体。刑事被害人承受着犯罪侵害的身心创痛，面临着因犯罪所导致的巨额经济损失及悲惨处境，怀着追诉犯罪、实现报应的强烈心理诉求。然而一直以来，其在刑事诉讼中的诉讼地位并未受到重视，到执行阶段被害人已成为被遗忘的主体。对被害人如此定位是不合理的。在刑罚执行阶段应恢复其应有地位，关注修复其与犯罪人已受破坏的社会关系，给予被害人对犯罪人行刑知情权，成为狱务公开的对象。

（二）深化狱务公开的前提和途径

监狱“敞开胸怀”是深化狱务公开、加强对社会互动的前提。笔者认为，在不影响监狱的正常管理秩序的前提下，监狱可以考虑通过以下几项措施来加强与社会的互动。在政策上，进一步放宽社会成员对监狱的访问和参观的限制，简化访问和参观的审批手续。在对外交往上，监狱可以主动与附近学校合作，定期组织高校学生参观了解监狱情况。监狱还可以与设置有监狱学、犯罪学等与监狱密切相关专业的高校达成协议，建立实习培训基地，为学生提供实践锻炼的机会。此外，监狱可以通过邀请社会上的志愿者来参与监狱的活动，提高人们对监狱的认识。除以上措施外，利用信息技术增强监狱与社会的互动是可行并效果最为明显的做法。监狱公正廉洁执法信息化建设，可有效改善信息不对称状态，平衡监狱与社会之间的信息不对称关系，减少安全隐患，促进监狱安全稳定，从而提高综合效益。

（三）通过信息化建设深化狱务公开工作

在狱务公开方式上可以突出利用现代信息手段，进一步丰富和创新公开的方式方法，拓宽公开的渠道，使犯罪人近亲属和社会公众能够更加方便、快捷地获得公开信息。

1. 加强对监狱门户网站的建设

监狱门户网站是监狱对外发布信息的窗口，也是社会得以了解监狱工作、了解监狱人民警察的窗口，是监狱与社会沟通的主要平台，可有效填补两者之间信息不畅通的问题。监狱信息门户可以及时地将监狱人民警察的优秀事迹和监狱内的“闪光点”反馈给公众，从而可以有力地提升监狱的形象，提升监狱人民警察的士气。在监狱对外信息门户，完成政务公开、探监管理、对外宣传、网上办事、政策法规宣传等功能。通过监狱的广域网建设狱务公开系统，链接监狱工作有关政策法规、执法程序、动态新闻等内容，接受社会各界的监督和帮助，可以使服刑犯罪人亲属及其他社会各界人士，能够更加及时准确地了解国家法律法规、监狱的方针政策、监内新闻等动态信息，避免因信息不畅而造成信息中断和丢失，消除服刑犯罪人亲属和社会公众等对监狱产生的误解，从而争取社会各界对监狱工作的支持。

目前我国监狱都以省监狱局为单位建立了门户网站，内容主要包括单位概况、新闻动态、政务信息、信息公开、狱务公开、综合信息、信息查询、媒体在线等内容。在首页的下端可以查到省局所属每一监狱的网页。

2. 创新狱务公开的方式方法

《司法部关于进一步深化狱务公开的意见》还提出了可进一步创新狱务公开方式方法。对此，笔者认为，目前采用多渠道、多方式加强对犯罪人家属的沟通极为重要。犯罪人在服刑期间，按照规定可以会见亲属、监护人，犯罪人的改造主要是通过对其心理的改造，主要方法是以劳动教养的方式，而探监对犯罪人的改造能起到不可忽视的作用。定期让犯罪人与亲属交流有助于其在心理上感知家庭的温暖和社会的关心，使得犯罪人不再感到孤独，不再认为自己是被社会抛弃、被人们所看不起的社会群体。通过探监对犯罪人在心理和情感上进行感化并结合劳动改造，真正地让犯罪人能够主动、积极、有效地朝着做一个对社会有用的人的方向发展。

在司法实践之中，由于犯罪人被施以刑罚，犯罪人近亲属极易对社会产生仇恨心理。通过减少犯罪人近亲属的探监限制，有利于从侧面对其进行法制教育，使之在内心里面以犯罪人为前车之鉴，避免和犯罪人一样走上犯罪之路。为此近亲属的范围应扩大至包含直系血亲、旁系血亲以及近姻亲等在内的人。并且，对犯罪人近亲属探监的次数不应加以限制，适度延长近亲属每次探视的时间，可将每次探视时间予以延长。然而实践中，由于监狱往往与犯罪人近亲属的居住地较远，他们往往不大可能频繁地去探视犯罪人。

视频探监作为一种新型的探监模式，以远程可视通话取代先前面对面的探监模式，其借助科技的发展进行了一场监狱会见制度的改革。远程视频探监能够简化探监手续，提高工作效率；节约家属时间，保证了对犯罪人的定期探视；改进了探监的模式，减轻狱警负担，有利于监狱的管理。其借助网络化带来的巨大便利，能减少或消除现行探监中遇到的诸多问题，对犯罪人的监狱劳动改造起到了积极的促进作用，这就充分体现了视频探监技术在监狱工作中的必要性。通过完善监狱的基础网络，从而能够实现信息传输网络化，为视频探监技术推广及运用打下坚实的基础；监狱通过建立、健全监狱的安全防范系统，保障了监狱视频探监以及各项工作的保密性和安全性，更好地实现监狱工作向着更高效、更合理、更有效、更安全的形式转型。

二、信息化建设对丽江监狱深化狱务公开的整体提升

（一）丽江监狱通过多种方式向社会进行宣传

通过监狱信息化建设，云南省丽江监狱很有针对性地借助信息平台采取了措施，拍摄了多部对监狱发展、规范化管理、信息化建设方面介绍的宣传片，通过电视媒体、监狱信息发布平台等方式进行宣传，让外界、监狱警察、外来人员及外单位参观的人员通过宣传片了解监狱情况。实时更新监狱门户网站，对单位概况、新闻动态、信息查询、理论研究、狱务公开、警察风采、云狱风采、便民解答等模块内容不断充实和更新，及时发布犯罪人减刑、假释、暂予监外执行办理过程中的消息，以及监狱评审委员会的召开、法院到监狱开庭宣判等图文消息。

同时，监狱宣教科开通了丽江监狱的微信公众号及监狱政务微博，方便外界对监狱动态的了解。丽江监狱下一步将在微信公众号和政务微博中推送更多内容丰富、形式多样的消息。在各级法院已实现信息化建设的前提下，在网上公布犯罪人减刑、假释名单，积极探索犯罪人减刑、假释名单在监狱门户网站公示以及通过监狱微信公众号和监狱政务微博上发布的可行性。

（二）丽江监狱对犯罪人亲属会见全过程实时电子化、数字化、网络化管理

通过监狱信息化建设，云南省丽江监狱对犯罪人亲属会见的全过程实时电子化、数字化、网络化管理。实现亲属登记、身份认证、监听、录音回放等功能。尤其是通过亲属图片数据库对亲属的会见资格进行对比识别和审查，极大地减轻了工作量，促进了执法的规范性。2015 年 4 月，云南省丽江监狱还对会见系统进一步升级改造，将会见系统改造成为具有一对一监听功能以及监听警察登记管理功能的会见系统，进一步完善会见管理，消除监听不及时的安全隐患。

第四节 监狱信息化建设对狱方公正进行狱务管理的提升与发展

一、监狱信息化建设对狱方公正履行监管工作的提升与发展

随着监狱工作的日益深化，监狱内部门和科室的设置日趋细化，然而，传统模式下形成的相对封闭的思维模式和工作方式，使工作信息在上下级之间和同级部门之间的传递经过拟稿、打印、审核、上报、下发、传发等过程，需要一定的时间。这无形中使工作效率大打折扣。虽然一般而言，监狱行政办公室业务、财务室业务、人事业务，未直接涉及犯罪人的监管改造工作，但其办公效率直接影响监狱主要业务部门的执法效果。在信息化建设的背景下，利用协同办公对工作流、信息流和知识的规范管理和利用，结合当前先进的管理思想，构建了一个新型、完善、高效的监狱信息化工作平台，降低了工作成本，提高了管理效率。

一般来说，可以主要从以下几个方面实现监狱行政办公信息化，为监狱公正进行狱务管理打下基础。

（一）监狱办公系统的信息化管理

监狱办公系统是以监狱内部管理为主线，针对当前实际的办公方式，完成监狱各个部门的无纸化办公，并使各部门的业务数据实现共享。该系统的使用效果主要表现在以下几个方面：

首先，加快信息传递，提高工作效率。文件下达、通知公告、任务落实可以迅速传达到相关工作人员，无任何中间环节。监狱基层警察可以在第一时间知道监狱的最新动态和相关政策，基层警察的意见和建议也可以直接反馈到监狱领导层，便于发现和解决问题，增强归属感。监狱警察还能在办公网上轻松、直接地发言交流，建立融洽的团队文化。监狱警察能够清晰地查看到自己的各项任务，随时领会领导的指示精神，及时了解监狱的狱政、生产、教育数据等信息，便于及时调整工作。监狱领导层能随时查询工作任务

进度情况，及时跟踪监督，提高执行效率。监狱内部信息沟通也变得快捷，提高了效率。

其次，规范了监狱办公流程，使监狱办公事务落实到具体的人，警察责任明确、权责分明。监狱的办公流程变得规范有序，大大提高了办公效率。

最后，整合监狱资源。通过监狱办公自动化系统的组织和协调，实现监狱内部彼此相关却彼此分离的职能和各种资源的互相促进和增值，创造监狱发展的最优环境。有效积累了监狱优秀警察的知识、技能、经验，并使广大警察互相学习，快速提高监狱业务水平，发挥了监狱办公用品等硬件资源的最大功效，保持监狱旺盛的生命力，促进监狱健康持续发展。

从我国监狱实际情况看，我国基本实现了以省级为单位建设全省监狱计算机数据网，实现公文发布快捷、工作信息交流及时、政务资源全省共享，提高数据的准确度和时效性，提高决策的科学性，节省人力资源。同时，各省还建设并运用了监狱视频会议系统，有效降低会议成本，提高工作效率。目前我国普遍采用的方式是在省监狱管理局组建全省监狱资料的信息管理中心，建立各监狱与省监狱管理局的信息通道，对全省各监狱犯罪人建立统一的关系型数据库；通过省级管理网络，可实时动态地了解各监狱各种指标数据，并根据具体情况及时作出相应的决策：可方便地完成随犯罪人收监分配、监狱间调转、刑期变动、保外就医、刑满释放等一系列变动所需的全部资料传递及更新。

（二）监狱人民警察系统的信息化管理

监狱警察是监狱工作的主要承担者，基于协同办公技术的监狱人民警察信息管理系统的目标就是实现监狱人民警察的信息化管理，以提升管理水平和管理能力，并实现政工协同办公，进而提高监狱的管理水平，提高竞争力。

目前，我国监狱信息化建设主要通过建设监狱警务人事信息管理系统实现对监狱人民警察的信息化管理。一般来说，警务人事信息是监狱人员管理的基本信息，它包括民警、职工的人事基本档案、教育培训、业绩及成果、工作调动、职级职称、干部任免等多项个人基本信息，这些信息数据量大、关联复杂。通过设计适应基层监狱实际流程，适应监狱工作职业化、专业化发展的监狱警务人事信息管理系统，将有力保障监狱警务人事工作的信息化和规范化，进一步提升监狱工作管理水平。

监狱警务人事管理系统可根据业务需求、功能与性能需求、接口需求的详细分析，分为警察人事管理子系统、职工人事管理子系统、监狱机构管理子系统、系统管理配置子系统、辅助支撑管理子系统等五大子系统；针对各子系统模块作了详细的流程分析和设计实现，最后顺应了监狱信息化的潮流，适应基层监狱实际流程，适应监狱工作职业化、专业化发展，有力保障了监狱警务人事工作的信息化和规范化，进一步提升监狱工作管理水平。加强警察的绩效考核，实现警察队伍管理的规范化。采用融合警察档案管理、警衔、装备管理、党务管理、绩效考核管理、岗位培训管理、后勤管理等模块的警察综合管理系统，将每个警察的工作进行量化、细化、分值化，并可作为年终评优、确定奖励等次的依据，从而加强警察的管理力度，提高管理的效率，对营造竞争机制、充分调动警察的工作积极性起到较好作用。

以云南省监狱系统人才资源库为例，该系统由基本功能及数据管理两个部分组成，其中基本功能包含了添加、查询、报表、打印等功能，数据管理包括数据备份、还原及数据导入、导出两项功能。此数据库是以警号为基础录入的数据库，在查对警号时有方便快捷功能。例如，督察队需要部分人员的警号，经过数据库的查询功能，几分钟就可以实现，大大缩减了查阅资料的时间。另外，作为专业技术人才资源库，从报表上可以清醒地看到监狱专业技术人员的分布情况，从而可以清楚地看到当前监狱紧缺的专业人才、职称掌握情况、人才储备、是否能做到人尽其才等信息，为监狱人才队伍建设提供直观的依据。

（三）监狱财务系统的信息化管理

监狱的财务管理问题直接关系到监狱各项工作开展的基础支持，监狱信息化建设开展后，实现了对监狱财务系统的信息化管理。如今，普遍实行的财务审批和电子签章认证都是直接在网上进行的，使用计算机扫描技术将全部单据和财务报告输入到财务信息化管理系统中，领导仅仅通过登录单位内部的办公平台，就能检查单位的财务管理状况和查阅需要处理的事项。监狱财务信息化管理系统中的业务流程都是高度规范统一的，这就给不同部门提供了流畅、平等的交流合作空间，让整个监狱系统的财务活动顺利地开展，能适应财务管理活动的动态化。

我国监狱财务管理系统中的关键程序和数据之间的安全备份、保存和交换等工作都是由上级相关部门负责维护和管理的，下级部门能够摆脱地域的束缚。只要通过运用自己单位内网的客户端就能比较容易地实现各种数据资源的共享。这样，能使数据资源的利用率得到大幅度的提升，还能缩减办公的经济成本，让财务管理任务能跨平台操作，快捷地完成各种财务管理工作。

监狱财务信息化建设能为“强化监狱财务管理”提供强有力的技术支撑；提高了财会人员的计算机和网络应用水平，同时净化了办公环境；通过已建立的会计信息化管理系统（目前主要使用用友财务软件）填制会计凭证，日常记账、结账、汇总生成行政事业单位各类财务会计报表，节约了大量的人力、物力和财力，大大提高了监狱的财务管理工作水平和会计工作效率；能及时为上级和本单位管理层提供准确、完整的会计信息，为管理层合理筹集、使用资金和投资决策提供决策的依据，从而提高了监狱教育改造犯罪人的质量，保证了监狱的安全和稳定。

二、信息化建设对丽江监狱公正进行狱务管理的整体提升

（一）丽江监狱大力开展信息化人事管理

人事管理效率的提高可有效提升监狱警察在行刑工作中的主导作用，对实现行刑高效率至关重要。云南省丽江监狱在人事管理方面主要运用人事信息管理系统、定期库、公务员管理信息系统库、警衔数据库四个方面的系统。人事信息管理系统（General Person Management System，GPMS）包含系统构建、机构设置、单位管理、人员管理、工资管理、统计报表、数据库维护、领导查询维护、用户权限、工具箱10个项目。系统内的信息比较全面，目前除工资管理没有涉及外，其他项目都有涉及。应用比较多的是数据库信息上报、人员管理、数据库维护、工具箱。

以监狱警务人事管理系统为例，该系统在查询监狱警察的个人基本信息方面提供了极大的便利，对每个人的基本情况都可以进行查询统计、输出等，是应用比较方便的库，大大节省了人力，提高了办公效率。例如，要统计查询全狱警察的平均年龄，其他库就没有这个功能，在人事库中就可以直接统

计并计算出来。定期库主要有单位信息、个人信息、汇总生成、分析表、表关系审核、打印显示、系统服务、返回。库内信息全面规范、统计及时，库内可以直接打印显示主要包括 13 套表，涉及警察的方方面面。

另外，丽江监狱还建设了公务员管理信息系统库，该系统是在 2013 年 6 月中旬建库的，具备其特有的功能：一是任免表编辑器。其主要用于转正定级及警员职务晋升，可以根据实时更改的职务信息，及时打印出任免审批表和转正定级审批表，节约了一半的时间，取代了以前手写的模式，有效地提高了办事效率及信息的准确性。二是统计系统。该系统主要功能是统计全狱公务员队伍的情况，可以对全狱公务员的构成情况进行有效的统计，从而一目了然地可以看出全狱公务员分布情况、机构设置，人员编制、各部门警力配备情况、党员队伍情况，少数民族、女性公务员、非共产党员等在各年龄阶段、职务层次等的比例，以及公务员交流、公开选拔和竞争上岗的情况，公务员上年度考核情况等，方便监狱领导及时掌握全狱基础信息，从而更好地服务于警察队伍的建设工作。三是信息管理系统。该系统主要由信息维护、表册输出、统计分析及系统管理组成，其中最常用的是信息维护功能，该功能包含机构数、人员基本信息维护、职务信息维护、培训信息维护、人员信息管理，可以快速查找个人基本信息，有效缩短翻查档案资料时间，为日常人事警务工作提供及时有效信息。四是警衔数据库。该数据库的主要功能有数据录入、警衔变动、综合查询、统计分析、警官证、标志申报、年度报表、标志申报、年度报表系统维护等。警衔数据库生成后可以实现及时对警衔数据信息进行维护，从而实现警号、警衔信息查阅，警衔库数据上报，警衔晋升信息生成，提供警衔审批表及警衔晋升名册等警衔晋升基本材料的打印，为办理警官证提供基础信息和表册，为申报警衔标志提供基础材料等。自建库投入使用以来有效地解决了上报警衔晋升材料编辑慢与查找难等问题，为及时维护警察职工切身利益提供了有力的保障。

（二）丽江监狱实现 OA 联网，提升自动化办公水平

在此次信息化建设中，云南省丽江监狱实现了 OA 联网，提升自动化办公水平。自实现 OA 联网以来，不仅实现了办公无纸化，有效减少办公费用、避免资源浪费，而且减少出差次数，有效节约办公成本，提高了工作效率。

在工作中也对该系统使用中存在的问题提出了建议：在发文中，如果核稿人和审批人不能及时核稿和审稿，就会影响下一步工作，造成成文时间较长的现状，影响办公效率的提高，在使用该系统时需要进一步完善办公流程规范，不仅要明确主体责任，而且还要规定主体行使相关工作的时间限制。

（三）丽江监狱开展财务信息化管理

云南省丽江监狱属于财务管理软件运用较早的单位，最先使用的是 T6 系统，然后是 U8 系统，现在使用的是 NC 系统。NC 系统是 2014 年在云南省监狱局财务投资部统一组织下在全省监狱企业启用的会计核算软件。它在连接省局和各监狱企业间的纽带，为提高企业的经济效益、推动企业的飞速发展等方面扮演着一个得力的工具角色。使用 NC 系统后，财务会计工作的目标由“报账型”向“控制管理型”和“决策支持型”转变。该系统将一线经营数据与财务数据挂钩，形成勾稽关系，防止各个层次对数据的修饰，体现真实的营运数据，实现财务管理更加严谨有效的内控体系，有效防止财务数据的虚假性，使会计数据的生成变得更加及时、准确。

>> 第四章

信息化建设对现代监狱实现刑罚特殊预防功能的促进

第一节　现代监狱工作对刑罚特殊预防功能的实现

一、监狱工作对刑罚特殊预防功能的实现

所谓监狱行刑特殊预防，是指通过监狱执行刑罚，在时间上和空间上剥夺犯罪人的犯罪条件，让犯罪人产生一定的刑罚体验，形成自我控制能力，使其不能、不敢、不愿犯罪，达到预防重新犯罪的目的。① 刑罚目的不再局限于惩罚和报应，同时也考虑到特殊预防，这是人类文明进步、人权意识增强的表现。这就表明对犯罪人的惩罚不仅要以所犯罪行为基础，还要考虑已服刑犯罪人或正在服刑犯罪人的人身危险性，防止他们再次走上犯罪的道路。特殊预防作为监狱执行监禁刑目标之一，是监狱行刑过程中制定行刑制度、执行行刑措施的依据。具体而言，监狱行刑的特殊预防目的是通过以下途径实现的。

（一）加强对犯罪人教育改造，使其转变思想、矫正恶习，实现对犯罪人的特殊预防功能

不论年龄大小、文化程度如何，人都是具有可塑性的。这一观点是犯罪

---

① 刘兴华："基于监狱行刑效益和特殊预防视角的监狱循证矫正"，载《湖北警官学院学报》2013 年第 6 期。

特殊预防得以实现的前提，也是监狱对监禁刑犯罪人开展教育改造工作的依据。在我国，对监禁刑犯罪人的教育改造工作称为教育改造、犯罪人教育或者监狱教育，西方国家却多称为犯罪人矫正。

犯罪是行为人在主观意志支配下实施的活动。行为的实施直接受到犯罪人自身思想的支配，也就是受其人生观、道德观、法律观的支配。在实际生活中，导致犯罪人实施犯罪的思想因素因人而异，呈现出复杂性和多样性。因此，对监禁刑犯罪人的教育改造是一项艰巨的，具有挑战性的，需要采用多渠道、多方法的，复杂的系统工程。教育改造有其特有的内容和措施，又需要结合运用其他多种改造手段（包括监管、劳动、生活卫生管理、考核奖惩等），并在其他改造措施实施中渗透使用。在诸改造手段中，教育改造应该始终处于关键的地位，起着主导的作用。就传统犯罪学的观点而言，一般总结为，损人利己、不劳而获的思想是导致犯罪的原因。从近几年犯罪的情况看，很多犯罪人，特别是青少年犯罪人，犯罪的原因是他们被社会主流文化所排斥，而被社会不良亚文化所影响。不良亚文化具有不满社会、对抗社会的情绪。预防犯罪人再次实施犯罪行为必须从根本上打消犯罪意图，帮助犯罪人消除存在于其内心深处的各种不良思想意识，使他们意识到行为的违法性和社会危害性，逐步树立起正确的人生观、价值观、道德观、法律观和劳动观。这是改造犯罪人成为新人的关键所在。

对监禁刑犯罪人进行教育改造与其他改造手段相比具有明显的优势，其能够从根源上帮助犯罪人认清犯罪行为的本质。这就像病人看病一样，医生帮助病人找出病因，接受自己有病的事实，并愿意接受治疗。对犯罪人进行教育改造也就是要求犯罪人认识到自己的行为是错误的，本质上是违法犯罪的。在基于这样认识的基础上愿意接受改造。监狱教育改造是有目的、有计划地运用科学的理论和崇高的精神去启迪犯罪人的心灵，清除他们犯罪的思想根源，为他们指明重新做人的道路，重新塑造犯罪人的灵魂和人格。这是其他改造手段无法替代的。

在我国监狱开展的针对监禁刑犯罪人教育改造的内容很广泛，主要以思想教育、文化教育和职业技术教育（简称“三课”教育）为核心。

政治思想教育是以转化犯罪人思想、矫治恶习为基本内容的教育，主要包括法制教育、人生观教育、道德品质教育、劳动教育、形势政策教育等。其根本目的在于树立犯罪人正确的人生观。这是教育改造的核心，任何犯罪人都必须接受政治思想教育。

文化教育是提升犯罪人文化素养的根本措施。从某种意义上，犯罪人文化水平低是导致辨别是非能力差的一个重要因素，也是很多犯罪人实施犯罪行为的根源。文化教育应因人而异，针对不同我国犯罪人采用不同程度的文化水平教育。在我国，犯罪人一般年纪较轻，文化程度偏低，其中有相当一部分属于文盲或半文盲。因此，对犯罪人的文化教育是以扫盲和普及初中教育为主；对于文化水平较高的犯罪人，则鼓励他们参加社会上开办的函大、电大、夜大的学习；对于大学以上文化程度的犯罪人，由于所占比例不大，针对性的文化教育很少进行，对他们则是鼓励发挥帮助其他犯罪人提高文化的作用，有条件的监狱可以为他们举办专门的讲座。

职业技术教育在教育改造中占有重要位置。有些犯罪人，尤其是累犯、惯犯，长期过着不劳而获的生活，既无劳动习惯，也无劳动技能，纠正他们长期养成的错误行为，并把他们改造成为自食其力的守法公民，就需要通过职业技术教育，使他们学会生产技术，掌握一种或几种就业谋生的手段。对于有劳动习惯的犯罪人而言，职业技术教育是他们深化已有劳动技能和掌握多种劳动技能的机会、途径。服刑犯罪人刑满出狱，在社会生存需要具备谋生能力，掌握了劳动技能就能获得劳动就业的机会，重新犯罪的可能性就会减少。目前，我国对犯罪人的职业技术教育以监狱生产的岗位技术培训为主，同时，根据监狱实际情况结合犯罪人刑满后的不同去向和社会需要，举办各种短期的职业技术培训班，如家用电器维修、剪裁缝纫、烹饪、理发、家禽饲养、果树栽培以及木工、瓦工、农具维修等。

在上述三种教育改造手段中，思想教育是对犯罪人治本的教育，文化教育是提高认识和辨别是非能力的教育，职业技术教育是为犯罪人再次实现社会化提供的谋生教育。“三课”教育紧紧围绕着犯罪人认罪、悔过、拒绝再犯的特殊预防目的开展的。文化教育是基础，是更好发挥思想教育、职业技术教育的前提；职业教育是重点，是犯罪人顺利实现再社会化的保障；思想教育是根本，是从思想根除犯罪的教育。

（二）通过监禁使犯罪人隔绝社会、实现对犯罪人的特殊预防功能

监禁刑的产生源于人们对肉刑残酷性的否定，人们认为既然犯罪是破坏社会关系的行为，那么将犯罪人隔离于社会，暂时剥夺其作为人应该具备的社会属性的资格，这是犯罪人应该得到的惩罚，并让他们在接受惩罚中体会脱离社会的苦楚，同时也保护了社会。监禁刑的隔离预防功能自始存在。这一点在中西方的刑罚史上都能得到证实。中国古代以徒流刑形式存在的自由刑凭依繁重苛苦的劳动使犯罪人“知幽闭困苦之状，顿挫其顽心”①，客观上起到了把犯罪人隔离于社会外的效果，避免了犯罪人对社会再度施加犯罪危害。在西方，将犯罪人流放到社会之外的做法也相当普遍，曾经还出现过将犯罪人置于废弃的船舶，漂流至人迹罕至的大海，让他们自生自灭。自从有了监狱，人们便把对犯罪人的隔离置于某个人造的、固定的场所，于是在中国出现了“圜土”、诏狱、郡邸狱、提篮桥监狱、天津习艺所等，国外就出现了古罗马的“马默廷监狱”、“阿姆斯特丹感化院”、奥本监狱、金斯顿感化院等。各国监狱通过对犯罪分子剥夺人身自由的方式，使其与社会相隔离，在一定时期内剥夺其再犯的可能性。监禁刑的执行反映了一个共同的价值追求：通过监禁犯罪人，使犯罪人不能危害社会，从而不敢危害社会。

监禁刑就是把犯罪人有期限地与社会隔离。这种隔离从客观上消除了犯罪人危害社会的空间条件。犯罪人处于监狱的特定空间，并受到严密监管，其所处环境与社会环境截然不同。由于犯罪人人身自由受到剥夺，不可为的限制很多。个人意志支配本人行为的自由度大大降低。无论犯罪原因是否得到矫正，犯罪人实际上不可能再实施对社会的犯罪行为。监狱的这种隔离预防再犯功用早在19世纪初就为意大利犯罪学家龙勃罗梭所推崇，他指出对于天生犯罪人最有效的方法是适用终身监禁、流放荒岛与社会隔离、消除生殖机能或死刑等。② 龙勃罗梭天生犯罪人的观点是值得商榷的，但我们不得不承认采用与社会隔离的办法来预防再犯无疑是监狱的功能之一。剥夺犯罪人人身自由使犯罪人同社会隔离，避免或大大降低犯罪人危害社会的现实可能

① 郑传霞：《唐、清朝监狱制度比较研究》，复旦大学2008年硕士学位论文。

② 杨征军：“论监狱行刑的特殊预防效应”，载《北京市政法管理干部学院学报》2001年第4期。

性。这种情形是在犯罪人很有可能没有改变犯罪主观构成时，通过监狱行刑客观上消除或削弱其实施犯罪危害社会的能力。这是在犯罪人行刑期间不能实施犯罪的情形。

还有另外的情形就是，犯罪人被关押了一定期间后，客观上丧失了犯罪能力。长时间的关押会导致犯罪人再犯能力的实际丧失。比如体能下降，无法实施暴力犯罪。另外，犯罪人出狱后，社会环境也发生了很多变化，面对的是一个迥然不同于先前犯罪的新环境，而对新环境的熟悉了解总需要一定的时间过程。监禁刑的隔离功能也会使犯罪人在狱内体验到刑罚的严厉，出于对刑罚的畏惧而放弃再次实施犯罪。监禁刑的隔离功能产生最为积极的效果就是使犯罪人认罪悔罪，不再犯罪。抛开行刑的教育等因素，在被隔离的时间里，犯罪人是有可能通过对犯罪行为的反思，认识到错误的根源。

（三）在监禁刑行刑过程中对犯罪人采取强制劳动措施，培养劳动习惯和技能，实现对犯罪人的特殊预防功能

从监禁刑的发展看来，犯罪人劳动观念的发展变化其实是由行刑观念的发展变化决定的。在我国古代，犯罪人劳动是作为一种监禁刑本身所包含的惩罚手段。古代的徒刑即是剥夺犯罪人一定期限的自由并强制其服劳役的刑罚，这种情况大约出现于春秋中晚期，流行于战国时期，一直延续到近代。[①]西方国家在中世纪以前，刑罚观念主要是报复和威吓，除了酷刑外，各国还将劳役作为惩罚囚犯的一种手段，并施以肉体折磨和精神羞辱。

进入资本主义社会后，监禁刑在刑罚体系中占据中心地位。犯罪人劳动是报应的手段之一。到了19世纪末，教育刑占主导地位。犯罪人劳动的目的转向养成劳动习惯、学习生产技能的生产劳动。对于劳动改造的积极意义，早在十六七世纪，加尔文教派就注意到劳动可以改善犯罪人，他们认为："孜孜不倦的活动是免下地狱并使心灵得到永久安宁的唯一办法，谁本身没有追求这种目标的动力，那就只能采取适当的措施挽救他的灵魂，以使他同上帝遭到破坏的关系恢复正常。"[②] 马克思在其《哥达纲领批判》中高度评价

---

① 周鹏："构建现代罪犯劳动制度的几个问题"，载《江苏警官学院学报》2010年第2期。
② 潘华仿主编：《外国监狱史》，社会科学文献出版社1994年版，第298页。

了劳动改造人的作用，认为："劳动是犯罪人改造自新的手段"。尽管当时不少西方学者批判马克思的《资本论》，但是他的劳动改造观点却得到他们的广泛赞同。随着马克思主义理论对我国的影响，在其劳动理论的基础上，逐渐形成了具有中国特色的劳动改造犯罪人的观念。把犯罪人劳动作为改造犯罪人的基本手段之一，有积极的意义。

马克思曾指出，"劳动是一切社会病毒的伟大消毒剂"，"劳动是人类必需的实践活动"。人类社会的发展证明了：劳动不仅创造了人类本身，而且是人类最基本的实践活动。在劳动过程中，人们不仅可以收获到劳动成果，而且可以培养社会化人格，在劳动中强化与他人协作的能力，并充分体验到人生价值的存在。

正确的认识只能来源于实践，对犯罪人的劳动改造过程实质上是矫正犯罪人头脑中对客观世界认识的过程。劳动改造作为犯罪人主观联系客观的手段，有其独特的改造功能。人的思想是客观世界在人脑中的反映，物质是世界的本源，人的思想虽然是主观的，却受到客观世界的制约，是在社会生活环境中逐渐形成的。既然人的思想被证明不是与生俱来的，那么就可能通过各种努力来加以改造。我们如果想要实现对一个人的思想的改造，就必须改造那些影响其主观思想的客观因素，当这些因素发生改变时，人的思想自然也会随之发生变化。人的认识，主要依赖于物质的生产活动，而且经过生产活动，也在各种不同程度上逐渐认识了人和人的一定的相互关系。一切知识，离开生产活动是不能得到的。[①] 劳动可以使犯罪人在劳动中学到一些做人的道理，同时犯罪人可以通过劳动活动接受社会信息的刺激，不断更新观念，调整自己的劳动方式，保持与社会的联系、同步发展，最终提高犯罪人的改造质量。反过来讲，如果对这些犯罪人仅仅进行单一说教，让他们坐享其成，则很难转化他们的犯罪思想，也很难矫正他们服刑前的犯罪恶习。新中国监狱劳动改造的成果也证明了，用生产劳动改造犯罪分子，能在创造物质财富的同时，使犯罪人认识到自身的社会价值，从而提高改造质量，实现对犯罪人的特殊预防功能。劳动是塑造和培养犯罪人形成良好的主观思想的重要客

① 刘柳："论我国监狱制度中的劳动改造手段"，载《江苏社会科学》2011 年第 3 期。

观因素之一。

劳动改造有利于犯罪人的身心健康和监狱内部的稳定。监禁刑的执行通常表现为对犯罪人的关押，长时间的关押和拘禁，往往会产生孤独、寂寞、苦闷，甚至精神崩溃现象。犯罪人通过参加劳动，特别是参加集体合作劳动，很容易克服以上心理问题，达到使犯罪人精神充实，体会到与人正常接触、交流、合作愉快的目的。当犯罪人彻底感受到劳动改造的重要性时，他们就会努力钻研劳动技能，形成良性循环。同时，劳动也有利于犯罪人的身体健康。犯罪人在进行生产劳动时，往往消耗大量的体力，促进自身的血液循环，有利于全身各部分肌肉的生长，保障各种器官正常进行，逐步成为体格健壮的劳动者。同时，劳动改造有利于犯罪人群体内部的安定团结。劳动客观上减少了犯罪人无事生非的几率，在一定程度上促进了犯罪人内部的安定团结，给监狱创造了稳定因素。

另外，犯罪人本身也是一种人力资源，通过组织劳动改造，能够发挥出这种人力资源创造物质财富的作用；犯罪人在进行劳动改造的同时，客观上进促进了经济的发展，有利于国民经济的增长，弥补了国家对监狱经费投入的不足。尽管我国犯罪人劳动制度未提监狱劳动具有营利性的目的，但一个无法回避的问题是，由于我国的特殊国情，新中国成立后相当长时期内，监狱是唯一不靠国家财政支持的执法部门。它从白手起家到形成全国性的规模体系，完全靠监狱经济的强力支撑。在封闭的社会环境和计划经济条件下，监狱不仅通过行刑活动改造了大批犯罪人，而且也为社会创造了大批财富。因而，犯罪人劳动实质上又是营利性质的。劳动改造在刑罚执行中独占主导地位，不管重刑犯还是轻刑犯，都采用监狱劳动主要是强迫劳动的改造方式。对一些因好逸恶劳而走上犯罪道路的人，通过劳动改造，从根本上消除其对劳动的抵触，从而达到刑罚目的。

同时，我们也应注意到：劳动改造是培养犯罪人劳动技能的有效途径。部分犯罪人走上违法犯罪道路的原因之一是他们没有一技之长，不能自力更生、自食其力，从而不择手段地去谋取钱财，以期满足自己的私欲。劳动改造具有提高犯罪人知识技能的功能。劳动生产是一种包含大量知识和技能的活动。犯罪人参加劳动可以培养他们的生产知识、操作技能和智力技能。

《监狱法》第3条规定“监狱对罪犯实行惩罚和改造相结合、教育和劳动相结合的原则，将罪犯改造成为守法公民”，第69条规定“有劳动能力的罪犯，必须参加劳动”，更明确指出了我国监狱劳动是改造性质的劳动，对有劳动能力的犯罪人来说是法定义务。一般地说，劳动作为一种客观的实践过程，尽管参加劳动的主体不同，在其实践过程中，总会或多或少、不同程度地起到潜移默化的“改造”作用，即在改造客观世界的同时，也改造自己的主观世界。组织犯罪人劳动主要是培养犯罪人的劳动技能、劳动习惯和为释放后的重新就业等做准备。这种劳动目的观念应当是我国目前占主导地位的劳动目的观念。①

二、传统方式的监狱工作对刑罚特殊预防功能的实现呈弱化趋势

自新中国成立后，我国监狱对犯罪人改造取得了较大的成效，成功改造了大批犯罪人，使他们成为自食其力的守法公民。随着改革开放的进一步深入，传统的监狱管理模式不能适应新的情况，影响行刑效果的发生。另外，监狱内部还出现了新旧行刑观点的碰撞。一方面，很多监狱和警察固守传统观念，认为行刑就是对犯罪人权利的剥夺和惩罚，采取的措施过于僵化，犯罪人监狱化特征明显。另一方面，在刑罚执行领域出现了刑罚轻缓化的观点，注重保障犯罪人权利，从一定程度体现了刑罚文明。然而在具体行刑中却容易导致犯罪人刑罚体验减弱，行刑的惩罚和威慑功能弱化的情况。作为监狱行刑三大手段，狱政管理、教育改造和劳动改造，随着社会的发展变化，其功能越显局限，监狱行刑的特殊预防目的的实现呈现弱化现象。

（一）传统监狱对监管安全等工作的重视导致教育改造功能弱化

从理论上说，教育改造是犯罪人改造中最为重要的手段，但是在实际改造的过程中，教育改造工作相较于监管安全、监狱生产、狱政管理等工作而言却往往处于被忽视的地位。在监狱实践工作中，犯罪人的必要学习时间被挤占、教育改造的场地被改变用途的情况时有发生；师资力量缺乏，对一些教育改造急需的心理学、社会学等专业人员也难以得到充实；教育内容普遍

① 《毛泽东选集》，中央文献出版社1991年版，第273页。

陈旧、形式空洞。传统的监狱单向式灌输的教育方式与目前监狱警察行刑程序化、法定化之间产生了极大的冲突。新一代犯罪人思想趋于活跃，对传统的教学方式容易产生反感，并排斥教学内容。这样的状况导致了我国教育改造功能的弱化或者虚化。

具体来说，目前我国思想教育针对性不强。进入市场经济转轨时期后，我国犯罪人发生了很大的改变，尤其是在犯罪人服刑观念上，罪恶感减弱，服刑意识淡化，功利思想严重，对于应该履行的改造义务根据可能受到的从宽处遇、刑事奖励几率的多少选择实施，“分”多则多干，“分”少则少干。然而，监狱思想教育却还保留着传道式的灌输方法，缺乏针对性，思想教育被犯罪人认为是洗脑活动，降低了教育的实效性。目前我国监狱职业技术教育本着“干什么、学什么”的办法。由于劳动场地基本都是在监区内，教授职业技术的教员主要由监狱警察承担。有限的场地、有限的师资，决定了监狱职业技术教育基本是劳动密集的工种，技术含量少，对于刑释人员就业帮助不大，导致犯罪人学习缺少动力。文化教育上忽视教育规律。文化教育是一种教学互动的过程，而我国监狱却多采用行政手段简单地推进对犯罪人的文化教育工作。教育内容不仅过于空洞，方法也过于简单，致使改造效果低下。有人这样形容教育改造工作：“教育改造犯罪人说起来非常重要，做起来就不一定重要，忙起来就不知道还重要不重要。”① 在实际工作中，犯罪人教育改造工作大多停留在形式上，围绕应付上级检查做文章。

长期以来，虽然现代行刑理念在不同的程度上影响着每一名执法者，但是目前传统行刑理念仍占据主导地位。司法部相继提出了“三个绝对不发生”（不发生犯罪人脱逃和犯罪人非正常死亡、不发生重大狱内案件、不发生重大安全安全生产事故），“七个绝对不能”（绝对不能发生干警体罚虐待致死犯罪人的案件，绝对不能发生越狱等影响本地区乃至全国的重特大狱内案件；绝对不能发生重特大安全生产事故，绝对不允许利用犯罪人生产假、冒、伪劣产品，绝对不允许利用犯罪人生产非法出版物，绝对不允许利用犯罪人及其社会关系进行经营活动，绝对不允许把减刑假释、离监探亲等刑事、

---

① 李长青：“监狱信息化中的教育改造系统探讨”，载《企业科技与发展》2013年第8期。

行政奖励当作创收手段)①。这是监狱的两个安全责任目标，也通常被视为考核政绩的“一票否决”指标。监狱行刑的重点就放在了行刑安全的问题上，忽略了帮助犯罪人顺利回归社会的最终宗旨。在这两项责任目标的基础上，监狱如果能完成生产产值也就圆满完成了工作任务，至于犯罪人教育的成果或者刑满释放以后是否再犯，那不是监狱管的事，也是监狱管不着的事。司法部对监狱的考核集中在安全问题和生产产值上，那么监狱对犯罪人的要求自然也就将这两项作为重点考虑的内容。一直以来，监狱以这两个方面的考核结果作为依据予以记功、表扬等行政奖励，且据行政奖励提请人民法院予以减刑、假释等刑事奖励，从而形成监狱行刑是以在确保安全基础上实现监狱企业经济效益最大化的情形。这样的监狱行刑改造评价指标较为片面，没有更深层次地把握什么是改造，改造犯罪人的目的并未从犯罪人将最终回归社会出发，没有从易诱发重新犯罪的社会土壤出发，从而有针对性地去改造犯罪人和评价改造质量——犯罪人的人格变化、社会化能力来实现监狱行刑目标。在这样的情况下，很多服刑人员虽然被判处有罪并执行刑罚，但他们却依然认识不到自己的行为是犯罪行为，更无从谈及再次社会化的问题。

（二）监狱传统的封闭监禁模式使犯罪人再社会化能力弱化

监禁刑的行刑方式为将犯罪人置于高墙、电网内，与社会隔离，使犯罪人感受到服刑的痛苦。犯罪人在这种完全封闭的场所长期生活，除了报纸、广播和电视等新闻媒介外，难以了解社会的发展变化。与此同时，高墙外的社会却发展迅速。刑满释放后，犯罪人对社会极为陌生，难以适应。从犯罪人首次犯罪，我们就可认为其第一次社会化失败，如果刑释后不能适应社会，这就预示着再次社会化失败。监狱行刑的特殊预防目的无从实现。

我国监狱的羁押模式未采用独居制。② 将犯罪人关押在监狱，在监狱内犯罪人之间必然存在思想上的交流。从现实情况看，他们之间往往以传播亚文化为常态。监狱不仅不能成为改造犯罪人的场所，而且可能成为犯罪技术

① 孙明科：《监狱行刑权运行问题研究》，山西大学2007年硕士学位论文。

② 独自而沉默地在单人牢房里囚禁。在此，笔者也并非肯定独居制的做法。

的传习所。奎特里特说，“道德疾病，和身体疾病一样，也传染、流行和遗传”。加拿大出席斯德哥尔摩监狱大会的代表团证实监禁增加了犯罪的数量：“大多这种罪犯在第一次服刑之后成为职业犯”。[①] 尤其是一些意志薄弱的犯罪人，易感性强，在监狱里进一步堕落的可能性很大。

除此之外，监禁生活会使犯罪人在人格上形成盲从性，这也会影响到其重新适应社会的能力。犯罪人处于严格纪律管束下，起床、吃饭、劳动、学习、休息等行为都需要严格按照规定执行，长期以来习惯于凡事听从命令，丧失自主能力，对管教人员形成较大的盲从性，失去自己人格上的独立性，遇事消极被动，唯命是从。刑释后即使这一类型的人确实已不再具有人身危险性，但同时也丧失了作为一个社会成员所应具备的主观能动性和竞争性，因而在一定程度上降低了服刑者对社会生活的适应性。

行刑目的不是对犯罪人的单纯惩罚和报应，而是教育感化犯罪人，使之改恶从善，复归社会。这种目的和监禁的方式产生了一种不可避免的矛盾——监狱化和再社会化的矛盾。监狱化是由美国社会学家唐纳德·克莱莫首先提出的，它是指犯罪人对监狱文化的学习和内化过程，监狱化的核心内容则是犯罪人对监狱亚文化的学习与接受。[②] 从本质上看，犯罪人监狱化的过程是一种反社会化的过程。而再社会化是指通过监狱行刑，矫治犯罪人的反社会性，使其思想、心理和行为习惯都接受并符合社会规范和社会的价值标准，从而不再重新犯罪。两者之间的矛盾主要表现在以下两个方面。

其一，再社会化的目的是最大限度地使犯罪人适应正常社会下的生活，但客观上却以把犯罪人与社会分隔的方法来达到这一目的。监狱封闭的环境和社会正常的生活环境之间客观上存在着较大差距。差距越大，监狱改造的效能就越低。美国芝加哥大学的莫里斯教授曾指出这一问题的实质：自由刑无疑是人类社会对犯罪人的一种驱逐，它将犯罪人驱逐到比普通社会条件更加糟糕的地方，而犯罪人必须由这种更加糟糕的地方重新回到社会。犯罪人被驱逐后，不但不能过有意义的生活，而且被切断与外界的联系，使心理和

---

① 王光明、杜辉：“论自由刑之不足与完善”，载《聊城大学学报（社会科学版）》2006年第5期。

② 赤艳：“监狱行刑模式变革初探”，载《邢台学院学报》2006年第3期。

社会性受到损害，因而更加难以复归社会。[①] 对于普通人而言，一般只需行一次社会化，就可以在社会中生存。但是对犯罪人，特别是对判长期刑的犯罪人而言，刑释后面临二次社会化。在现代社会将一个人隔离于社会，相当程度上意味着社会对他的淘汰。出狱后面对就业困难，生活遭遇挫折，很容易失去信心并产生逆反心理、冒险心理，重新滑向犯罪的深渊。

其二，虽然对犯罪人重新社会化的另一目的是希望以正确的观点取代犯罪人头脑中的错误思想，希望他能遵守社会规范，但是把种种具有不良思想和习惯的犯人关押在一起，这势必造成相互之间的交叉感染，不少犯罪人再犯罪的能力非但没有减弱，反而增强，这种现象主要表现在短刑犯和青少年犯等特殊群体中。在监狱化的过程中，犯罪人的犯罪技能会提高，道德观念会下滑。被监狱化的犯罪人接受了犯罪人群体的非正式的价值观，同时也就产生了一种对社会主导价值和监狱当局正式指定的规则的对抗性。因此，监狱化是一个极其危险的过程，不仅增加了犯罪人改造的难度，而且可能加深犯罪人的反社会程度，产生更多的重新犯罪者。如同美国刑法学者汤姆·莫顿所言："将一个人置身于监狱加以训练，以期能适应民主社会生活，其事有如同将人送上月球，以学习适应地球生活方式般之荒谬。"[②]

（三）传统监狱单一的劳务劳动使劳动改造功能弱化

犯罪人劳动改造中的"劳动"本身能够产生经济效益，使监狱完成生产任务，监狱自然对劳动改造的重视程度较高，厂房的改扩建、机器设备的添置等物力和财力上的投入较多。但是实践中，劳动改造本身可能给犯罪人带来的积极效果并不显著，在监狱工作整体社会化的进程中，却在一些方面走向了社会化的反面。

1. 犯罪人劳动越来越走向禁锢化

过去，我国对犯罪人的劳动改造形式包括在户外从事农田劳动、基建建设工作等。由于监管难度大，犯罪人逃跑的现象时有发生。近年来，监狱对

---

① 马骏："试析我国监狱行刑制度对犯罪再生成的影响及其完善"，载《四川警察学院学报》2008年第2期。

② 张平吾：《犯罪学与刑事政策》，中央警察大学出版社1999年版，第727页。

监区厂房建设极为重视，犯罪人劳动改造已完全有条件在监区内进行，这不仅确保了监管安全，也节省了警力。任何事物有利兼有弊，监区内的劳动改造由于受条件限制只能趋向于监狱劳务加工。犯罪人待在封闭的厂房里，周而复始地从事着简单、机械的劳动，没有与社会接触的机会。这种劳务加工并未适应劳动改造社会化的需要，而是逆向地使犯罪人的改造劳动更具有监禁特征。

监狱封闭式管理隔断了犯罪人与社会的有机联系，犯罪人在行刑期间处于与社会隔离的状态。封闭化的环境、封闭化的生产活动、封闭化的饮食起居，再加上被改造的地位，容易产生疑忌、仇视的阴暗心理，或者是自卑、盲目服从，失去自我。

2. 劳动改造活动中的技术含量太低

在监狱内进行的犯罪人劳动改造是在监区警察的指导并监管下进行的。监区警察承担着多种职能：监管犯罪人、教育犯罪人，同时也是教授劳动技能的教师。此外，监狱对犯罪人的劳动改造还局限在监区内，尽管监狱重视在劳动改造设施上的投入，但是受到了地理位置、场所、监狱劳动条件和技术含量的限制，监狱所能教导的劳动技能也仅限于监狱现有劳动场所与要求。[①] 毕竟，监狱不是一个专业的技术培训机构，对犯罪人的技术培训往往只能是技术含量低、较简单的劳务活动。

长期重复的简单劳务活动虽然带来了一定的经济产出，犯罪人在劳动定额的限制下的确不存在无所事事状态下的“无事生非”，客观上对监狱安全也有一定的积极意义，但是劳动改造可能给犯罪人带来的增强协作能力、增强体质方面的效果却难以显现。至于帮助犯罪人顺利实现社会化方面的作用更是有逆向趋势。随着社会的发展，对劳动力的需求日趋技术化和智力化。犯罪人刑释后，依靠监狱内所学的劳务技能很难找到就业机会。

3. 劳动改造本身存在社会化与市场化的两难

劳动改造是“改造人”的行为，还是“制造物”的活动？犯罪人劳动是为了改造，还是改造为了劳动？这是一个两难命题。

---

① 罗中玉：《人权与法制》，北京大学出版社2001年版，第162页。

"惩罚与改造相结合，以改造人为宗旨"是我国监狱工作的基本方针。这就决定了我国监狱在组织犯罪人进行生产劳动时，必须始终把改造犯罪人这一根本任务放在首位。监狱在制订生产计划、提出生产指标、确定劳动定额和安排劳动时间等具体工作时应该围绕改造犯罪人的目的。有益于犯罪人思想转变，形成良好的劳动习惯，使犯罪人在劳动中体现自身价值，并帮助犯罪人实现社会化，是劳动改造所追求的目标。劳动改造所界定的劳动目的决定了劳动改造不是一种市场化的行为，它应当服从于改造规律而不是市场规律。

然而，我们也应该注意到犯罪人劳动本身是一种生产活动，应当遵循市场规律。只有这样，才能使监狱生产得以维持和发展，使犯罪人的劳动类似于正常社会的一般劳动，使犯罪人在服刑期间训练适应社会化大生产对劳动力素质的要求。这样，在监狱犯罪人劳动的具体问题上，既要适用改造规律，又要适用市场经济规律，客观上难以做到二律俱适。

从理论上讲，劳动改造犯罪人，必须有与犯罪人身心相适应的劳动改造项目，让犯罪人不仅在强制中而且在兴趣中从事劳动、改正自我。[①] 在实践中，由于改造与商品生产俱存，当经济对监狱更具有实效性时，监狱更愿意选择经济。监狱在犯罪人劳动问题上的价值取舍，带来了犯罪人劳动改造异化的危险，使一场原本非常伟大的改造人运动，很有可能演变为一场没有尽头的造物运动。另外，在实践中，犯罪人组成成分日趋复杂，犯罪动机多种多样，犯罪人参加劳动的动机往往基于改造功利考虑，劳动任务完成得好并非说明改造态度端正；而监狱对劳动经济效益的追求，使得劳动改造对于培养犯罪人劳动技能和养成劳动习惯方面的效果淡化，从而阻碍监狱特殊预防目的的实现。

三、监狱信息化建设通过落实行刑个别化助力实现监禁刑特殊预防功能的关键点

（一）监禁刑执行个别化——提升监禁刑特殊预防功能的出发点和关键点

个人的特征（人的心理、个人气质、经历、教育程度、道德观念）是人

---

① 王明迪、董云虎主编：《中国监狱人权保障》，法律出版社2004年版，第166页。

在社会化过程中得以实现的。犯罪主观构成也是在社会化过程中得以形成及不断强化的。监狱行刑的核心工作就是要通过改变犯罪人所处的社会环境并辅之以针对犯罪主观构成的矫正手段和措施来阻止犯罪人复归社会后再犯罪，并让他们回归社会成为自由公民。”这是特殊预防论的思想基础。特殊预防是以犯罪人的心理、生理状况、个人气质、年龄、经历、教育程度、道德观念、犯罪前的表现、犯罪后的个人态度等一系列个人情况，即人身危险性为核心决定再次犯罪的可能性的一种刑罚理论，包含两方面的内容：一种以剥夺或限制犯罪人的再犯能力为目的，另一种以矫正犯罪人为目的，既指思想道德品质的改造，也指犯罪人不良行为的矫正。因此，监狱应根据不同犯罪人不同的社会化病态结果——犯罪主观构成和不良行为，实施不同方法和内容以消除或削弱犯罪原因，让犯罪人在接受行刑过程中认识到思想上的错误，培养良好的行为习惯和社会适应能力，从而防止犯罪行为再次发生，成为社会的守法自由公民。这就需要监狱行刑体现刑罚个别化原则，根据不同的“病因”，采取不同的“治疗方法”，也就是刑罚执行个别化。

刑罚执行个别化是刑罚个别化实现的最终环节，也是最重要的环节，需要针对不同的犯罪人采用不同的分级处遇方式。[①] 在刑罚执行个别化过程中，监狱机关可以对犯罪人的具体情况进行科学分析和评估，根据积累的大量第一手资料，准确评估犯罪人的人身危险性，从而对犯罪人进行个别化的监管、教育、改造、奖惩，将刑事判决所确定的刑罚内容和具体犯罪人的实际表现紧密结合。这是一个动态的工作，随着犯罪人改造的深入，不断考察、记录、分析、评估，使刑事判决的执行取得最佳的刑罚效果。

（二）监狱信息化建设通过落实行刑个别化助力实现监禁刑特殊预防功能的关键点

信息技术给犯罪人改造实现个别化带来了机遇。信息化固有的技术性，

---

① 分级处遇是指监狱将犯罪人划分为不同的级别，并施以不同的待遇的管理方式。其目的在于体现区别对待的政策，发挥管理的引导作用和激励作用。监狱可以根据犯罪人改造表现分押管理，实施不同处遇。具体分为从严管理、普通管理、从宽管理三个等级，针对危险性不同的犯罪人，实行区别对待。分级处遇是动态的，改造良好即可晋级，获得优待；反之，则会被降级，受到更加严格的管理。

为使改造手段和内容具有高科技含量提供了技术支撑，也使犯罪人改造内容和形式的不断更新成为可能。信息化的虚拟性意味着对犯罪人的改造工作可以在很大程度上脱离物理空间、时间的限制。这对于解决行刑监狱化这一顽疾起到了积极作用。

监狱对于犯罪人行动的限制性，造成传统意义上的改造活动往往是动辄几百人的流动，一方面不利于监管安全的稳定，嘈杂的环境也影响到改造的实效性；另一方面，由于监狱体制原因，监狱生产劳动任务依然很紧，至少目前情况下不可能同时停工，抽出大量时间组织犯罪人学习。这样，我们完全可以搭建一系列虚拟的教育改造环境，包括虚拟教室、虚拟考场、虚拟会见楼、虚拟论坛、虚拟图书馆等，从时间和空间上改变目前监狱改造存在的封闭化、单一化的弊端，利用虚拟教育方式开展多样化的文化、思想、职业技术教育，让犯罪人接受适合自己的心理矫治方式，条件具备的情况下，可以尝试狱外行刑，最终提升监狱工作的特殊预防功能。

另外，在信息化社会，犯罪人的教育改造不应该只是监狱的“专利”，而应该同时成为社会的共同事业。因此，以网络和通信技术为基础的社会化帮教模式将使监狱的一般预防目的得到最大限度的发挥。在法律援助上，律师和犯罪人异地借助远距离传播媒体进行双向交流的远程互动发挥出独特的优势，信息化环境下远程法律援助模式利用数字信号实现一定的交互性，并能够超越时空，为犯罪人提供丰富的法律资源；或者可以有条件地开放律师咨询网站，一方面可以使法律援助普及更多的犯罪人，另一方面可以增加法律工作者对犯罪人权利和义务的关心程度。在亲情帮教上，尝试开通可视电话，可以有效解决犯罪人与其亲属之间因距离远而淡化亲情的教育盲点，让犯罪人和其家属通过可视电话这一平台，拉近彼此之间的距离，为从空间上延伸犯罪人亲情帮教搭建平台。在犯罪人的社会生存能力培养上，我们可以尝试建立犯罪人就业指导网，一是引进社会用工信息网，对即将出监的服刑人员实行网上推荐就业。二是开设网上经贸、科技信息市场，向犯罪人灌输市场意识，提高犯罪人的现代化观念，并且培养犯罪人参与社会的平等意识，重新找回尊严，增强改造信心。

在“三课”教育方面，通过信息化建设多媒体教育系统采用数字和模拟信号相结合的方法，通过网络和闭路电视系统传送教学音像信号，完成各种教学任务及对服刑人员进行的各种教育的多媒体教育系统。这一系统要求建设一套包括教室、各监区（分监区）会议室或活动室等在内的闭路电视线路，并配置相应的音视频采集设备、数字编辑设备、信号输送设备等。这一系统可以和互联网连接，充分利用网上的社会教育资源，实现远程教育，丰富对犯罪人的教育资源。

另外，信息化建设还可以助力监狱对服刑犯罪人的生产管理实现个别化，通过建立监狱生产管理系统，利用计算机和网络技术对监狱生产经营方面进行管理，实现人流、物流、资金流和信息流的有机集成。计算机和网络技术在生产经营过程中的应用，可以大大提高生产的快速反应能力和产品的市场竞争能力，从而提高经济效益。整个系统实际上是多个子系统的有机集成，即以计算机网络系统作为基础平台，使信息化建设中的各个主要子系统相互连接。具体来讲，就是通过软件实现对硬件的连接控制、信息交换的内容和格式、子系统之间的互控互联功能、各子系统的扩展方法等标准化、规范化，从而将各自分离的设备、功能和信息集成到相互关联、统一协调的系统之中，达到资源共享、集中管理的目的。监狱的劳动改造管理系统是信息化系统之一，一般采用 B/S 架构，通过数字证书的登录方式确保系统使用的安全性及数据管理的安全性，在对服刑人员劳动改造的管理过程中，所产生的信息、数据全部录入劳动改造管理系统。同时，为了尽量减轻干警的工作负担，他们在信息录入的基础上引入了 IC 卡自动识别功能，当服刑人员进出车间、领取劳动工具、取货收货、制成品等的过程中通过信息采集器自动获取服刑人员的 IC 卡信息等，存储在劳动改造管理系统的数据库中，最后呈给系统使用或管理人员的显示界面是服刑人员的详细个人信息及在整个劳动改造过程中服刑人员的身份验证、行动轨迹等信息。

由此可见，无论是从监禁刑犯罪人行刑的劳动改造、教育改造，还是其他行刑内容来说，监狱信息化建设都有利于实现监禁刑行刑的个别化，为更好地实现刑罚特殊预防功能奠定基础。

第二节 监狱信息化建设对服刑犯罪人教育改造工作的提升与发展

一、监狱信息化建设对服刑犯罪人教育改造工作的提升与发展

如前所述，监狱信息化的建设能够助力监狱对服刑犯罪人的教育改造工作，为更好地实现刑罚特殊预防功能奠定基础。具体来说，监狱信息化建设可通过以下途径提升监狱对服刑犯罪人的教育改造工作。

（一）监狱信息化建设能有效整合狱内教育改造资源

对犯罪人的改造需要建立在熟悉犯罪人信息的基础之上。因此，管教警察需要了解犯罪人犯罪前的情况、犯罪的情况、犯罪后改造过程中方方面面的情况。犯罪人监管改造信息系统实现了对犯罪前后以及从狱政管理、刑罚执行、教育改造、生活卫生以及日常考核方面进行全程信息化管理，将犯罪人的犯罪情况及改造情况等方面的内容及时准确反映在警察的面前，有助于警察在狱内建立犯罪人心理档案，实现网络共享，为警察开展个别教育和心理疏导工作提供参考和依据，也为准确考评犯罪人奠定基础。

教育方式的多样性也是促进教育效果的保障。信息化建设为监狱提供了在线答疑课堂、远程教育方式、多媒体教学等，可满足针对犯罪人提出的有关生活、学习、生产上的问题，进行文字、图形、动画、声音等形式在线解答，也可聘用监狱系统内高水平的教育能手，利用网上同步教学模式和多媒体课件进行远距离答疑解惑，以最经济的方式获得所需要的各种教改资源和服务，从而优化系统内人才资源整合，节省警力，并且能均衡各监所之间改造质量上的差异。

（二）监狱信息化建设为贯彻因人施教原则创造条件

因人施教是根据犯罪人不同的情况，采取相应的教育内容和方法，进行针对性教育。这是遵循教育规律的一条成功经验。犯罪人的信息化建设的全面实施，将有助于监狱建立一个功能较为全面、分层次、分内容的教育改造

信息库。监狱警察可根据信息库的资源选择不同的教学内容供不同的犯罪人学习。犯罪人也可根据自己的需求和爱好选择适合自己的教学内容。

此外，监狱警察还可以在犯罪人自主学习的过程中，安排一些具有启发性的任务让犯罪人完成，培养犯罪人自主学习、自主思维的方式，有效预防心理依赖的监狱化状态出现。在监狱内营造犯罪人学习的主动氛围还有利于犯罪人主动抵制亚文化的侵蚀，这是贯彻个别化教育的正确思路，也是把改造人放在中心位置，为和谐社会建设增加积极因素和推动力量。

从更加广泛的意义上说，因人施教、分类教育、以理服人是我国《监狱法》规定的教育工作的原则，利用信息化建设契机不仅可以使教育改造原则得到落实，也使犯罪人教育工作实现三个延伸，即向前延伸、向外延伸、向后延伸。向前延伸：重点加快建设监管对象信息资源库，要做到对犯罪人入监前的情况的了解，通过网络提取其入狱前信息档案，向相关部门了解其犯罪事实，也可向熟悉犯罪人的相关人员了解犯罪人个人信息，进一步了解犯罪人的情况，制订有针对性的犯罪人教育改造计划，及时改进教育措施。向外延伸：充分利用社会力量“走出去，请进来”是我国监狱历来重要的举措。通过网络信息建设可进一步利用社会力量，充分发挥其功效。这种方式不仅有利于实现将犯罪人改造成为守法公民，还有利于刑释人员重新适应社会，降低重新犯罪率，进而推动社会治安综合治理工作的深化和拓展。向后延伸：犯罪人出狱前要做好改造质量评估工作，可根据与犯罪人入监时的情况作比较，对不同类型犯罪人有针对性地进行，对个别累犯、顽危犯进行危险性评估。犯罪人回归社会后，与相关部门做好衔接工作。定期不定期进行追踪考察，进行工作反馈，汲取经验，不断改进教育改造工作。

（三）监狱可利用信息平台推进“三课”教育的创新

政治思想教育是犯罪人教育改造的前提。除了传统采取的形式（如课堂教育、观看电视新闻联播、看报纸、政治宣传栏、开政治学习会议等）外，还可利用信息平台指导犯罪人观看社会时事视频，针对社会热点话题在犯罪人之间、犯罪人与监狱警察之间开展讨论，也可通过建立网络论坛专题讨论答疑，还可通过远程系统邀请社会专业人士开展互动交流。

文化知识教育的目的是提高犯罪人文化程度，改变犯罪人的知识结构。

同样地，除课堂教育、专题讲座、自学考试等传统途径外，犯罪人可以根据具体情况有针对性地参加网络课程学习，与社会普通公民获得同等的教育机会，获取高等学历，提高其文化知识水平。水平较高的犯罪人也可参与科研。

职业技术教育对犯罪人回归社会谋生就业及重新适应社会至关重要。监狱可通过网络技术授课教学等方式，向犯罪人传授专业技术，获取相关技术等级证书。并且通过网络及时发布更新相关就业信息，对犯罪人进行就业指导，调整技术类型，做到学以致用。①

由此可见，信息技术在“三课”教育中的应用，使抽象、单调的教学形式呈现出生动、具体的形象，可以使犯罪人更容易接受信息，能够在轻松愉快的观看中学到自己该学的知识。因此，监狱警察可以尝试多种形式的教学改革和创新。开展多媒体教育竞赛，让犯罪人参与到课程的改革中，多思路、多措施借助信息平台突破监狱教育的瓶颈，调动犯罪人学习积极性。我们还可以不断更新各种信息，进行人机互动，逐步培养犯罪人自主学习意识。这种个别化教育模式既是对集体授课的补充，也可以改善犯罪人业余时间内接受知识面窄的现状，形成犯罪人爱学习、要学习的氛围，营造监狱文化氛围，发挥监狱文化的正能量。

（四）通过监狱信息化建设利用信息平台促进犯罪人心理咨询与矫治

科学评价改造成效应从两个方面考虑：一是犯罪人的人身危险性指标，二是犯罪人的重新犯罪概率。要实现这两个方面评估值的下降，除了传统的狱政管理、劳动改造和“三课”教育改造三大传统手段外，最为关键的是关注犯罪人的内心，运用心理矫治。

犯罪人心理矫治是运用心理学理论与技术，对犯罪人进行的矫正教育与心理治疗，以配合教育改造，消除犯罪人的反社会性，医治其心理障碍、人格失调及其他精神疾病，达到恢复心理健康、重塑健康人格、提高适应社会能力的目的。这一手段是继三大传统手段后，逐步运用到犯罪人改造当中的，

---

① 李树英、张要平：“监狱信息化建设与罪犯教育改造工作创新”，载《吉林广播电视大学学报》2013年第6期。

处于推广使用和深入发展阶段。犯罪人心理矫治手段与循证矫正原则不谋而合，都是主张从强化内在动机入手，通过矫正者与犯罪人进行充满诚意和耐心的沟通和交流，通过对犯罪人动机的动态了解，和犯罪人一起寻找可能改正自己行为的办法，最大限度地让犯罪人自己参与自我行为的改变，切实意识到“我有罪”、“我要改正”而不是“我没罪”、“要我改正”。[①]

一般来说，犯罪人心理矫治工作内容包括三项，这三项内容的实施在信息化技术的支撑下，将提升其工作实效。

第一，在日常管教工作中由监狱干警有意识地运用心理学原理进行的犯罪人心理与行为矫正，及在犯罪人中开展的心理卫生与心理健康教育。监狱警察开展的此项工作可采用认知疗法，该疗法的主要代表人物贝克（A. T. Beck）说：“适应不良的行为与情绪，都源于适应不良的认知；艾利斯（Ellis）认为，经历某一事件的个体对此事件的解释与评价、认知与信念，是其产生情绪和行为的根源。”[②] 因此，不合理的认知和信念引起不良的情绪和行为反应，只有通过疏导、辩论来改变和重建不合理的认知与信念，才能达到治疗目的。监狱警察可以选择运用监狱教育资源库提供生动、丰富的教学资源和手段，运用认知行为疗法对犯罪人提供技能培训，正面强化犯罪人的亲社会态度和行为，比如培养犯罪人的反向思维能力、社会习得能力和沟通能力。

第二，由专业技术人员（心理医生、社会工作者、经过专业培训的监狱干警）开展的犯罪人心理咨询与心理治疗。这项内容可采用面对面个别交流的方式，也可以采用上课或做讲座的方式。无论采取何种方式，对犯罪人心理状态的了解都是必需的。我们可以借信息技术手段在微机中安装服刑人员个性分测验（COPA. PI）、艾森克个性测验（EPQ）及明尼苏达（MMPI）等心理测试软件，建立服刑人员网络心理测试系统，并建立服刑人员心理电子档案，可以通过信息集成与各监区管教系统共享，为监区民警开展个别教育和心理疏导工作提供参考和依据。至于开展方式，除了传统方法外，可以在

---

① 刘兴华：“基于监狱行刑效益和特殊预防视角的监狱循证矫正”，载《湖北警官学院学报》2013 年第 6 期。

② 刘迪：“认知疗法”，载 http：//www. psy525. cn/special/1853 -4644. html。

监房安装可视网络视频系统，开通心理热线，利用心理咨询师对服刑人员进行心理咨询和疏导。可以尝试在犯罪人监房计算机上开通心理咨询局域网站与监区或者心理咨询部门计算机连接，使犯罪人遇到心理问题时，可以便捷地通过交流软件和民警交流，这样一方面克服了面对面谈话咨询给犯罪人造成的约束感，另一方面也减轻了民警的工作压力。此外，还可通过监狱网络心理咨询室与各高等院校等社会心理咨询部门携手合作，建立网络心理咨询信息平台，搭建心理矫治平台，建立完善犯罪人服刑指导中心，建立以通信网络为载体、以发挥女警人力资源为目的的“女警＋网络”模式的服刑指导中心，广泛开展网络谈话教育、心理咨询、法律援助、亲情与社会帮教、就业指导、广播教育、影视教育、远程教育、会见宣传指导、短信平台等，提高教育改造的针对性。

第三，由监狱干警与专业技术人员相结合进行的犯罪人心理诊所、矫治质量的心理学评估、再犯罪心理预测等项工作。科学的评估和预测建立在对基础数据掌握的基础上，犯罪人行刑信息系统和犯罪人心理电子档案准确记录相关的信息，帮助警察作出正确理论。

当前，我国正处于社会转型期，监狱在押犯构成发生了深刻变化，呈现出多样性和复杂性的特征。犯罪动机和心理各有不同。这就要求监狱人民警察利用信息技术提供的便利条件在改造犯罪人时运用心理评估、心理测量等心理学方法认识犯罪人，采用心理学中的系列模型、量表评价犯罪人的人身危险性，在此基础上，运用心理学方法予以心理矫治，使服刑犯罪人的认知水平得到提高，思维方式得到纠正，心态得到平衡，扭曲的价值观和世界观得到矫正，人格缺陷得到矫正，人身危险性得到消弭，从而顺利实现服刑人的再社会化目标。

值得注意的是，犯罪人群体中因人格障碍导致犯罪的不是少数，特别是一些重新犯罪者，调查显示重新犯罪人的年龄以26～35岁的比例最大。年龄的增长标志着许多人已经形成了比较强烈的犯罪心理，表现为具有强烈的反社会的态度和意识，具有定型的反社会的思维方式、冷酷的反社会情感、薄弱的正确意志。对他们仅仅进行一般的监禁和思想改造很难起到明显的作用，必须辅之以心理矫治，矫正其不良人格，消除其反社会性，并促使犯罪人自我了解，改变错误认识，完善人格结构，以健全的人格重返社会。

二、信息化建设对丽江监狱教育改造工作水平的整体提升

信息化建设开展以来，云南省丽江监狱在以教师授课的方式进行政治思想、技能教育的同时，加大利用现代信息技术开展教育改造工作的力度，应用数字图书馆模块、数字电影点播模块、网络课堂模块、爱心屋视频咨询、手持终端模块不断提高监狱计算机和网络的普及应用程度，利用网络教育、多媒体教育和远程教育，实现资源共享，科学合理配置监狱的人力、物力、财力等各种资源，提高教育改造工作的科技含量。

（一）丽江监狱对服刑犯罪人开展电视教育

在此轮信息化建设过程中，云南省丽江监狱利用信息发布中心开展了电视教育。信息发布中心是制作和发布监狱重要信息，编辑高质量教学音、视频，并通过信息发布系统及广播系统对犯罪人进行电子电视教育的信息平台。该系统由 4 个频道组成，所有频道信息均能直接在犯罪人监舍内收看。包括 1 个直播频道、1 个多媒体计算机教学频道、1 个信息发布频道和 1 个包含 13 套电视节目的有线电视频道。该系统可以转播外部有线电视、直播领导讲话和重要通知、播放预设节目，以及公布犯罪人的减刑、奖惩、考核等狱务公开的文字信息。

目前，丽江监狱每月在信息发布平台录制 2 期电视教育节目（直播、录播），节目内容包括：思想教育——邀请监区警察带教案按监区轮流到信息发布平台录制思想教育课程节目；心理健康教育——邀请心理咨询师到信息发布平台录制心理健康专题节目；法律知识——邀请司法局工作人员、律师事务所律师、专家录制法律节目；监狱活动——对监狱开展的活动进行录制剪辑，生成完整版后播出；教育光碟——收集整理教育类光碟节目进行剪辑编排，整合播出；网络下载——利用网络资源收集下载符合监狱规定的电影、电视剧、娱乐节目、体育比赛，进行播出。

丽江监狱深切地感受到：利用电视教育录制节目，并以录播的形式将节目保存下来，随需随用，大大节省了教育时间，整合了教育资源，节省了精

力，提高了影响力和教育效果。如犯罪人杨某某感慨地说："监狱现在对我们犯人的教育是历史上最重视的时候了，通过电视教育，监狱长每月都要给我们亲自上课，以前一年也就那么一两次。"

（二）丽江监狱对服刑犯罪人开展广播教育

丽江监狱还采用了广播教育。每天下午 14：30～16：30 准时在全狱播出《监狱之声》广播。广播时长 2 小时。该节目内容为：入监教育，个别教育，"三课"教育，监区文化建设，心理健康教育，出监教育，社会帮教等教育改造工作。

目前来看，节目内容的来源包括三个渠道：第一是监狱警察根据每周去监区了解服刑人员需要，服刑人员改造的具体情况编排成节目录制出来的；第二是服刑人员自己录制符合自身身份的改造心得体会及诙谐幽默的娱乐内容；第三是根据特别事由而录制的，包括节日之声（每逢节假日播出符合当日节日特色的广播内容），忏悔之声（服刑人员书信、感言），家人之声，社会之声等。

广播教育丰富了监区文化建设内容，增强教育改造目的，活跃、充实犯罪人的改造生活，使教育改造内容更加形象化，教育程度更深，内容更加全面，更贴近服刑生活，深受广大服刑人员的喜爱，作为他们不可缺少的精神食粮存在。如犯罪人夏某某说："每天按时听广播是我改造生活中重要的部分，使我的改造生活充满了色彩，心灵得到了慰藉，身边多了一位知心朋友。"

（三）丽江监狱对服刑犯罪人开展手持终端模块教育

丽江监狱还利用手持终端模块丰富对犯罪人的教育方式。手持终端模块实现了手持终端的注册、借阅、资料下载等功能。服刑人员在网络课堂、数字视频点播和数字图书馆等模块中订阅自己需要学习的资源，通过便携小巧的手持终端的使用，解决服刑人员在服刑过程中面临的学习内容少、信息量缺乏、学习时间短、学习地点固定等困难，使学习变得更加方便、更加灵活、更加自主。

服刑犯罪人通过数字图书馆模块精选大量的优质图书教育资源，满足不同文化程度的服刑人员阅读和学习的需要，为服刑人员提供了丰富的图书学习资源，通过便捷高效的学习方式，丰富服刑人员业余生活，提高服刑人员科学文化水平，改变服刑人员认知结构，让服刑人员自我学习、自我教育和自我改造。

目前，丽江监狱数字图书馆的图书资源是由国家图书馆授权使用，以确保数字图书馆图书资源的积极、健康，有利于服刑人员的学习和思想改造。数字图书馆管理实现审核图书、图书权限设置、推荐图书、阅览图书记录、人员权限管理等。

此外，服刑人员使用数字图书下载阅读、数字电影点播模块，认为能根据自己的文化程度和学习需要，下载自己感兴趣的资源，不仅丰富了业余生活，还学到了科学文化知识，提高了技能。数字电影点播模块集中了视频搜索、视频分类、推荐视频、热点排名、新视频上线等功能索引和视频信息展示等。该模块提供了海量的电视剧、电影等资源，数字电影点播模块中的电影资源由八一电影制片厂和中国电影频道提供，内容都是积极、健康的，有利于服刑人员学习和思想改造。通过内容积极、健康、励志的数字电影正面引导服刑人员，实现用优秀的文化引导人、塑造人、改造人的目的。例如，犯罪人李某某入监以来，垂头丧气，无精打采，使用手持终端机后一改常态，积极劳动（手持终端机的使用，作为一种奖励手段，服刑人员在完成规定的改造任务后，方可申请使用），按时收看终端机，他说："在监狱照样可以享受多姿多彩的文化生活，有的犯人利用手持终端机学科技，学文化，为自己的将来作打算，手持终端机派上了用场。"

（四）丽江监狱对服刑犯罪人开展网络教育

网络教育所具备的教育个性化和自由化的特征决定了丽江监狱思想政治教育的施教者可以利用网络信息技术最大限度地实现因材施教的教育理念，还能借助网络技术实现真正意义上的个别化、人性化教育，通过先进思想文化传播与现代信息技术相结合，完美缔造出具有空前的自由度和极强的渗透性特点的思想政治教育平台。这一切也为在思想政治工作中真正遵循"以人为本"的理念，促成思想政治教育手段的多元化提供了绝好契机，并不断地创新发展。网络课堂模块为服刑人员展示了视频课程的分类、推荐视频、我的收藏课程、热点课程、新上架课程和图书搜索功能，实现了查看观看记录、推荐视频、分配工作人员权限的功能。网络课堂模块为服刑人员提供大量的视频学习资源，服刑人员可以根据自己的实际情况，选择自己感兴趣的科目内容，实现服刑人员学习的多样化和个性化。

（五）丽江监狱加强对服刑犯罪人的心理咨询工作

在心理咨询方面，丽江监狱借助心理健康诊断网络系统，使用心理测评软件、快乐芯生物反馈仪、音乐治疗等方式，从犯罪人内心寻找犯罪原因，帮助犯罪人打开“心结”。

心理测评软件对入监、出监、服刑中期各阶段的犯罪人进行有针对性的心理测试，通过测试分析结论，对犯罪人提出改善心理状况的建议和意见。

快乐芯生物反馈仪是运用生物反馈仪，监测来访者的生理指标，包括呼吸、心率、注意力、情绪稳定性等方面，通过反复练习，让来访者学会控制呼吸、注意力及保持情绪的稳定性。

音乐治疗是建立在音乐对人的良性刺激基础上的。音乐的频率、节奏和有规律的声波振动，能使颅腔、胸腔或某一个组织产生共振，这种声波引起的共振现象，会直接影响人的脑电波、心率、呼吸节奏等。优美的音乐能提高大脑皮层的兴奋性，可以改善人们的情绪，激发人们的感情，振奋人们的精神。同时有助于消除心理、社会因素所造成的紧张、焦虑、忧郁、恐怖等不良心理状态，提高应急能力。

此外，丽江监狱还采用网络新心理咨询的办法。一般的心理咨询要求咨询师与服刑人员进行面对面的交流、指导、咨询，但监狱中开展面对面的咨询不能确保咨询师尤其是女性心理咨询师的安全，而网络咨询不仅确保了咨询效果，还确保了警察的安全。视频咨询主要由监区谈话终端、管理终端、咨询谈话终端和服务器端四部分组成。监区谈话终端设置以监区为单位，每个监区配备电脑设备，完成心理咨询、服刑指导和远程视频帮教等工作。视频咨询设有专用谈话室，保证谈话地点的安静和谈话内容的保密。服务器端设备设置在服刑人员教育中心，为监区视频咨询系统提供服务。

第三节　监狱信息化建设对服刑犯罪人劳动改造工作的提升与发展

一、监狱信息化建设对服刑犯罪人劳动改造工作的提升与发展

现代行刑不等于监禁，不等于劳役，也不等于监禁加劳役。新形势下，我们已认识到犯罪人劳动既不是单纯的惩罚性劳动，也不是单纯的以营利为唯一目的的劳动，而是满足改造犯罪人需要的劳动。犯罪人劳动的现代意义应当立足于促使犯罪人再社会化，体现犯罪人自我改造的需要与社会化的内在需求和国家的外在要求相结合的特点。关于这一点，早在 1955 年于日内瓦召开的联合国犯罪预防与犯罪人处遇大会上通过的《囚犯待遇最低限度标准规则》作了明确规定：监狱劳动应不使犯人感到痛苦；劳动应在可能范围内使犯人能够维持并增强他们释放后的谋生能力；犯人的劳动，应以他本人的利益和职业训练为主要目的，不可因贪图财政上的利益而予以忽视。

据此，监狱劳动的“改造”职能必将回归和凸显，实现劳动改造由注重劳动的经济效益向突出改造职能回归，劳动改造由参与市场竞争向劳动生产过程管理回归，劳动改造由提高生产技术向培养犯罪人职业技能回归。

然而，传统监狱对服刑犯罪人劳动改造主要采取封闭管理的模式，封闭管理所产生的弊端在市场经济的社会环境下显得尤为突出。市场经济社会是一个平等自由、公平竞争的社会，社会成员能否在社会上生存、站住脚跟并不断发展，主要取决于社会成员个人是否有竞争力。因而监狱在组织犯罪人劳动的过程中，不仅要通过劳动矫正犯罪人的恶习，将其改造成遵纪守法的公民，还应积极营造出一个公平竞争的环境，鼓励犯罪人接受新观念、掌握新知识和新技能，进行多岗位、多工序、多技能的锻炼，在劳动中增强竞争与合作的意识，增强犯罪人的社会适应性。

而借助信息化技术，监狱方面可以有力加强对服刑犯罪人劳动改造工作的管理，助力实现对服刑犯罪人的特殊预防功能。

（一）实现犯罪人劳动管理信息化，使狱内劳动改造项目多样化，从而使服刑犯罪人参加劳动个别化成为可能

监狱劳动项目的增多，可以让犯罪人在接受职业教育的条件下选择适合自己的劳动项目参加劳动，实现监狱劳动改造的个别化。实现这一要求需要具备两个条件：一是确保监狱对劳动现场的安全管理；二是监狱方面要拓宽犯罪人职业技术培训和犯罪人劳动改造方面的研究和探索，使犯罪人劳动改造不断适应社会化需求。

劳动现场的安全管理是一项错综复杂的工作，仅依靠传统的视频监控、门禁系统和报警系统，不能做到全方位、多功能的监控，致使一些安全隐患和突发事件无法提前预警防范并及时处理。当下，我国各监狱普遍存在在押犯多而警力少这一客观事实，警力紧张一直没有得到有效缓解。而监狱信息化的建设能够有力促进劳动现场的安全管理，如利用红外线电子技术，划定电子警戒线；通过电子感应，自动提醒犯罪人的违规违纪行为；在犯罪人互监组之间设置脱离报警装置，当犯罪人互监组成员之间脱离到一定的距离时就会自动报警。在这样的条件下，基层警察不再疲于在监管各场所巡视，在监控屏幕前点击一下鼠标，便能对犯罪人的一举一动了如指掌，大大减轻了值班工作压力，使有限的警力能够承担更多的劳动现场监控工作。这使在监区内确保安全的前提下安排多个不同工种的劳动现场成为可能。

另外，劳动项目的扩宽并符合社会化要求的实现也需借助信息化平台。通过互联网时刻关注社会生产的趋势和动态，研究监狱的劳动改造与社会同步的思路和方法。利用互联网向社会征询开拓业务事项。与此同时，监狱还可以积极探索ERP、计算机辅助设计（Computer Aided Design，CAD）、计算机辅助工艺规划（Computer Aided Process Planning，CAPP）等系统在监狱生产领域的利用，提升犯罪人技能培训的技术含量，为犯罪人顺利回归社会打下良好的基础。

（二）利用信息技术实现组织劳动管理，提高监狱对服刑犯罪人劳动改造的管理水平

劳动必须按其最基本的性质进行组织和管理。在具备劳动力、劳动资料和劳动对象等生产要素的前提下，按照市场的要求，合理组织和管理劳动。

由于犯罪人存在个体差异，劳动定额完成情况各不相同，若按原来的管理模式，由监狱制订统一的劳动定额标准，犯罪人只有被动地、被强制地完成，不能结合自身实际情况，对劳动及劳动定额作出选择，从而不利于犯罪人劳动改造积极性的调动，劳动改造就容易滑入强制惩罚的深渊。

在监狱信息化建设的背景下，首先，应用劳动改造信息系统，通过对犯罪人的劳动态度、劳动技能、劳动过程等方面数据的收集、整理和分析，帮助监狱建立更加全面、科学、合理的犯罪人劳动改造质量考评体系，实现劳动项目符合犯罪人本人实际情况以及劳动考核的细化、量化，提高犯罪人劳动的积极性、主动性，确保劳动改造奖罚的公平、公正。其次，应用生产管理系统，使监狱企业在生产中的进货、生产、出库等环节实现系统化、高效化，从而提高经济效益，促进监狱经济发展，使监狱生产条件与市场同步。最后，应用企业网络平台，了解市场需求，合理安排生产任务，发布生产信息，及时进行信息反馈等，从而提高监狱企业对市场的快速反应能力和产品的市场竞争能力，解决监狱劳动改造社会化和市场化的矛盾。

（三）利用信息技术，实现监狱劳动改造场所向狱外延伸

监狱中的社会化终究是个模拟的社会环境，犯罪人要成功实现再社会化，还必须加强监狱与社会的互动。在组织犯罪人劳动中，应当突出这一原则。目前西方监狱采取的措施主要有设置开放监狱、广泛适用建立在累进处遇基础上的假释制、用公共服务代替监禁刑等。

在这个过程中，我们可以利用信息化技术实现劳动改造场所向狱外延伸。我们可利用犯罪人定位监控系统，尝试设置开放性处遇级别，即在现行分级处遇级基础上设置开放性处遇级，监狱允许经严格把关进入开放性处遇级别的犯罪人白天在社会上劳动，晚间返回监狱报到的制度；或者建立类似于西方国家的“中途之家”。这样，获得开放性处遇的犯罪人基本可以全方位接收社会发展信息，同时可以掌握更符合社会需要的知识和技能。

总之，计算机和网络技术在生产经营过程中的应用，不仅确保了监管现场的安全，还可以大大提高生产的快速反应能力和产品的市场竞争能力，而且使犯罪人在参与劳动过程中学习到更多科学技术知识，为刑满释放后进入社会参加劳动奠定基础。更为重要的是，凭借信息化系统对劳动现场的管理，

还提高了管理效率，可以节省警力，使狱内开展多样化的劳动改造项目成为可能。

二、信息化建设对丽江监狱劳动改造工作水平的整体提升

信息化建设开展以来，云南省丽江监狱通过多种方式，大力提升对服刑犯罪人的劳动改造管理水平。

（一）通过提升安防水平加强对劳动改造的现场管理水平

云南省丽江监狱在此次信息化建设过程中，按照《监狱法》、国家《监狱建设标准》、司法部《全国监狱信息化建设规划》、司法部《关于加强监狱安全管理工作的若干规定》、公安部《安全防范工程技术规范》、云南省监狱管理局《监狱安全技术防范系统建设标准（试行）》等有关法律法规规定，根据司法部、云南省监狱管理局有关信息化工作的要求，自2009年开始投资1300余万元建成了6套网络、1个综合安防管理平台的15个子系统、8套业务网络的33个子系统；形成了以指挥中心为枢纽，以功能网络为骨干，以应用软件为支撑的信息化工作模式；实现了指挥中心管理的创新，警务执勤模式的变革，网络技术的广泛应用。

具体来说，丽江监狱的各方面的技防系统（包括视频监控系统、周界防范报警系统、围墙电网防范系统、门禁系统、安检系统、监听对讲系统、巡查系统、目标跟踪地理信息管理系统、紧急报警系统、会见录音及亲情电话系统、广播系统、监狱指挥中心、武警部队执勤目标安全保障系统、技防综合布线系统等）都进行了建设和升级改造。通过此次监狱安全技术防范系统的建设和升级改造，丽江监狱的技防水平得到了质的飞跃，真正实现了监狱安全管理上的“四防一体化”，也大大加强了对服刑犯罪人劳动改造现场的管理水平。

以劳作环节人数清点为例，该项工作是狱政管理的一项重要举措，也是确保劳动安全管理的重要举措。该项工作是犯人在进入车间或工厂后，干警每隔一定的时间必须进行的一项工作。从丽江监狱调研的结果来看：劳作环节人数清点频率很高，平均每30分钟就要清点一次。监狱一线值班干警最重要的一项日常工作就是清点犯人人数。犯人人数清点这项工作看似简单，实

则复杂。所谓的简单来自于这项工作表面上看只不过是数数，但真正的一线干警却能体会到其中的复杂。比如犯人是清一色的光头，统一的着装，这对于清点人数的干警在视觉上会造成一定的疲劳，很容易产生漏点、错点的现象，不得不重新清点人数一次甚至多次，造成效率的低下。因此，对监狱犯人人数进行自动清点是监狱的一项迫切需求。利用信息技术，将犯人身上必须要佩戴的胸卡进行重新加工处理，使其具有可识别性。同时在关键节点设置感应通道，犯人在通过时可以自动统计人数，从而实现关键节点人数自动清点。在劳作场所，监狱干警可以拿一个手持式终端设备，走近犯人感应犯人信息，并结合 WiFi（Wireless Fidelity）技术以及后台处理技术，将犯人信息以及人数统计结果在手持式终端显示出来，干警可以进行实时比对，从而实现劳作环节人数自动清点，大大提高了现场管理效率。

（二）加强对服刑犯罪人劳动改造的管理水平

在此次丽江监狱的信息化建设过程中，丽江监狱非常重视对服刑犯罪人生产劳动管理工作的改造和投入，开发建设了劳动改造效果评估系统。该系统是一个综合性的应用系统，含定额管理模块、设备管理模块、信息管理模块、统计管理模块、项目管理模块、生产安全管理模块、劳动力资源管理模块。各模块共享数据库资源，既可独立运行也可协同办公，而监狱可通过该系统实现对服刑犯罪人生产劳动的适时管理、动态管理；记录罪犯个体劳动改造表现资料，作为初步研究、分析罪犯个体劳动改造工作的主要依据，对罪犯的劳动技能、劳动素养、劳动绩效进行评估；把罪犯的个体评估数据自动生成综合评估结论，能够对犯情作出预测、预报、预警，达到狱犯情分析的效果等。并且，作为监狱信息化建设整体的一部分，该系统还实现了与监狱其他业务系统的互联互通和资源共享，推动信息化建设的整体发展。丽江监狱属于该系统首批推广的 10 家监狱之一，现已在整个监狱 9 个在押犯单位全面使用，效果良好。

信息化建设背景下劳动改造效果评估系统的开发运用，极大地改变了丽江监狱原来主要通过监狱人民警察个人对服刑犯罪人生产劳动情况进行记录评测的管理模式，有力地促进了丽江监狱劳动管理工作水平的整体提升。

第一，劳动改造效果评估系统由计算机统一管理的功能节省了警力，提升了监狱劳动管理工作的效率。丽江监狱信息化的建设，使得监狱人民警察在进行服刑犯罪人劳动管理的过程中，从原始的对服刑犯罪人相关生产劳动基本情况即手工抄录统计的模式过渡到运用劳动改造效果系统的计算机统一管理模式，使人民警察从大量繁杂的手工工作中解放出来，极大地节省了警力，并能最大限度减少因各种手工处理数据可能出现的纰漏，极大地提升了监狱管理服刑犯罪人生产劳动情况的效率。

第二，劳动改造效果评估系统自动评估、动态管理的功能提升了监狱劳动管理工作的科学性。服刑犯罪人在监狱接受生产劳动的情况，直接反映了该犯罪人接受国家刑罚的程度及改造教育的成效，是服刑犯罪人在监狱服刑状况的基本表现之一。而作为刑罚执行部门，监狱方面为了更好地实现对犯罪人的个性化监管和对相关狱情的及时掌握，有必要对服刑犯罪人的生产劳动情况予以及时掌握，并针对相关生产劳动情况的表现对服刑犯罪人作出准确的狱情分析，并在必要的时候及时调整相关监管措施。相较于传统监狱生产劳动管理模式下由监狱干警个人依据主观判断和经验对服刑犯罪人生产劳动效果进行评估的模式，信息化建设背景下丽江监狱劳动改造效果评估系统极大提升了这一过程的科学性，其能在记录服刑犯罪人劳动量的基础上，对服刑犯罪人的劳动技能、劳动素养、劳动绩效等劳动情况进行评估；再把服刑犯罪人的个体评估数据自动生成综合评估结论，能够对犯情作出预测、预报、预警，达到狱犯情分析的效果。

第三，劳动改造效果评估系统的运用有助于公平、公正、公开地处理服刑犯罪人在劳动过程中所产生的效益及表现。服刑犯罪人在监狱进行生产劳动的情况，作为其接受国家刑罚惩罚和改造的主要表现，直接关系到对服刑犯罪人后续减刑、假释等情况的考评。在传统的由监狱干警个人依据主观判断和经验对服刑犯罪人生产劳动效果进行评估并据此作为后续减刑假释依据的管理模式下，由于相关过程主要由直接负责劳动改造的部分监狱人民警察管理，不排除在不够公开透明的环境中可能出现未公正认定和处理犯罪人劳动效果的情况。在丽江监狱信息化建设背景下，监狱方面通过对劳动改造效果评估系统的运用，整个过程（包括对服刑犯罪人劳动改造情况的基本记录、分析、评测、对比、排名等）通过系统统一操作，相对更加公开透明，并且最大限度地杜绝了人为不当干预的情况发生，有助于监狱方面在处理服刑犯罪人在劳动过程中所产生的效益及表现的过程中实现公平、公正、公开。

第四节　监狱信息化建设对服刑犯罪人再社会化工作的提升与发展

一、监狱信息化建设对服刑犯罪人再社会化工作的提升与发展

监禁刑的实施在效果上存在一个难以回避的弊端，就是犯罪人的监狱化，其根本原因就是监狱的封闭性剥夺了人所应该具备的社会属性。因此，我们在对犯罪人的整体认识上，要打破以往存在的单纯惩罚等传统思维定式，确立矫正改造等现代新思想。信息网络技术等现代化手段的运用，不仅可以丰富教育改造内容，完善改造手段，促进犯罪人改造质量不断提高，还可以在确保监管安全的前提下使犯罪人改造从封闭走向开放。

（一）信息化建设使监狱与社会拉近距离，实现狱内环境社会化

监狱信息化促进了社会与监狱资源共享，工作互动。目前监狱信息化正在以尝试—推广的方式不断深入到监狱工作的各个方面。相继开发并使用远程教育系统、社会帮教与心理矫治系统、知识与技能培训系统、监狱与公检法司等政法机关业务协同系统，促进了犯罪人改造工作与社会在文化教育、思想教育、职业教育、生产劳动等方面的紧密联系，拉近了监狱与社会的距离。一方面，犯罪人在行刑时能够感受、体验到社会的元素；另一方面，增强了社会对监狱的了解，争取到社会对监狱更多的帮助和支持，有利于突破场所隔离促使服刑人再社会化，是解决行刑封闭化问题的良好途径，能够带动改造工作水平的跃升。

监狱信息化使犯罪人家属了解监狱、关心犯罪人的愿望得以实现。监狱家属视频探监作为一种新型的探监模式，以远程可视通话取代先前面对面的探监模式，其借助科技的发展进行了一场监狱会见制度的改革。犯罪人在服刑期间，按照规定可以会见亲属、监护人，定期让犯罪人与亲属交流有助于

其在心理上感知家庭的温暖和社会的关心，使得犯罪人不再感到孤独，不再认为自己是被社会抛弃、被人们看不起的社会群体。视屏探监可有效解决服刑人员家属因时间和地域等原因而导致探监难的问题。作为一种新型的探监模式，江西省与河南省都已经开始试用视屏探监，并在短时间内收到了良好的效果，许多家属都在网上留言表示感谢，服刑人员的精神面貌也有很大改观。此外，在监狱信息门户上开设专供服刑人员家属查询犯罪人服刑情况的通道，让他们时时了解犯罪人在监狱的情况。这样在一定程度上拉近了犯罪人和家人的距离、监狱和犯罪人家属的距离。

（二）信息化建设使在狱内营造现代文明的生活环境成为可能

长期的监禁刑可能导致服刑犯罪人今后出狱时对社会生活不甚了解，进而出现刑满释放人员再社会化的障碍。因此，在保障监管安全和满足其他监管要求的前提下，可以考虑在监狱中营造现代文明的生活环境，使服刑犯罪人进来不脱离正常社会生活环境。在此过程中，信息化建设可以提供极大的技术支持，如建立犯罪人钱款管理“一卡通”系统，普遍建立狱内“超市”、可视电话、短信平台，在监狱教育改造和犯罪人生活方面尽可能多地增加和应用电脑、网络、磁卡等现代信息化设施，使犯罪人不出监狱就能像社会人那样自主采购日常生活用品，通过电脑显示屏与法官、律师、咨询医生甚至家人进行可视对讲。将现代信息技术广泛应用于犯罪人的日常改造生活，既丰富教育改造载体，深化教育改造效果，又在思想观念等方面缩短犯罪人与信息社会的距离，提高犯罪人回归社会后的适应能力。

（三）监狱信息化使狱内监禁转向狱外监禁成为可能

犯罪人顺利复归社会是监狱行刑的最终目标，因此缩小狱内环境和社会环境的差距也就成了改进行刑质量的一项重要工作。然而两种环境毕竟性质不同，一定差距的存在是合理的。犯罪人一旦刑满释放，一系列的社会问题会使出狱人茫然失措。因此，有必要在刑释前对犯罪人采取开放或半开放式处遇，经历一个过渡阶段，缓解犯罪人监狱化与重新社会化的矛盾，提高犯罪人改造工作的成效，降低重新犯罪率。

考察全球范围信息技术在监狱管理中的适用情况证明了狱外监禁的过渡行刑是可行的。从20世纪90年代初出现的第一代电子“监狱”，到电子定位系统的使用，丰富和发展了监狱的监管手段，极大地改善了监狱现有的监管工作方式。无线局域网（Local Area Network，LAN）取代现有光纤传输，将会使监狱监管程序提高到现代化管理水平，另外也能帮助监狱的管理工作实现其不同寻常的管理功能。从我国的情况看，监狱信息化工作虽然起步较晚，但是近几年来发展的势头良好。在后续的工作当中可进一步加强互联网技术和云计算技术应用，大力提升监狱信息技术支撑能力。

在监禁刑向社会化过渡的过程中，信息技术在监狱改造工作中的应用，使狱外行刑成为可能，在不影响刑罚执行的情况下，通过各种形式，改变自由刑的本来面目，缓和隔离与监禁的严厉性，减少对犯罪人自由的限制，增加对犯罪人的信任，以尽可能缩短犯罪人与正常社会生活的距离，使犯罪人易于回归社会。具体可采取诸如监外就业或学习、周末拘禁、返家探视、与眷同住等措施。

首先，所谓监外就业或学习，也叫劳动释放或学习释放，就是让已执行一定刑期的犯罪人或罪行轻微的犯罪人于白天离开监狱，重返社会从事与一般劳动者相同的工作或学习，而须于夜间或周末返回监狱的一种社区处遇制度。监外就业或学习制度除了可减轻国家财政负担、保持社会建设生产力之外，亦能降低犯罪人将来回归社会时适应的困难，使犯罪人在释放之后能立即从事工作，稳固财源以便照顾家庭，维持良好的家庭与社会关系。当然，这需要配备一定数量和水准的督导人员并取得社区居民的认同和理解，电子信息技术的适用也是不可缺少的。

其次，还可采用周末拘禁。所谓周末拘禁，就是让犯罪人周末（包括周六和周日）在监狱服刑，平时留在社会上就业或学习。对少年犯以及那些犯罪性质和情节轻微、所判刑期很短且无再犯之虞的成年犯罪人可采用这种制度。

最后，返家探视也是较好的选择。所谓返家探视，也叫归假制，就是让在监狱服刑表现良好的犯罪人在某些特定情况下离监回家探亲，以促使犯罪人早日适应社会，维系家庭纽带。国外监狱现在普遍采取这一做法，即如果犯罪人在监狱服刑期间表现良好，无违规记录，申请返家探视前一段时间内综合表现优于大多数犯罪人的，可于例假日或纪念日获取返家探视的机会。

另外，犯罪人遇到其祖父母、父母、配偶之父母、配偶或子女或兄弟姊妹丧亡时，也被允许于例假日或纪念日返家探视。这种人道的做法不仅使犯罪人有了继续好好改造的动力，也使他们不至于与社会和家庭完全隔绝。

二、信息化建设对丽江监狱再社会化工作水平的整体提升

信息化建设开展以来，云南省丽江监狱通过多种方式，大力提升对服刑犯罪人，尤其对即将刑满释放人员的再社会化工作水平。

（一）通过信息化建设在狱内营造现代文明的生活环境

在保障监管安全和满足其他监管要求的前提下，可以考虑通过利用信息化建设的技术支撑，在监狱中营造现代文明的生活环境，使服刑犯罪人尽量不脱离正常的社会生活环境。

在此方面，云南省丽江监狱实施了服刑人员电子超市系统，在服刑人员日常消费上做到了以下几点：

第一，改变原有的服刑人员在管教员的带领下，集体或派出代表前往超市购买生活用品的方式，服刑人员可以直接在所在监区的服刑人员购物机上完成监狱超市现有待售生活用品的查看、选购、下单、支付并打印小票。

第二，监狱超市的工作人员根据各监区下单情况，统一配货分发。改变原有超市购物无限额管理的缺点，新系统提供了按服刑人员处遇级别的消费限额管理，支持按月限额、按次限额、按月限次等多种限额管理，防止了在生活用品方面因无法监管带来的牢头狱霸问题。

第三，通过服刑人员购物机的应用，在监区生活物资配给执行上更加透明，服刑人员在购物机上可以更加直观地查看自己的消费记录、账户余额和监狱超市的库存情况。

购买方式的变化提高了超市工作人员的工作效率，无须大量服刑人员每个月多次在各个监区流动，降低了监管风险，同时也实现了购物方面狱内环境与狱外环境接轨的局面。

（二）通过信息化建设加强服刑犯罪人与社会的沟通接触

云南省丽江监狱利用信息技术研发亲情短信平台模块，提供短信编辑、审核、发送等服务功能，帮助服刑人员与亲属进行及时、有效、安全的沟通，

发挥亲情规劝作用，促进服刑人员思想转化。该亲情短信平台具有及时性和便捷性特点，审核通过的短信在最短时间内就能发送出去，便于服刑人员与亲属进行及时的沟通和联系。并且，通过利用短信平台进行亲情帮教，同时掌握犯罪人思想动态，有利于监管安全，克服了亲情电话不易监听（少数民族犯多）、监控的弊端，更容易及时了解掌握犯罪人的思想动态。

短信平台的使用使犯罪人与家人、亲人的联系及时、方便。短信终端具有 LED（Light Emitting Diode）短信显示屏，通过显示屏警察可以传达各类消息、通告；如果服刑人员收到短信，LED 显示屏会滚动式显示服刑人员的姓名及编号。终端专用打印机可以将审核后的短信内容打印给服刑人员长期保留。亲情短信平台的运用为加强犯罪人与亲属的联系提供了极大的便利。

自 2011 年 8 月开始启用亲情短信平台至今，共审核发出 218 475 条短信，审核接收 155 718 条短信，极大地方便了犯罪人与家人的联系。服刑人员对亲情短信平台反映良好，服刑人员家属对监狱开通亲情短信平台表示感谢，认为监狱为服刑人员家属带来了便利，为服刑人员及家属提供了一个自由交流、沟通的平台。如犯罪人李某某，22 岁，2009 年入监后不适应监狱改造生活，想家，精神恍惚，短信平台开通后有很大改变。他说："亲情短信十分快捷和方便，亲人也随时给你发短信，就好比与亲人时时在一起一样，有什么说什么。思想情感都得到了很好的交流，心在一起，情在一处。减少压力和痛苦，思想稳定，改造有信心了。"

（三）建设出监模拟实训网络系统，加强对即将刑满释放人员的再社会化工作

云南省丽江监狱还针对即将刑满释放人员使用出监模拟实训网络系统，为该部分犯罪人刑满释放后的再社会化做准备。丽江监狱的出监模拟实训室和出监考核室于 2014 年 3 月建成并投入使用。目前，丽江监狱要求出监犯罪人在出监前 3 个月必须到出监模拟实训室和出监考核室进行出监指导。从投入使用至今已有 773 名刑释犯罪人使用，取得较好实效。

该系统运用信息化技术手段丰富了出监教育和评估的内容，从交通导航、公共行政服务、人文关怀、丽江特色文化、司法系统、公安系统、工商税务、就业指导、人才市场、社会保障、医疗卫生等方面对犯罪人开展出监模拟实

训工作。具体来说，出监模拟实训网络系统包括：司法服务模拟业务办理软件——使即将刑满释放犯罪人熟悉假释登记、人民调解、法律宣传、社区矫正、安置帮教等程序；派出所模拟业务办理软件——使即将刑满释放犯罪人熟悉身份证业务、居住证业务、户籍业务等程序；行政服务模拟业务办理软件——使即将刑满释放犯罪人熟悉工商业务、税务业务、民政业务、劳动与保障业务等程序；就业服务模拟业务办理软件——使即将刑满释放犯罪人熟悉招聘岗位信息发布、就业信息登记等程序。

通过出监教育，监狱方面可以检验、总结改造成绩，巩固改造成果。并且，该系统通过社会模拟场景和业务的办理，让服刑人员对社会适应性各个方面有所体验，深入学习和理解，增加服刑人员社会适应度，使他们在走出高墙、找到回家的路、政府帮教、创业务工、日常消费、理财储值时不再感到茫然。合理的社会适应性评估与指导，能够帮助即将刑释的犯罪人做好融入社会的准备。社会适应性考核评估室针对出监实训过程，考量实训成果。考试内容定制化、多样化，可以设置选考内容，如刑释后对经商感兴趣的犯罪人，可以选择工商、税务等内容，增强就业各项意识。社会适应性考核评估系统一方面可以进行出监实训的考题选择、自助考试、考试成绩查看、记录归档等，另一方面也为即将刑满释放的犯罪人提供在线学习各项社会适应性课程（包括司法公安服务、行政服务、生活服务、公共服务等）的过程，帮助刑释人员更早、更多地了解外部社会的发展和变化，真正做到从“监狱人”向“社会人”的转变。

>> 第五章

信息化给监狱工作带来的挑战

信息化建设工作通过在监狱构建网络互联互通、信息资源共享、标准规范统一、应用功能完备的信息化体系，明显提高监狱信息资源综合开发利用水平，显著提高监狱执法、安全防范、罪犯改造等工作的信息技术应用能力，为现代监狱更好地执行监禁刑、实现刑罚的功能奠定了扎实的技术基础。与此同时，信息化建设在技术、管理、思维模式和运行方法上的革新，也给传统监狱工作方式带来了挑战，这是我们在推进信息化建设工作应充分重视并予以同步解决的。

第一节　监狱信息化之信息安全问题

信息化是充分利用信息技术、开发利用信息资源，促进信息交流和知识共享，提高经济增长质量，推动经济社会发展转型的历史进程。20 世纪 90 年代以来，信息技术不断创新，信息产业持续发展，信息网络广泛普及，信息化成为全球经济社会发展的显著特征，并逐步向一场全方位的社会变革演进。进入 21 世纪，信息化对经济社会发展的影响更加深刻，广泛应用、高度渗透的信息技术正孕育着新的重大突破，以培养、发展计算机为主的智能化工具为代表的信息技术的迅猛发展，特别是网络技术的迅猛发展，正在越来越深刻地改变着人们传统的信息传递方式、沟通方式和社会管理的组织方式。

随着信息化社会的发展，在信息化带给人们极大便利和好处的同时，由于信息系统本身可能存在的脆弱性以及网络环境的复杂性和多变性，信息化也面临着一系列的安全问题，信息安全已经融入国家安全的各个方面，关系到一个国家的经济、社会、政治以及国防安全，成为影响国家安全的基本因素。

监狱信息化作为信息化在监狱工作中的体现和延伸，也面临着监狱信息安全的问题。

一、信息安全的概述

（一）信息安全的概念

所谓信息安全，国际标准化组织（ISO）曾经主要从技术的狭义层面将其定义为“为数据处理系统建立和采取的技术和管理的安全保护，保护计算机硬件、软件和数据不因偶然和恶意的原因而遭到破坏、更改和显露”。①

随着信息化的进一步发展，尤其是网络技术的普及，信息安全的适用范围和领域不断扩大，包括信息本身、信息系统、信息网络的安全在内的信息安全问题已经成为直接影响国家政治、经济、科技、文化及国家安全的基本因素，正受到世界各国的高度重视。

鉴于信息安全对国家产生的重大影响，越来越多的国家（尤其是信息化高度发达的欧美国家）开始从国家信息安全保障战略的角度对信息安全问题进行专门研究，立法制定本国的信息安全保障体系。如美国于2000年通过了《电子签名法》和《互联网网络完备性及关键设备保护法案》，并于2003年发布了《保护网络空间的国家战略》。美国还在白宫设立“网络办公室”，并任命首席网络官，直接对总统负责。2014年2月，总统奥巴马又宣布启动美国《网络安全框架》。英国于1999年提出《信息安全管理体系标准》；俄罗斯于2000年批准了《俄联邦信息安全学说》；日本于2000年发布了《信息网络安全可靠性基准》，并提出了“日本信息安全技术对策指针”等。尤其近期在“斯诺登事件”的催化下，世界各国都加快投入巨资优先发展信息安全技术和产业：欧盟探索建立独立互联网并通过欧洲数据保护改革方案；日本于2013年6月出台了《网络安全战略》，明确提出“网络安全立国”；印

① 冯长根、刘振翼：“信息安全的现状与若干进展”，载《安全与环境学报》2003年第1期。

度于2013年5月出台了《国家网络安全策略》，目标是“安全可信的计算机环境”。我国也先后发布了《中华人民共和国计算机信息系统安全保护条例》、《中华人民共和国计算机信息网络国际联网管理暂行规定》、《计算机信息网络国际联网安全保护管理办法》、《计算机软件保护条例》等有关计算机系统和互联网安全的行政法规（其中，我国质量技术监督局于1999年发布的《计算机信息系统安全保护等级划分准则》是我国第一部关于计算机信息系统安全等级划分的标准），并在刑法中直接规定了信息安全犯罪的问题。我国于2014年2月27日成立了中央网络安全和信息化领导小组，牵头领导国家信息安全问题。

（二）危害信息安全的主要表现形式

随着信息化社会的发展，在信息化带给人们极大便利和好处的同时，由于信息系统本身可能存在的脆弱性以及网络环境的复杂性和多变性，信息化也面临着一系列的安全问题。从内容来看，现代信息化环境中，信息安全所面临的问题主要有以下五个方面表现形式。①

第一，信息污染。所谓信息污染是指无用信息、劣质信息或有害信息渗透到信息资源中，对信息资源的收集、开发和利用造成干扰，甚至对用户和国家产生危害。

第二，信息泄密。所谓信息泄密是指通过不合理或非法手段，窃取个人的隐私信息、企业的商业秘密、政府部门和军队的机密、计算机文件和软件等。网络信息泄密是网络中的信息在存储、传播、使用或获取的时候被其他人非法获得的过程。

第三，信息破坏。所谓信息破坏主要是指制造和传播恶意程序（如计算机病毒），破坏计算机内所存储的信息和程序，甚至破坏计算机硬件，其核心是利用用户的失误或系统的脆弱性因素，针对特定目标进行拒绝服务或侵占，甚至导致系统出现崩溃。

第四，信息侵权。所谓信息侵权是指对信息产权的侵犯，如计算机软件

① 娄策群、范昊、王菲：“现代信息技术环境中的信息安全问题及其对策”，载《中国图书馆学报》2000年第6期。

侵权、数据库产品侵权、网上信息侵权等。

第五，信息恶意传播。所谓信息恶意传播是通过信息优势广泛传播有害的信息，来影响、控制社会的舆论，最严重时可能出现信息侵略（指发达国家利用信息优势向发展中国家输出其价值观念与政治观点，破坏发展中国家的政治独立和文化独立的行为）。

二、信息安全的不同层面及规制

如前所述，随着信息化的进一步发展，尤其是网络技术的普及，信息安全面临信息污染、信息泄密、信息破坏、信息侵权、信息恶意传播等一系列的安全问题。而导致危害信息安全行为出现的原因是多样的：既包括信息及信息系统自身存在的技术缺陷问题，也包括人为的危害信息及信息系统安全的行为。相应地，保障信息安全、规制信息及信息系统运行、打击危害信息安全行为的治理体系也分为技术和管理的不同层面。

（一）不同原因导致的信息安全问题

1. 信息及信息系统自身存在的技术问题导致的信息安全问题

信息及信息系统自身存在的安全隐患导致的信息安全问题，是技术层面的信息安全问题。由于信息技术的日新月异和日趋复杂，当系统存在自身固有的技术脆弱性和安全功能不足、系统核心技术和关键装备缺乏自主可控性、对系统的宏观和微观管理的技术能力薄弱时，信息系统可能无法正常运行或难以承受所面临的网络攻击，进而出现信息污染、信息泄密、信息破坏、信息侵权、信息恶意传播等信息安全问题。

相应地，不同的信息及信息系统技术缺陷也对应不同的信息安全问题。从客观技术层面来看，信息安全可以分为四个层面：物理安全、运行安全、数据安全和内容安全。不同的层面在客观上反映了技术系统的不同安全属性，也决定了信息安全技术的不同的表现形式。①

第一，物理安全。指围绕网络与信息系统的物理装备及其有关信息的安

① 王娜、方滨兴、罗建中、刘勇："'5432战略'：国家信息安全保障系统框架研究"，载《通信学报》2004年第7期。

全。主要涉及信息及信息系统的电磁辐射、抗恶劣工作环境等方面的问题。面对的威胁主要是自然灾害、电磁泄漏、通信干扰等；主要的保护方式有数据和系统备份、电磁屏蔽、抗干扰、容错等。

第二，运行安全。指围绕网络与信息系统的运行过程和运行状态的安全。主要涉及信息系统的正常运行与有效的访问控制等方面的问题；面对的威胁包括网络攻击、网络病毒、网络阻塞、系统安全漏洞利用等。主要的保护方式有访问控制、病毒防治、应急响应、风险分析、漏洞扫描、入侵检测、系统加固、安全审计等。

第三，数据安全。指围绕着数据（信息）的生产、处理、传输、存储等环节中的安全。主要涉及数据（信息）的泄密、破坏、伪造、否认等方面的问题。面对的威胁主要包括对数据（信息）的窃取、篡改、冒充、抵赖、破译、越权访问等。主要的保护方式有加密、认证、访问控制、鉴别、签名等。

第四，内容安全。指围绕非授权信息在网络上进行传播的安全。主要涉及对传播信息的有效控制。面对的威胁主要包括通过网络迅速传播有害信息、恶意制造舆论等。主要的保护方式有信息内容的检测、过滤等。①

2. 人为导致的信息安全问题

除由信息及信息系统自身存在的技术问题导致的信息安全问题外，人作为操纵信息及信息系统的主动因素，也是可能导致信息安全问题的重要原因，其中既包括信息及信息系统操作者的不当行为，也包括其他人为危害行为。

由信息及信息操作者的不当行为引发的信息安全问题，主要是指信息及信息的合法操作者，由于过失、技术水平不足等原因，在信息化操作过程中出现失误而导致的信息安全问题。相比人为危害问题造成的信息安全问题，信息及信息操作者一般都是信息系统的内部人员，其不当行为本身并没有危害信息安全的故意。一般来说，由信息及信息系统操作者的不当行为引发的信息安全问题主要发生在物理安全和数据安全的情况。

由其他人为危害行为引发的信息安全问题，主要是指人为地利用或针对

① 王娜、方滨兴、罗建中、刘勇：“‘5432战略’：国家信息安全保障系统框架研究”，载《通信学报》2004年第7期。

信息及信息系统进行违法犯罪的行为，包括网络窃（泄）密、散播病毒、信息诈骗、为信息系统设置后门、攻击各种信息系统等违法犯罪行为，还包括控制或致瘫基础信息网络和重要信息系统的网络恐怖行为，乃至国家间的对抗行为——信息网络战。[①] 相比操作者不当行为引发的信息安全问题，该等人为危害行为本身就具有危害信息安全的故意，并且一旦得逞的话将对信息安全造成严重的不良后果。

一般来说，由人为危害行为引发的信息安全问题主要发生在运行安全、数据安全和内容安全的情况。特别指出的一点是，对信息安全的人为危害通常是与信息安全的技术水平相对抗的，即当信息及信息系统自身固有的技术脆弱性和安全功能不足时，人为危害行为引发信息安全问题的可能性较大、造成的危害也较大；但当信息及信息系统从技术上具有较强的安全功能时，就能较好地抵御人为危害信息安全的行为。因此，并非所有人为危害行为都必然引发信息安全问题，只有当信息及信息系统本身的安全功能未能抵御时，人为危害行为才对信息安全造成实际损害。

（二）不同层面信息安全的规制

国际标准化组织（ISO）将信息安全定义为“为数据处理系统建立和采取的技术和管理的安全保护，保护计算机硬件、软件和数据不因偶然和恶意的原因而遭到破坏、更改和显露”，[②] 其明确指出了规制信息安全问题的两个主要层面，即从技术和管理层面加以安全保护。

1. 技术层面对信息安全的规制

针对因信息及信息系统自身存在的技术问题而导致的信息安全问题，其规制的有效手段就是从技术角度来考虑保障因素，并通过综合集成的技术手段来构建在技术层面的信息安全保障框架体系。

信息及信息系统的安全问题在物理安全、运行安全、数据安全、内容安全等不同层面表现不一，针对不同的安全需求，需要建设配套的信息安全应

---

① 王娜、方滨兴、罗建中、刘勇：“‘5432 战略’：国家信息安全保障系统框架研究”，载《通信学报》2004 年第 7 期。

② 冯长根、刘振翼：“信息安全的现状与若干进展”，载《安全与环境学报》2003 年第 1 期。

用设施，通过各种硬件、软件技术及安全管理手段来保证信息及信息系统的安全（如加密与伪装技术、防火墙技术、认证技术、防病毒技术等）。①

2. 管理层面对信息安全的规制

由于信息安全涉及国家的政治安全、经济安全、文化安全、国防安全等各方面，因此，全面规制信息安全涉及社会行为、技术管理标准、舆论文化、法制环境等多方面政府和行业自律的综合管理，并在过程中将配套成熟的法律法规政策作为标准和管理依据。一般来说，可以从以下几个方面加强对信息安全的管理。

（1）从国家安全战略的角度强化支持信息安全。鉴于信息安全对国家的政治安全、经济安全、文化安全乃至国防安全产生的重大影响，越来越多的国家（尤其是信息化高度发达的欧美国家）开始从国家信息安全保障战略的角度对信息安全问题进行专门研究，立法制定本国的信息安全保障体系，确保本国的信息安全受到统一的规制、沿着正确的方向发展。美国是全球网络应用最发达的国家，也是首个制定网络安全战略并将它纳入国家安全战略组成部分的国家，于2003年发布了《保护网络空间的国家战略》。美国还在白宫设立“网络办公室”，并任命首席网络官，直接对总统负责。在两个任期内，奥巴马政府相继推出《网络政策评估报告》、《网络空间国际战略》、《确保未来网络安全的蓝图——美国国土安全相关实体网络安全战略报告》、《网络空间可信身份战略》等多个文件，一再重申网络安全已上升为美国安全的核心问题，将网络安全主管部门的行政级别一举提升至最高级。而且2014年2月，总统奥巴马又宣布启动美国《网络安全框架》。欧盟2003年发布了《建立欧洲网络信息安全文化的决议》，尤其近期在“斯诺登事件”的催化下，欧盟探索建立独立互联网并通过欧洲数据保护改革方案；日本于2000年发布了《信息网络安全可靠性基准》，并提出了“日本信息安全技术对策指针”等，于2013年6月出台《网络安全战略》，明确提出“网络安全立国”；印度于2013年5月出台《国家网络安全策略》，目标是“安全可信的计算机环境”。

---

① 由于本书主题所限，有关从技术层面保障信息安全的内容不予展开。

面对全球信息网络戒备的态势，建设“坚固可靠”的国家信息网络安全体系，是中国必须作出的战略选择。2014 年 2 月 27 日，中央网络安全和信息化领导小组宣告成立，中共中央总书记、国家主席、中央军委主席习近平亲自担任组长，李克强、刘云山任副组长。这是中国共产党落实十八届三中全会精神的又一重大举措，既表明了网络信息安全目前面临的形势任务复杂和所处地位的重要，也标志着中国已把信息化和网络信息安全列入了国家发展的最高战略方向之一。

（2）健全国家信息安全管理的法律体系。以立法的形式规定和规范信息安全工作是有效保障信息安全的重要措施，通过相关立法，将信息安全保障以立法形式明确并贯彻，将有利于提高信息安全保障的水平。如美国先后制定了《电子签名法》、《互联网网络完备性及关键设备保护法案》、《关键性基础设施信息法》、《爱国者法案》、《国土安全法》、《计算机安全研究及发展法》、《计算机犯罪公约》、《信息自由法》等，不同法律各有侧重，从不同层面规定了涉及信息安全的相关问题，构成统一的法律体系，以规范信息安全相关问题，涵盖并明确了危害信息安全行为的形式①、特殊处理程序②、主管机构③，并规定了国家层面对信息安全的财政和技术保障。

针对信息安全相关问题，我国自 1994 年发布了《中华人民共和国计算机信息系统安全保护条例》这一关于信息安全管理的第一部法律文件以来，又先后颁布了《中华人民共和国计算机信息网络国际联网管理暂行规定》、《计算机信息网络国际联网安全保护管理办法》、《计算机软件保护条例》等有关

---

① 美国相关信息安全的法律涵盖的破坏信息安全的行为主要包括：破坏计算机系统；故意非法使用；制造、传播计算机病毒、恶意软件等；拒绝服务攻击；发送垃圾邮件；网络色情行为；侵犯个人隐私；获取国家机密；危害国家安全的行为等。

② 美国相关信息安全法律规定了特殊的强制报案制度，即要求在有危害信息安全的事件发生时，相关人员必须在一定时间内向有关机构报告，如果事件重大而不履行报告义务，则应承担相应法律责任。

③ 美国调查国内计算机犯罪的主要的联邦执法机构包括：联邦调查局、美国情报局、美国移民海关执行局、美国邮政检查局和酒精、烟草、易爆物局。另一有代表性的机构是网络犯罪投诉中心，由联邦调查局和国家白领犯罪中心合作建立，其使命就是接收、中转涉及计算机犯罪的投诉。美国还在白宫设立“网络办公室”，并任命首席网络官，直接对总统负责。

计算机系统和互联网安全的行政法规（其中我国质量技术监督局于1999年发布的《计算机信息系统安全保护等级划分准则》是我国第一部关于计算机信息系统安全等级划分的标准），并在刑法中直接规定了信息安全犯罪的问题。目前，我国已经初步形成以行政法规和部门规章为主，包括宪法、法律、司法解释、地方性法规等多位阶规范性文件的信息安全管理法律体系。

但相比国外发达国家有关信息安全的立法情况，我国有关信息安全的立法仍然有所滞后，主要体现在相关立法主要是行政法规、法律效力及位阶不高，现有立法对信息安全各个方面立法涵盖面仍然不足，现有立法过于概括、缺乏可操作性，以及立法对信息安全的新兴技术缺乏适应能力等方面。因此，我国有必要加强有关信息安全方面的立法，从立法层面实现对信息安全的保障与贯彻。

（3）加强信息安全的行政管理措施。保障信息安全的行政管理措施主要是建立统一的信息安全管理机构，采取行政手段对网络及其他信息交流活动进行管理，保障信息安全。①

由于信息安全问题可能涉及社会的各个方面，进而对其开展行政管理可能涉及多个部门。因此，为了统一协同，有必要建立统一的信息安全管理机构进行协调。如美国安全委员会下设了国家保密政策委员会和信息系统安全保密委员会，英、法等国家建立了国家信息安全委员会，德国成立了国家信息安全局等。我国现有模式是对网络信息的管理主要采取区域管理，即以块为主、条块结合，各个区域内任何单位的直接涉及信息安全工作均由安全部门归口管理。随着2014年2月27日中央网络安全和信息化领导小组的成立，一定会对信息安全及其管理起到统筹提升的作用。

从信息安全的具体行政管理措施来看，应建立和执行网络准入制度，对网络用户的身份进行审查；完善联网登记和联网电脑的管理，加强对入网用户和入网电脑的管理；建立网络信息标准化管理制度，对上载信息实行统一规范，强化信息安全的标准管理等。

---

① 娄策群、范昊、王菲：“现代信息技术环境中的信息安全问题及其对策”，载《中国图书馆学报》2000年第6期。

（4）加强信息网络主体道德修养，提高全民信息安全意识。信息网络主体作为建设、管理与使用信息网络的个人和组织，其道德修养决定了信息社会整体道德修养。加强信息网络主体的道德修养应做到恪守相应的网络道德规范，规范信息网络主体的相关行为，进而减少乃至杜绝危害信息安全行为的发生。如美国计算机伦理协会规定了计算机用户在网络系统中应遵守的10条行为准则：1）不应利用计算机去伤害别人；2）不应干扰别人的计算机工作；3）不应窥探别人的文件；4）不应用计算机进行偷窃；5）不应用计算机作伪证；6）不应使用或拷贝你没有付钱的软件；7）不应未经许可而使用别人的计算机资源；8）不应盗用别人的智力成果；9）应该考虑你所编程序的社会后果；10）应该以深思熟虑和慎重的方式来使用计算机。

另外，除了加强信息网络主体道德修养，减少、杜绝危害信息安全的行为外，还应注意提高全民信息安全意识、增强普通公众抵御危害信息安全行为的能力。提升普通公众信息安全意识是保障信息安全的基础，只有公众的信息安全意识提高了，各种技术层面的安全防范措施才能发挥作用。我们应采取措施努力提高公众的信息安全意识，尤其对机关、企事业单位开展多层次的信息安全宣传与培训，将信息安全意识与政治意识、法律意识、保密意识、责任意识联系起来，把机关、企事业单位的信息安全纳入一个人人有责、层层负责的安全管理体制。

三、监狱信息安全概述

（一）监狱信息安全的概念和范畴

1. 监狱信息安全的概念

监狱信息安全与信息安全是种属概念的关系，可以将监狱信息安全直接理解为监狱或监狱工作中的信息安全问题，即“为监狱或监狱工作中数据处理系统建立和采取的技术和管理的安全保护，保护监狱或监狱工作中的计算机硬件、软件和数据不因偶然和恶意的原因而遭到破坏、更改和显露”。

由于本书所要探讨的监狱信息化即我国司法实践中监狱开展的信息化主要是在司法部牵头下、按照《全国监狱信息化建设规划》要求具体开展的，因此，下文对监狱信息安全的论述主要基于司法部相关信息化要求展开。

2. 监狱信息安全的范畴

我国监狱的信息化建设是将信息化的现代科技手段运用于监狱各方面工作的过程，按照司法部对监狱信息化建设的要求，监狱信息化从技术上主要包括以下几个方面的工作：建设完善基础网络，实现信息传输网络化；建设完善基础信息资源库，实现信息化处理数字化；建设完善安全防范系统，实现安全防范智能化；建设完善监管和执法管理系统，实现监狱管理、执法规范化；建设完善电子政务系统，实现办公自动化；建设完善标准规范，实现技术应用标准化。① 最终实现建设1个平台（即网络和硬件平台）、3个信息资源库（即监狱管理信息库、罪犯信息库、警察信息库）、10个应用系统（即监狱安全防范和应急指挥系统、监管及执法管理系统、教育改造系统、生活保障及医疗卫生系统、警察管理系统、生产管理与劳动改造系统、监狱建设与保障系统、狱务公开系统、办公自动化和决策支持系统）的主要任务。

由此可见，我国监狱信息化建设从内容上主要涉及安防建设和电子狱务办公两方面，其中，前者主要包括动态的智能安全防范和静态的安防设置质控等，后者主要包括数据库的建设及使用、狱务办公系统的数字化处理及相关信息的网络传输等。

相应地，我国监狱信息安全主要在以下范畴内适用：从技术上来说，主要涉及监狱安防系统和电子狱务办公系统的物理安全、运行安全、数据安全和内容安全；从人为行为来说，涉及对监狱安防系统和电子狱务办公系统的妥当操作与抵御信息危害行为。

3. 监狱信息安全与信息安全的关系

如前所述，监狱信息安全与信息安全系种属关系，两者关系紧密。

从一方面来说，监狱信息安全是信息安全在监狱这个特定时空环境和工作状态中的体现，其必然也呈现信息安全的基本要素，如从技术层面都涉及物理安全、运行安全、数据安全和内容安全，都面临技术和人为危害行为对

---

① 摘自时任司法部部长吴爱英在2007年全国监狱信息化建设工作会议上的讲话。

信息安全造成的破坏，也都需要从技术和管理两个层面加强对信息安全的保障和把控等。

但从另一方面来说，监狱信息安全也具有其特殊性：监狱不同于社会上的普通商业主体，鉴于监狱执行刑罚及人员管理的封闭性、敏感性，其信息化的程度与普通商业主体相比仍然具有一定差距（如前所述，目前我国监狱信息化的范畴主要涉及监狱安防系统和电子狱务办公系统两个方面的数据库建设、狱务办公系统运行及相关信息的网络传输），相应地，其在信息安全层面所处的层面、所使用的技术、所面临的问题等都有所不同。

因此，除了充分了解和把握我国信息安全的基本概况，对监狱信息安全工作所处的大背景、大环境有所了解外，还需要充分结合监狱工作的具体情况，对监狱安全问题进行符合时代、符合具体情况的解读。

（二）监狱信息安全的重要性

信息安全本身就是一个愈发引起社会重视的系统性问题，而监狱信息安全由于其特殊性更显重要。监狱信息安全的问题是伴随着以下两方面因素而日益受到人们重视的：

一方面，监狱信息安全的基础是监狱的信息化建设进程，这是监狱工作在信息化时代下的必然发展。尤其在我国由司法部作为主管部门牵头的全国监狱信息化建设浪潮下，全国各个监狱按照《全国监狱信息化建设规划》要求积极开展信息化建设工作。目前，各个监狱的信息化建设发展迅猛，效果显著。相应地，与信息化建设相伴生的信息安全问题也浮出水面，监狱方面也需要面对监狱信息安全问题。

另一方面，监狱信息化的客体监狱司法信息的特殊性也决定了监狱信息安全问题的重要性。与享受信息便利的普通社会主体不同，监狱作为国家行刑的专门机关，其司法信息涉及国家机密、监狱管理信息属于敏感信息，一旦泄露或者发生安全问题则后果不堪设想，可能给国家造成严重的损失。因此，监狱方面更应做到从国家安全的角度把控监狱信息安全问题，做到监狱司法信息的机密、完整、可控，减少乃至消除监狱信息安全隐患，杜绝监狱信息安全事故的发生。

由此可见，伴随着监狱信息化建设的进程，监狱信息安全成为监狱方面无法回避的问题。尤其考虑到监狱信息化之司法信息的特殊性，对监狱方面保障监狱信息安全提出了更高的要求。

四、监狱信息安全面对的问题及挑战

如前所述，随着监狱信息化建设的开展，我国监狱基本按照《全国监狱信息化建设规划》要求的规定，主要在安防建设层面和电子狱务层面实现了信息化。但与信息化伴生的信息安全问题不容忽视，尤其考虑到监狱信息的特殊性，如何保证监狱信息安全更是现代监狱需要妥善处理的问题。但是相较各个监狱的信息化建设方面取得的成效而言，监狱信息安全仍然面对一定的问题及挑战。

（一）监狱信息安全面对的问题及表现

根据有关对我国监狱信息安全管理工作的调研①，目前我国监狱信息安全管理方面仍然存在以下问题。

1. 监狱干警素质及监狱工作封闭性影响信息安全工作开展

目前，我国大部分监狱干警主要是本科及本科以下学历，相较而言素质不是很高，本身对信息安全方面的知识掌握就不一定全面；尤其在监狱信息化迅猛发展的背景和相对封闭的监狱环境中，先进技术信息如果得不到及时有效更新，很容易造成干警知识储量匮乏，影响监狱信息安全工作的开展。

2. 监狱干警对信息安全的严重性认识不足，在信息安全方面对信息数据处置方式存在风险

相比监狱信息化建设如火如荼地开展，监狱干警对信息安全的严重性认识不足，在实际处置方面操作不规范、存在相关风险隐患。如监狱干警对监狱管理保密数据的处置途径和方法存在问题，对于工作中的保密数据缺乏安全保障的考虑；对于特定权限文件、数据、信息的处理没有严格按照责权分明的要求进行；对于监狱信息化工作的熟练程度不高，没有及时建立安全高

---

① 杨吉伟、王喆、王云震、郝洁、王帅："监狱信息管理安全的强化研究报告"，载《科技信息》2013年第14期。本书采取的问卷调查信息，系对辽宁、河北、山西、广西、四川等省的5所监狱和河南监狱管理局的信息安全管理工作进行综合调研评估得出。

效的信息安全办公环境；在转置数据时或者在局域网数据共享过程中，存在人为安全隐患，包括无专业工具，或使用完后未及时删除等；对本单位局域网建设、防火墙建设及安全管理技术的认识和运用程度不足，甚至有的单位没有局域网建设，对信息安全环境考虑缺失；基于电子信息的易损性，只有及时多重异地备份数据才能保障办公的安全持续性，可部分监狱及监狱工作人员的相关备份率不高，更难以做到及时备份、多重备份、异地备份等。另外，虽然大部分监狱可能并不真实出现过外来因素（包括自然灾害或人为破坏）对监狱信息造成干扰的事故，但在出现该类事故的原因中，因登录密码过于简单或未修改导致事故发生是重要原因，因利用内部用户安全管理漏洞、缺少访问控制、内部人员违规操作等导致事故发生占很大的比例。

由此可见，目前大部分监狱还是一定程度上存在监狱干警对信息安全处置不规范的情况，从本质上说既体现出监狱干警对信息安全重要性缺乏足够认识，也体现出监狱方面对信息安全管理工作仍有不到位的地方。

3. 缺乏完善的监狱信息安全应急预案，应急体制和系统常规运转相对脆弱

作为应对危害信息安全事件重要安全砝码的应急预案，直接关系到出现信息安全事件后的处置。目前虽然大部分监狱建有监狱狱政信息安全应急预案，但由于无相关技术人才、资金投入不足或相关政策重视不足等原因，很多安全应急体制和系统常规运转相对脆弱，因此一旦真正面临实际考验则很可能显露出漏洞。另外，面对信息技术的飞速革新，信息安全预案需随着信息技术的革新而随时更新，这也要求监狱方面对信息安全预案要常备常新。

4. 相比监狱信息化建设的投入，对监狱信息安全方面的投入不足

相比监狱信息化建设方面对于监狱硬件的巨大提升，对于监狱信息安全、监狱干警有关信息化安全使用规范等软环境的投入不足，很多监狱并未制定完善的信息安全规范，导致监狱干警在信息数据操作中存在一定隐患。

（二）监狱信息安全存在不足的原因

虽然我国监狱信息化取得了长足的进步、得到了显著的提升，但监狱信息安全仍然存在不足之处，反映出我国监狱管理工作的相关问题。

1. 监狱方面及有关领导对监狱信息安全重要性的认识有待提高

其实从思想根源上来说的话，监狱干警在日常工作中对信息数据的处置存在不规范的地方，归根结底是由于监狱干警对监狱信息安全的重要性认识不足，这既包括主观上对发生信息安全事故将造成极大危害性的认识不足，也包括客观上对不规范操作行为的苛责不强乃至无苛责。而监狱干警之所以对信息安全的重要性认识不足，除一部分是由于监狱干警自身素质受限之外，主要根源在于监狱方面对监狱信息安全的重要性认识不足，进而在监狱日常管理工作中，没有及时通过培训、制定操作规程、加大投入等多种方式提高干警的信息安全意识和信息安全操作水平。

因此，监狱方面及有关领导对监狱信息安全的认识直接关系到其在多大程度上、投入多少注意力和资源加强对本监狱内部的信息安全工作，进而直接决定了本监狱的信息安全工作水平。一个监狱相关信息安全工作开展得如何，在一定程度上直接反映了该监狱及有关领导对信息安全工作的重视程度。

2. 缺乏对监狱信息安全的操作规范及监督执行

司法实践中某些监狱存在的监狱干警在处理信息数据时操作不规范、可能存在一定安全隐患的问题，其实也暴露出监狱内部对监狱信息安全操作规范的缺失或缺乏监督执行的问题。很多时候，正是由于监狱并没有明确的关于信息数据处理的操作规范，或者虽然有相关规范但并没有相应监督执行措施，导致监狱干警并不是不想规范操作，而是不知道如何操作才是规范安全的信息处理方式。

因此，监狱方面及时完善出台对干警处理信息数据时的操作规范，要求干警按照特定的安全权限和等级（根据安全等级对监狱信息分级，严格区分干警处理不同级别信息的权限）、严格的步骤和方法执行（如严格规定处理保密数据、传输数据和备份数据的方式方法，明确规定系统及防火墙的定期升级及安全检查等），或者在技术层面和管理层面都加强对干警违规操作的监督、追究及处罚，对规范干警处理信息数据的操作安全性、减少并杜绝信息安全隐患的发生是具有基础性作用的。

3. 信息安全人才储备和对现有监狱干警的相关培训不足

与普通社会现代化企业的人才储备和人力资源管理具有开放性和流动性

不同，监狱人员相对固定，其与社会的接触也不多。因此，一方面，监狱对于专业信息安全技术人员因准入限制等而储备不足，并且即使有所储备，专业信息安全技术人员在监狱工作的特性使其缺乏定期的深造培训，专业知识缺乏连贯性。另一方面，监狱普通干警主要是本科及本科以下学历，相较而言素质不是很高，本身对信息安全方面的知识掌握就不一定全面；尤其在监狱信息化迅猛发展的背景和相对封闭的监狱环境中，先进技术信息如果得不到及时有效更新，很容易造成干警知识储量匮乏，影响监狱信息安全工作的开展。

因此，从人力资源的层面来说，监狱可能存在信息安全人才储备和对现有监狱干警培训不足的问题。而作为操作信息数据的主体，一旦人的素质无法确保，将造成操作信息数据的水平及安全程度无法确保，进而可能带来危害监狱信息安全的隐患（如对于一些年纪相对较大、学历较低的中年以上监狱干警，要求其掌握各种防火墙等信息安全软件的操作是有一定困难的，进而在其操作的信息数据过程中可能存在安全隐患）。

4. 对监狱信息安全建设常备常新的持续投入不足

与监狱硬件建设的其他方面不同，监狱信息化建设由于信息技术的日新月异而具有时效性。其他的监狱硬件设施，如监狱建筑、监狱改造设施，可能能够持续使用5年、10年乃至更长时间。而随着信息技术的飞速发展，监狱信息化建设的设置无法持续使用那么长时间，其需要随着技术的换代升级而及时提升。

甚至相对于监狱信息化建设的其他方面，信息安全建设还具有更强的时效性。监狱信息化建设的安防系统构建如无特殊意外，即使在现有技术相对落后的情况下，只要其仍然能够基本满足监狱安防需要，就还可以在一定时间内持续使用（当然，当信息技术明显落后不能满足监狱安防需要时，还是要及时更新换代的）。但监狱信息化安全建设不一样，监狱安全建设还承担着抵御对抗外来信息侵害的职能，只要外界对监狱信息侵害的手段和技术在提升，监狱信息化安全建设就应当及时提升；否则，一旦监狱信息化安全建设落后于外界可能的信息侵害，就可能造成监狱信息安全事故，给监狱和国家带来严重的损失。

因此，监狱信息安全建设需要常备常新，这不但是技术层面的要求，也是对监狱持续投入的要求。如监狱只是在最初信息化建设时设置相应的安全措施和支持，而无法持续保障信息安全建设的常备常新，则已经投入的信息安全建设将无法满足日新月异的技术变化，将面临一定的信息安全风险。当然，从广义上来说，这种持续投入既包括技术硬件层面的更新，也包括软件层面的更新，更包括对运行维护使用人员知识和水平的更新等。

五、监狱信息安全的保障与提升

监狱信息化的建设伴生了监狱信息安全建设的问题，而监狱信息安全的重要性使得监狱信息安全建设的重要性突显。但司法实践中，相比监狱信息化的进程，监狱信息安全的建设和保障仍然有提升的空间。而作为整体信息安全的一部分，监狱信息安全的提升与保障仍然有赖于社会大环境中信息安全的提升与保障。

（一）从信息安全的宏观角度看监狱信息安全的保障与提升

监狱信息安全属于信息安全概念的范畴，因此，规制信息安全的相关理念同样适用于监狱信息安全的保障提升。从信息安全的宏观角度看，大环境的保障提升有助于监狱信息安全工作的进一步发展完善。甚至可以说，没有整体大环境中信息安全的规制，监狱信息安全很难独善其身，也很难仅凭监狱的一己之力真正做到对监狱信息安全的保障与提升。

如前所述，规制信息安全主要从技术及管理两个方面开展。

1. 信息安全技术层面的发展有助于监狱信息安全保障提升

针对因信息及信息系统自身存在的技术问题而导致的信息安全问题，其规制的有效手段就是从技术角度来考虑保障因素，并通过综合集成的技术手段来构建在技术层面的信息安全保障框架体系。

由于目前我国监狱信息化的程度有限，监狱内部使用信息化的安全需求主要涉及监狱安防系统和电子狱务办公系统的物理安全、运行安全、数据安全和内容安全方面，因此，相比国家安全工作中和某些社会主体顶尖的信息安全技术发展水平，目前对于监狱内部使用信息化所需的安全技术水准要求并不高。但是，监狱信息安全除了体现在监狱内部使用信息化外，还体现在监狱需要具有抵御外界人为信息攻击行为的能力。比起监狱内部使用信息化相对并不是走在信息化最前沿来说，监狱抵御外界人为信息攻击行为时却由于网络的开放性而可能面对技术更高的攻击行为，因此需要设置更高的、与时俱进的安全技术标准。这样，从技术层面来看，监狱信息安全化可能出现两方面的趋势：一方面，监狱内部在使用信息化时的相对安全技术标准和设置要匹配国家对监狱信息化的总体要求；另一方面，监狱在信息化过程中需要设置更高的、与时俱进的安全技术标准来对抗外界人为信息攻击行为。

2. 信息安全管理层面的发展有助于监狱信息安全保障提升

信息安全的管理是一个系统化的工程，构建完善的、涉及社会管理多方面的，并在实施过程中依据配套成熟的法律法规政策作为标准化和管理依据的信息安全管理系统，能为监狱信息安全的管理提供良好的大环境。

（1）将信息安全提升至国家安全战略高度有力提升了监狱信息安全在监狱工作中的重要性。信息安全在现代信息化的趋势下已经毋庸置疑并越来越深刻地影响到一个国家的政治安全、经济安全、文化安全乃至国防安全，从国家安全战略的高度要研究提升信息安全保障问题也是大势所趋。除主要的发达国家已经从国家信息安全战略保障的角度研究并制定信息安全保障法律体系外，我国也于2014年2月27日成立了中央网络安全和信息化领导小组，标志着我国已把信息化和网络信息安全列入了国家发展的最高战略方向之一。

将信息安全提升到国家安全战略角度，意味着国家在涉及信息化的各项管理行为将高度重视信息安全问题。相应地，监狱执行刑罚的行为也是国家行为之一，国家对信息安全工作的高度重视必然也意味着监狱信息安全在监狱工作中的地位得到重视，这将有利于监狱加大对信息安全工作的投入和发展，从而对监狱信息安全工作进行保障和提升。

（2）健全信息安全管理法律体系有利于监狱信息安全的法治环境。建立健全信息安全管理法律体系，对信息安全涉及的相关方面问题都通过法律形式予以规定，是对信息化及信息安全相关行为的规范。而一旦社会上涉及信息化及信息安全的行为得到相应的规范，将为监狱信息安全创造良好的法治环境。

一方面，社会上的信息网络主体相关处理信息的行为有法可依、违法必究，在保障整个社会信息安全的同时，也将大大减少其对监狱信息安全造成危害的可能性（如立法对通过信息网络攻击国家政府机关服务器并窃密的行为予以禁止，并明确规定违法行为的追究程序及追究责任的，将有力地震慑此类行为，减少可能对监狱信息网络服务器的攻击窃密行为，或者即使在受到攻击窃密后也能及时追究责任、挽回损失）。

另一方面，包括监狱干警在内的信息网络主体可依据明确的法律规定、按照国家规定的方式操作处理信息，这种规范的信息操作行为可减少信息安全的隐患。具体到监狱内部使用信息化过程中，监狱干警将可按照相关信息安全管理法律的明确规定予以操作，减少或杜绝可能造成信息安全隐患的操作行为。

（3）加强信息安全的行政管理，助力监狱信息安全外部环境的清理。通过采取行政手段对网络行为及其他信息交流行为进行管理，如网络准入制度、联网登记和联网电脑管理制度、网络信息标准化管理制度等，可以有效将网络行为以及其他信息交流行为规范在国家允许的渠道内，通过技术规制将庞杂的网络行为及其他信息交流行为置于行政可控范围内，并在必要时实现国家对信息网络主体及其网络行为以及其他信息交流行为的实时监控，进而大量减少、杜绝危害信息安全行为的发生。

通过加强信息安全的行政管理，能够大量清理社会上的不良网络行为及其他信息交流行为，给社会创造一个清洁可控的信息交流环境。而当整个社会的信息交流环境清洁可控时，可能危害监狱信息安全的不良信息交流行为也能得到有效管控，助力监狱信息安全的实现。

（4）加强信息网络主体道德修养和信息安全意识，为监狱信息安全创造良好的舆论支持。通过加强信息网络主体的道德修养、培养提高全民信息安全意识，创造“文明上网、文明信息交流”的舆论氛围，广大信息网络主体能够更清晰地认识到自己的网络行为及其他信息交流行为是否符合网络道德要求，自觉抵制违反网络道德要求和可能危害信息安全的不良网络行为及其他信息交流行为。

与从法律层面对网络行为及其他信息交流行为进行规制不同，从网络道德层面的规制虽然不具有法律强制性，却具有舆论苛责性的巨大作用，能针对更多尚不违法的不良网络行为及其他信息交流行为，进而起到在更大范围内规范提升网络行为及其他信息交流行为水准的作用。另外，法律层面对网络行为及其他信息交流行为进行规制更多依靠的是法律的强制力和威慑力，而通过网络道德层面的规制却是通过网络行为主体的自觉性实现，主观上具有更大的动力。

因此，建立“文明上网、文明信息交流”的网络道德，能自觉抵制包括违法网络行为及其他信息交流行为在内的更多不良网络行为及其他信息交流行为，进而有力减少可能危害监狱信息安全的行为，为监狱信息安全创造良好的舆论支持。

（二）从监狱的具体问题出发看监狱信息安全的保障与提升

整体信息安全的规制水平决定了监狱信息安全所处的环境，也在一定意义上决定了监狱信息安全保障技术及管理水平的最低线。但毕竟监狱信息安全问题有其特殊性（如监狱信息安全涉及刑罚管理相关保密或敏感信息，一旦泄露会造成非常严重的不良影响；监狱信息化建设有一定的规范，但面对的外部网络及其他信息攻击行为却是各种各样、日新月异的；监狱工作具有一定封闭性，监狱干警对信息化专业程度不足等），导致监狱信息安全的保障和提升不能仅仅只与整个社会的信息安全规制水平保持一致或仅仅照搬适用社会普通信息安全规制水平的相应技术及管理，而应结合监狱具体情况出发，一方面满足监狱信息化建设的规范要求，另一方面又要能与时俱进抵御外部网络及其他信息攻击行为，真正构建符合监狱实际的信息安全保障与提升体系。

同样地，对于监狱信息安全的规制，大方向也是从技术和管理两方面入手。

1. 监狱信息工作的特殊性对信息安全技术有特殊要求

当然，从技术上来说，信息安全技术层面的发展提升为监狱信息安全工作的保障提供了扎实的硬件基础。但由于监狱工作的封闭性和监狱管理的统一性，监狱信息工作并不像社会普通的商业主体或其他主体的信息工作：监狱本身的信息化建设主要需要围绕着更好地发挥监狱基本职能来实现，而不需要监狱工作的各个层面都走在信息化的时代前列；并且，我国监狱作为国家执行刑罚的专门机关，受司法行政部门的统一管理，在信息化建设方面应遵守统一的规范，而不是由各个监狱自行发挥。因此，从监狱内部信息化工作的层面来看，目前我国监狱信息化工作对信息安全要求的技术水平并不是最顶尖的，因而基于我国监狱信息化的安全技术也是相对成熟和可行的。

但另外一方面，虽然监狱信息化工作在监狱内部操作层面可能并不面临最新的信息安全需求，但监狱却面临着各种各样、日新月异的外部网络及其他信息攻击行为（如黑客破坏服务器、窃密）。针对可能的外部网络及其他信息攻击行为，为了保障监狱自身信息系统的安全运行，需要设置完善的、匹配的、与时俱进的防御技术措施（如各种防火墙技术），这就意味着监狱信息安全在面对外部网络及其他信息攻击行为时，需要设置较高水平并且常备常新的防御技术措施。

这样的话，从信息安全技术层面来说，监狱内部信息化运行所需要的技术配置和监狱抵御外部网络及其他信息攻击行为所需要的技术配置是有所不同的，这也意味着监狱信息安全工作开展时对技术是根据需要有不同侧重和不同要求的：对监狱内部信息化运作的安全技术更多要求的是成熟、稳定的现有技术，而对监狱抵御外部网络及其他信息攻击行为的安全技术更多要求的是与时俱进、常备常新的技术。相应地，对技术的配置、后期的管理和维护等也都有所区别。这是我们在提升监狱信息安全技术保障时应该予以重视的。

2. 监狱内部应着力加强对信息安全工作的管理

社会层面对整体信息安全的系统管理，为监狱信息安全管理提供了良好的环境和基础，但监狱内部还应着力结合自身情况，加强对监狱信息安全工作的管理。

（1）切实提升监狱信息安全工作在监狱工作中的重要性。应该说，信息化乃至信息安全管理对我国大部分监狱来说还是新兴事物，大部分监狱（包括监狱有关方面领导和普通监狱干警）主要还是通过司法部主导的监狱信息化建设才开始接触信息化工作。因此，对监狱信息安全不了解乃至不重视也是有可能的。

但随着信息化的推进和监狱信息工作的特殊性，监狱方面应确实转变观念，提升对信息安全重要性的认识，摆脱仅从技术层面对监狱信息安全的老观念，将监狱信息安全放到直接影响整个监狱工作开展，乃至可能对监狱工作造成重大隐患和损失的角度来加以重视。

提升监狱信息安全工作的重要性，首要来自监狱及有关方面领导对监狱信息安全认识的转变，只有将监狱信息安全工作放在整个监狱工作的重要方面，才会加强管理、加大投入、完善硬件软件设置、对普通干警定期培训、常备常新等，直至在每个普通干警心里都深刻印上信息安全的重要性和安全操作流程，为监狱信息安全工作的整体提升奠定扎实的基础。

（2）结合监狱具体情况制定对监狱信息安全的操作规范并监督执行。监狱工作实践中，信息化操作对于很多监狱干警是一个新兴事物，更不用提对信息安全操作有足够完善的了解。因此，为了统一规范监狱干警的网络及其他信息操作行为，减少乃至杜绝可能影响信息安全的不良操作行为，有必要根据监狱信息化建设的具体情况，制定具体的监狱信息安全操作规定，通过对监狱干警进行及时、广泛、细致的培训，要求监狱干警在网络及其他信息操作行为中予以遵守。

另外，为了确保信息安全操作规范得到有力执行，还应加强对干警信息操作行为的监督。

一般来说，监狱制定完善的信息安全操作规范，是从信息技术入手、对监狱实际管理情况和信息安全需要进行反映，如规定干警按照特定的安全权限和等级（根据安全等级对监狱信息分级，严格区分干警处理不同级别信息的权限）、严格的步骤和方法执行（如严格规定处理保密数据、传输数据和备份数据的方式方法，明确规定系统及防火墙的定期升级及安全检查等），并且在技术层面和管理层面都加强对干警违规操作的监督、追究及处罚等。

（3）加强监狱信息安全人才储备，提高现有干警信息安全认识和水平。一般来说，我国监狱目前招录干警仍然主要来源于法学或者相关专业，对于信息技术专业人员的引进不足；或者即使有所储备，但专业信息安全技术人员在监狱工作的特性使其缺乏定期的深造培训，专业知识缺乏连贯性，可能对日新月异的信息安全知识无法更新。因此，伴随着监狱信息化建设的进程，有必要加强监狱信息安全人才储备（既包括引进信息技术专业人员，也包括持续更新现有信息技术专业人员的知识结构），由专业的信息人才负责监狱内部信息化建设的技术工作（包括维护、运营、升级、更新现有监狱信息系统，及时排除相关技术问题，协助制定监狱信息安全操作规范，对监狱干警进行信息技术及信息安全培训等）。

另外，对于在日常监狱管理工作中使用监狱信息化系统的监狱普通干警来说，由于这部分干警本身并不具有信息技术专业知识，其知识结构层次和年龄层次决定了大部分干警并不必然具有监狱信息化工作所需要的信息安全知识。因此，有必要对监狱普通干警开展信息化操作及信息安全培训，教授基本的信息安全技术知识，培训有关信息安全的操作规范（既包括遵守国家或主管机关层面对信息安全的相关规定，也包括本监狱内部根据监狱具体情况制定的信息安全操作规范等），补足他们对信息安全知识及操作规程的知识空白。当然，随着信息化知识和信息安全操作规则的日新月异，尤其在监狱信息化工作升级或者有关管理规定发生变化时，需要对监狱干警进行及时的定期的更新培训，确保监狱普通干警掌握的信息化知识和信息安全操作规则能够满足时代和工作的需要。

（4）对监狱信息安全工作持续投入。如前所述，与监狱硬件建设的其他方面不同，监狱信息化建设由于信息技术的日新月异而具有时效性。其他的监狱硬件设施，如监狱建筑、监狱改造设施，可能能够持续使用5年、10年乃至更长时间。而随着信息技术的飞速发展，监狱信息化建设的设置无法持续使用那么长时间，其需要随着技术的换代升级而及时提升。甚至相对于监狱信息化建设的其他方面，信息安全建设还具有更强的时效性。监狱信息化建设的安防系统构建如无特殊意外，即使在现有技术相对落后于社会最尖端信息水平的情况下，只要其仍然能够基本满足监狱安防需要，就还可以在一定时间内持续使用（当然，当信息技术明显落后不能满足监狱安防需要时，还是要及时更新换代的）。但监狱信息化安全建设不一样，监狱安全建设还承担着抵御对抗外来信息侵害的职能，只要外界对监狱信息侵害的手段和技术在提升，监狱信息化安全建设就应当及时提升，否则，一旦监狱信息化安全建设落后于外界可能的信息侵害，就可能造成监狱信息安全事故，给监狱和国家带来严重的损失。

因此，随着信息技术的日新月异和信息安全常备常新的需求，监狱需要保持对信息安全工作的持续投人，并不仅仅是从硬件的角度在信息化建设时构建相应的安全措施和知识，而更应该从设置、软件、人力和管理的角度将信息化及信息安全作为监狱常规的一项持续工作，对监狱信息化及信息安全予以持续投入（从广义上来说，这种持续投入既包括技术硬件层面的更新，也包括软件层面的更新，更包括对运行维护使用人员知识和水平的更新等）。

监狱信息安全建设需要常备常新，这不但是技术层面的要求，也是对监狱持续投入的要求。如监狱只是在最初信息化建设时设置相应的安全措施和支持，而无法持续保障信息安全建设的常备常新，则已经投入的信息安全建设将无法适应日新月异的技术变化，将面临一定的信息安全风险。

六、总结

在全球信息化的趋势下，信息安全正日益成为人们关注的问题，其不仅涉及信息技术的发展与革新，更需要提高信息管理水平来规制。同样地，在监狱信息化的今天，监狱信息安全也是监狱工作不容忽视的方面，监狱方面应当结合监狱的具体情况，通过多方面工作，保障和提升监狱信息安全。

第二节　监狱信息化与服刑犯罪人人权保障的协调发展

在提倡保障人权的现代法治理念下，刑罚虽然作为惩罚、预防犯罪之必要的恶仍得以存在，但人们开始越来越多关注服刑犯罪人的人权保障问题，国家司法权（刑罚权）与服刑犯罪人基本人权保障之间凸显出不可避免的矛盾与冲突，而现代信息化的科技发展在给这对矛盾带来了更多冲突的同时，也带来了更大的协调空间和共存可能性。尤其对于监禁刑来说，监禁刑的本质是剥夺犯罪人的人身自由，那么是否意味着犯罪人仍然享有除人身自由之外的其他基本人权？是否意味着服刑犯罪人在监狱中仍然可以行使除人身自由之外的其他基本人权？如果是的话，监狱信息化背景下犯罪人将如何行使其除人身自由之外的其他基本人权？以下，本书将在监狱信息化的背景下，主要在我国宪法人权保障体系下讨论国家司法权（刑罚权）与服刑犯罪人基本人权的协调发展。

一、监狱信息化背景下国家司法权与服刑犯罪人基本人权的相互冲突与协调

（一）国家司法权与服刑犯罪人基本人权的相互冲突与协调

1. 刑事司法程序中国家权力与公民权利的冲突

从历史发展来看，现代刑事诉讼制度是国家司法权力介入刑事纠纷处理过程，由专门的国家机关行使公诉权、审判权和刑罚执行权的诉讼模式。这种刑事诉讼模式的兴起缘于以下多种原因的共同作用：人们将犯罪从普通侵权中区分出来，认为犯罪不仅是对被害人的侵害，更是对社会秩序和法益的侵害；民族主义国家形成后国家权力大大增强；对追究犯罪、维护社会秩序的需求；三权分立的分权思想等。因此，在现代刑事诉讼中，呈现出司法权（包括起诉权、审判权、刑罚执行权）基本掌握在国家手中，由不同的专门机关代表国家行使不同的景象：现代刑事诉讼是开始于社会秩序受到侵犯，由国家（检察机关）针对个人（犯罪行为人）提起，由国家（审判机关）对个人（被告人）行为进行裁判并宣告法律规定的刑罚的活动。①

国家权力对现代刑事诉讼的介入，带来了现代刑事诉讼一个重要的问题，即国家权力与公民权利（主要指被国家追诉犯罪的犯罪嫌疑人、被告人、服刑犯罪人）的关系问题。在现代刑事司法程序中，正如西方学者所揭示的："撇开其作为一个技术领域的特点不说，宪法视野下的刑事司法程序明确提出将国家与公民的关系作为最基本的问题加以考察。因为世界上的每一个国家都有一种直接由警察垄断的国家权力，同时，每一个国家也制定了刑法以规范国内秩序与实现社会正义。然而，历史和当代的经验告诉我们，在为了执行法律必须行使国家权力时，许多政府常常逾越法律和

---

① 杨开湘：《刑事诉讼与隐私权保护的关系研究》，中国法制出版社2006年版，第69页。

道德上的界限，同时，国家权力还被无端用于打击政治对手、种族上的少数人群与社会偏常者”。[①] 具体来说，刑事司法程序中国家与公民的关系可能出现如下态势的冲突。

（1）诉讼双方的天然对立造成的国家司法权追诉犯罪人的冲突。即使从理想主义的法律应然角度来说（即国家司法权在追诉犯罪过程中并无滥用而侵犯被追诉人基本权利的情况下），国家启动司法权，通过起诉、审判的刑事司法程序对社会中的特定公民采取刑罚，本身就是对该被追诉的特定公民原先享有的自由和人权的侵犯。当然，虽然从法理层面来说，国家对特定公民启动司法权的正当性来源于对特定公民先前犯罪行为的追究。但从刑事诉讼的技术角度来看的话，其对特定公民启动司法权对该特定公民来说，确实是一次可能引发该公民遭受刑罚的危险。因此，对于趋利避害的特定公民来说，其在可能导致其遭受刑罚的刑事司法程序中，当然与追究的国家司法权之间存在冲突。这种冲突来源于诉讼双方的对立性，普遍存在于民事诉讼、行政诉讼等其他诉讼模式中，并非基于刑事诉讼追诉惩罚犯罪一方为国家机关的特殊情况。

（2）国家司法权的天然强势地位和滥用可能导致的对被追诉主体权利的侵害。与民事诉讼对立双方均是平等的普通公民和其他社会主体不同，刑事诉讼的对立双方分别是国家和普通公民个人。其中，国家在刑事诉讼中承担从起诉到审判到刑罚执行的职能（具体通过检察机关、审判机关和刑罚执行机关等不同国家机关实现），是国家司法权的具体化。并且国家专门机关在行使这些职能时也都受到国家权力保障，依法可以强制实施。因此，相对于被追诉的公民个人来说，国家司法权具有天然强势地位，公民在与国家的刑事诉讼对决中处于弱势。尤其在出现国家权力滥用的情况下（基于权力本身所具有的天然滥用和扩展的特性，而并不是对特定权力样态的批评），被追诉的公民更可能受到国家起诉权的侵害。

---

① 转引自杨开湘：《刑事诉讼与隐私权保护的关系研究》，中国法制出版社2006年版，第66页。

2. 刑事司法程序中国家权力与公民权利的协调

对于刑事司法程序中国家权力与公民权利的冲突，从现代刑事诉讼诞生之日起，立法者和学者们就一直致力于通过在现有刑事诉讼法律中进行技术设置来实现平衡和协调。

（1）在刑事诉讼法中对国家司法权的行使规定严格的程序。通过规定国家司法权行使的正当程序，要求刑事诉讼专门机关严格按照相关诉讼规定开展追诉行为，是现代刑事诉讼法设立的基础之一，也是国外刑事诉讼法本意为“刑事程序法（criminal procedure law）”的缘起。对国家司法权在刑事司法程序中行使的范围、开展的步骤等规定具体的程序，要求国家司法权严格按照法定程序开展刑事追究，将国家司法权的行使通过程序的框架予以限定，是对国家司法权滥用的最好限制，也能有效减少、杜绝国家司法权滥用对被追诉公民造成的损害。

（2）在刑事诉讼法中给国家追诉权设置更多的义务和负担。除了通过设置正当程序予以规范外，为了平衡国家专门机关与被追诉公民的天然不平等态势，现代刑事诉讼法还通过给国家追诉权设置更多的义务和负担而给被追诉公民设置更多的权利和便利这一动态调整来实现诉讼双方的“平等武装”，从实质上减少、杜绝被追诉公民因处于弱势地位而受到的国家权力的侵害。如被告人享有无罪推定的保障，而检察机关应承担举证责任等。

3. 国家刑罚执行权与服刑犯罪人基本人权的相互冲突与协调

刑罚执行是刑事司法程序的最后阶段，现代刑事诉讼中的刑罚执行也基本由专门的国家机关来承担，即刑罚执行权掌握在国家手中，属国家权力。因此，在刑罚执行过程中也存在国家刑罚执行权和服刑犯罪人权利的冲突。以监禁刑这一主要刑罚种类来说，这种冲突主要体现在国家为了执行刑罚、实现对犯罪人的刑事责任追究，需要对犯罪人人身自由予以剥夺，进而在行刑过程中可能带来对犯罪人其他基本权利与自由的限制；但对于服刑犯罪人来说，其虽然应承担刑事责任而被剥夺人身自由，但仍然享有其他未被剥夺的基本权利与自由。

相比而言，监禁刑执行过程中国家刑罚执行权与服刑犯罪人基本人权的冲突，更多不是理论问题（因为从理论上来说大家基本都认可监禁刑剥夺的是犯罪人的人身自由，并非犯罪人的所有人权和自由)，而是现实问题（即国家执行监禁刑的现状必然会对服刑犯罪人行使其他人权与自由造成限制)，是如何能够在实现监禁刑刑罚目的的同时实现服刑犯罪人其他人权和自由最大化的问题。

相应地，对于如何更好地协调国家刑罚执行权与服刑犯罪人基本人权之间相互冲突的问题，除了通过对国家刑罚执行权规定程序等立法层面的技术设置外，更多是在监狱刑罚执行权的实践中利用现有条件，在狱政管理中更好地实现监禁刑刑罚目的与服刑犯罪人其他人权和自由最大化的协调发展。

（二）在监狱信息化背景下看国家司法权与服刑犯罪人基本人权的协调发展

国家刑罚执行权和服刑犯罪人基本人权的冲突，是国家权力和公民权利的冲突在刑罚执行问题上的表现，自司法权由国家行使开始就已然存在。但随着科学技术飞速发展给监禁刑行刑方式和具体内容带来巨大的变化，相应地也给国家刑罚执行权和服刑犯罪人基本人权之协调发展带来了深刻的影响。

1. 科学技术发展给监禁刑执行和服刑犯罪人人权保障带来的变化

（1）科技发展给监禁刑执行带来的变化。监禁刑是剥夺犯罪人人身自由，将其在一定期限内由监狱隔离监管的刑罚方式。监狱在执行监禁刑时，除了通过各种安防措施达到剥夺犯罪人人身自由的刑罚惩罚功能外，还采取相关教育矫正措施实现预防犯罪的刑罚功能。

在监狱执行监禁刑的这个过程中，虽然行刑理念是基本保持一致的，但科学技术发展带来了监狱行刑理念之具体方式的变革，即科学技术的飞速发展给监禁刑行刑方式和具体内容带来了巨大的变化：如多级视频联网的电视监控系统、门禁系统、周界防范系统、非法进出报警系统、电子巡更系统、犯人的 GPS 定位系统等高科技的发展，带来 21 世纪初现代监狱安防系统的数字化、网络化、智能化；远程网络教育系统、数字教室、数字图书馆、短信平台和远程帮教系统、心理评估及矫正系统等技术的应用，给监狱实现对服刑犯罪人进行教育改造和继续教育带来更多的可能性等。

各种高科技手段在监狱行刑过程中的运用，极大提高了监狱的行刑水平和工作效率，解放了传统由监狱干警承担的很多具体工作，为监狱更好地实现惩罚和教育矫正的刑罚目的提供了良好的技术支持和硬件基础。

但在监狱将更多的工作交由高科技手段承担或辅助承担的同时，一旦技术失控或出现事故，在监狱方及时发现并立即由人力或其他方式接管失控技术造成的监狱职能空缺前，可能会酿成相应的监狱危机事故，即监狱所运用之高科技手段在辅助监狱完成工作的同时，也可能危害监狱完成工作。这也是现代高科技发展中所面临的共性问题。

（2）科技发展给监狱服刑犯罪人基本人权保障带来的变化。如前所述，监禁刑所剥夺的仅是犯罪人的人身自由，因此，从理论上来说，在监狱中服刑的犯罪人除了不享有人身自由外，其他基本人权并未剥夺，应依法享有。但被执行监禁刑的犯罪人被统一隔离关押在监狱这一客观实际，可能对服刑犯罪人其他基本人权的行使带来一定障碍：如服刑犯罪人由于人身自由被剥夺并被隔离在监狱，将无法像普通社会公众一样自由去学校上学行使受教育的权利；服刑犯罪人因监狱统一监管要求需要遵守监狱相关行为规范，不像普通社会工作一样享有随意的社会经济的权利、与家人团聚联系的权利等。由此可见，虽然从理论上来说监禁刑的服刑犯罪人被国家法律剥夺的仅仅是人身自由，但由于人身自由受限，也给服刑犯罪人行使其他未被法律剥夺的基本人权带来实际的障碍。

高科技的发展，尤其信息技术的发展，使得人们的很多行为可以通过网络实现，而不需要特定的场所。这也给在监狱服刑的犯罪人带来了福音，使他们可以在监狱服刑的同时参与其他活动、实现其他基本人权：他们可能不需要离开监狱去学校，就能够通过监狱的数字图书馆、网络教学系统等实现上学受教育的可能；他们也可以不用非要通过亲属本人探视、写信等传统方式达到与家人的联系，而可以通过短信、网络等方式与外界取得联系等。

但高科技也是把双刃剑，在监狱方面可以通过多级视频联网的电视监控系统、犯人的 GPS 定位系统等高科技手段实现对服刑犯罪人多方位监管的同时，也意味着监狱方面可能在全方位监控服刑犯罪人时取得关于服刑犯罪人的过多信息，甚至可能是超出正常监管需求而涉及服刑犯罪人的隐私，涉嫌国家刑罚执行权对服刑犯罪人基本人权的侵害。

（3）总结。综上所述，科学技术的发展给监禁刑执行和服刑犯罪人人权保障带来了巨大的影响和变化，为现代监狱执行监禁刑提供了新的技术手段和硬件支持：一方面，将适合的科学技术引入监狱行刑工作，可以提高监狱监管效率和水平，可以便于服刑犯罪人享有更多的除人身自由之外的基本权利与自由；另一方面，科学技术的发展也是把双刃剑，其在有助于监狱方面加强监管的同时可能涉及对服刑犯罪人隐私的过度监控，并且在技术失控或出现事故时可能给监狱监管工作带来负面影响。因此，科学技术的发展在给监禁刑执行和服刑犯罪人人权保障协调发展带来巨大机遇的同时也带来新的挑战，如何充分发挥科学技术对现代监狱工作的正向作用、避免其负面影响，是现代监狱必须面对的问题。

2. 在我国监狱信息化背景下看国家刑罚执行权与服刑犯罪人基本人权的协调发展

随着时代的变迁，科学技术的日新月异为我国监狱工作的提升带来了挑战和机遇。在全球信息化的背景下，我国监狱主管部门（司法部）于2006年年初制定了《全国监狱信息化建设规划》，揭开了我国监狱信息化的进程。

所谓监狱信息化，是指通过有效地利用计算机技术、通信技术、网络即时等现代化技术和设施，对监狱系统的各项工作进行创新性组合，对传统的监狱系统管理机制、组织结构、人员素质等诸方面进行优化、改革、重组，实现监狱工作更科学、更公正、更安全、更高效地履行监管改造的使命，满足监狱在安全预防、公正执法、改造质量、管理水平等方面的需要，更好地发挥监狱的本质职能。[①] 监狱信息化包括以下几个方面的工作：建设完善基础网络，实现信息传输网络化；建设完善基础信息资源库，实现信息化处理数字化；建设完善安全防范系统，实现安全防范智能化；建设完善监管和执法管理系统，实现监狱管理、执法规范化；建设完善电子政务系统，实现办公自动化；建设完善标准规范，实现技术应用标准化。[②] 监狱信息化的主要任务为建设1个平台（即网络和硬件平台）、3个信息资源库（即监狱管理信息库、罪犯信息库、警察信息库）、10个应用系统（即监狱安全防范和应急

① 孙念："监狱信息化建设的风险与防范"，载《社科纵横》2010年第5期。

② 摘自时任司法部部长吴爱英在2007年全国监狱信息化建设工作会议上的讲话。

指挥系统、监管及执法管理系统、教育改造系统、生活保障及医疗卫生系统、警察管理系统、生产管理与劳动改造系统、监狱建设与保障系统、狱务公开系统、办公自动化和决策支持系统）。

通过监狱信息化建设，目前我国监狱信息化水平有了长足的进步，充分利用了信息化技术武装监狱的主要方面，有力地提升了监狱安防水平和信息化办公的水平，延伸了国家刑罚执行权在现代信息化背景下的职能；与此同时，监狱信息化工作的开展，大大提升了监狱服刑犯罪人通过信息化技术更多实现基本权利（如受教育权等）和自由的空间，有利于服刑犯罪人在接受监狱监管的同时更多、更好地实现其他人权。因此，可以说，我国监狱信息化的发展为现代国家刑罚执行权与服刑犯罪人基本人权的协调发展提供了技术可能性。但安防信息技术过度发达可能造成的对服刑犯罪人隐私的基本侵犯也是毋庸置疑的负面效应，需要我们予以关注、解决。

（三）在我国人权保障宪法背景下看国家行刑权与服刑犯罪人基本人权的协调发展

虽然在监禁刑的本质是剥夺犯罪人人身自由这一点上不同政治经济制度和社会制度中的刑事法律都予以确认，但对于本书所要展开论述的服刑犯罪人除人身自由之外的其他基本人权，需要厘清基本人权的概念，在我国宪法及相关法律框架下予以展开。

1. 基本人权的概念

由于受到不同文化类型、历史传统、政治经济制度和社会制度等因素的影响，不同国家对人权有不同的认识，目前尚未形成对人权的各国公认的统一概念。就我国来说，比较有影响力和规范性的人权概念是中国人权研究会给出的界定：“所谓人权，是指在一定的社会历史条件下每个人按其本质和尊严享有或应该享有的基本权利。”①

基本人权是人权的一部分，是相对于非基本人权而言的，一般来说，基本人权包括生存权、发展权、安全权、劳动权、社会保障权、接受教育权、自由权等人人普遍享有的人权。本书所讲的人权也仅限于基本人权范畴，而

---

① 中国人权研究会：“什么是人权”，载《人民日报》2005年1月12日。

不讨论部分人享有的特殊权利和特殊自由这部分非基本人权。

需要指出的是，我国不同意对人权观一刀切的所谓普世价值，而主张结合国家发展具体情况设定保障的人权观。结合我国发展的实际情况，我国的人权观是："中国将人权事业的发展与经济建设、政治建设、文化建设、社会建设和生态文明建设相结合，把保障人民的生存权、发展权放在首位，努力促进经济、社会和文化权利与公民、政治权利的全面、协调发展。"①

2. 我国对人权的宪法法律保障

我国历来重视对公民的人权保障问题，2004年《宪法》修正案正式写入了"国家尊重和保障人权"，从而将我国人权保障提高到了新的高度。继"人权"分别庄严载入《中华人民共和国宪法》（以下简称《宪法》）、国民经济和社会发展规划及《中国共产党章程》之后，2012年11月召开的中国共产党第十八次全国人民代表大会又将"人权得到切实尊重和保障"确立为全面建成小康社会的奋斗目标之一。中国政府还发布了《国家人权行动计划（2009－2010年）》和《国家人权行动计划(2012－2015年)》，并对《国家人权行动计划（2009－2010年）》的实施情况进行了评估。中国人权事业的发展进入了有计划、持续稳健、全面推进的新阶段。

根据我国现行《宪法》第34～50条的规定，目前我国公民享有的八大基本权利分别是：政治权利和自由；宗教信仰自由；人身自由；批评、建议、申诉、控告、检举和取得赔偿权；社会经济权利；文化教育权利；妇女、老人、儿童受国家的保护；保护华侨、归侨和侨眷的权利和利益。除《宪法》对保障人权作出宪法原则层面的规定外，各部门法都在各自法域内对保障人权作出了具体的规定。

另外，除完善国内法对人权的保障外，中国政府高度重视国际人权文书在促进和保护人权方面发挥的重要作用，已加入包括《经济、社会及文化权利国际公约》、《世界人权宣言》、《公民权利和政治权利国际公约》、《经济、社会及文化权利国际公约》、《联合国打击跨国有组织犯罪公约》、《联合国反

---

①《2012年中国人权事业的进展》白皮书。

腐败公约》、《禁止酷刑和其他残忍、不人道或有辱人格的待遇或处罚公约》、《儿童权利公约》、《男女工人同工同酬公约》等在内的25项国际人权公约，并积极为批准《公民权利和政治权利国际公约》创造条件。

因此，我们主要在我国宪法法律及我国加入的国际公约相关规定框架下论述我国服刑犯罪人的基本人权问题。

3. 我国人权保障宪法背景下的服刑犯罪人基本人权

对于监禁刑的服刑犯罪人来说，其因为犯罪而需要承担刑事法律责任，具体通过剥夺犯罪人人身自由来实现监禁刑。因此，严格来说，监禁刑这一刑罚方式仅剥夺服刑犯罪人的人身自由，而并不涉及对服刑犯罪人其他基本人权的剥夺。据此，从理论上来说，服刑犯罪人在监狱服刑期间，仍然享有宪法法律规定的其未被剥夺的基本人权。但服刑犯罪人在监狱中被剥夺人身自由的特殊性决定了其无法在客观上享有某些基本人权（如服刑犯罪人无人身自由，无法行使被选举权等），或某些权利的行使受到一定的限制等。

就我国《宪法》规定的公民八大基本人权来说，服刑犯罪人人身自由的缺失可能导致其他基本人权有的受到一定限制、有的客观上无法行使等，但对于其他未被法律剥夺的基本人权，服刑犯罪人都应享有。

同时，我国《监狱法》第7条规定“罪犯的人格不受侮辱，其人身安全、合法财产和辩护、申诉、控告、检举以及其他未被依法剥夺或者限制的权利不受侵犯”，又从正面对服刑犯罪人依法享有的基本人权进行了确认。

以下，本书将以我国宪法人权规定为基础，从服刑犯罪人的隐私权、政治权利、社会经济和文化教育权利、获得救济权几个主要方面，对服刑犯罪人的基本人权及其在监狱信息化背景下的协调发展进行论述。

二、监狱信息化与服刑犯罪人隐私（权）的协调发展

（一）隐私及隐私权的概念与内涵

1. 隐私的概念和内涵

“隐私”是近年来日常生活中使用率颇高的一个常见词汇，《现代汉语词典》将“隐私”定义为：“不愿告人的或不愿公开的个人的事。”但要想从法律概念上定义“隐私”就没有那么准确统一了，国内先后有学

者从不同侧重点对“隐私”进行界定，如“隐私，又称私人生活秘密或私生活秘密，是指私人生活安宁不受他人非法干涉，私人信息保密不受他人非法搜集、刺探和公开等”①，“隐私是个人不愿为他人所知晓和干预的私人生活”② 等，试图通过对“隐私”作出广泛而灵活的解释，以适应隐私随着社会变革或者新的侵犯个人隐私技术手段的不断发展而不断丰富变化的内涵。

一般认为隐私的构成要件，一是“私”，二是“隐”：“私”指的是与社会利益、公共利益、群体利益无关的，仅涉及个人的私生活、个人数据资料、私人信息、个人生活习惯等；“隐”是指个人不愿将这些私人信息或私人状态向一定范围外的外界和陌生人群公开，让他人知晓和干预。其中，“隐”是隐私的本质特征所在。

应该说，人们对隐私的需求、对自己私人生活状态不受他人知晓和干预的需求是自古有之的（尤其在个人主义相对较为浓厚的社会更注重私人的隐私）。尤其随着社会变革和科学技术发展，一方面，个人生活中所涉及的私人信息及隐私越来越多，另一方面，新的侵犯个人隐私的技术手段也不断发展，使得个人对自己隐私及信息的保护和处理变得越来越重要，也更加凸显了个人对隐私的日益重要的需求。

2. 隐私权的概念和内涵

与隐私和隐私观念古已有之不同，隐私权成为法律所保障的一种权利是直到 19 世纪末才出现的。“人们设计出隐私权的目的是使我们能够讨论、划分和谴责一切错误的、不正当的隐私侵入。是为了表达下列事实，即我们具有隐私权就在根本上意味着我们有权不成为无端或任意的窥视、打听、刺探等行为的牺牲品”③。虽然隐私权所保护的客体是个人隐私，但并不是所有个人隐私都是隐私权保护的对象，隐私权只保护法律层面的个人隐私，而不保护自然事实层面的个人隐私。如当警察持合法搜查证进入某人家中搜查时，该人失去了自然事实层面上的隐私，但由于警察搜查的合法性，这种搜查行

---

① 张新宝：《隐私权的法律保护》，群众出版社 1997 年版，第 16 ~ 17 页。

② 王利明、杨立新：《人格权与新闻侵权》，中国方正出版社 1995 年版，第 415 页。

③ 转引自杨开湘：《刑事诉讼与隐私权保护的关系研究》，中国法制出版社 2006 年版，第 26 页。

为并不构成对该人隐私权的侵犯。

但在具体回答何为隐私权的问题上，由于隐私权涉及的法域分支较多，而实践中发生的隐私权案件又不断出新，因此很难简单对隐私权作出一个超越法域分支又涵盖隐私权最新发展的抽象概念。为了更好地了解隐私权的内涵，我们从隐私权涉及的不同法域分支入手：

一为侵权法意义上的隐私权（即私法层面的隐私权）。这是从民法层面对隐私权的保障，关注的是普通平等民事主体之间的行为关系，是通过侵权法对打破他人隐私状态的侵权行为人予以法律苛责，以保护个人享有的隐私状态。

二为宪法意义上的隐私权（即公法层面的隐私权）。这是从宪法层面对隐私权的保障，关注的主要是国家机关在行使权力时与普通公民之间的行为关系，所保障的是普通公民独立于政府的权利，要求国家机关在行使权力或处理公民个人信息时不侵犯公民的隐私权。其核心内容建立在隐私作为公民基本尊严和自由应受宪政保护的基础上，主要涉及要求国家机关行使权力时不侵犯公民的隐私权和国家机关在处理公民个人信息时不侵犯公民的隐私权两个层面，前者主要体现在政府的相关执法行为中（如采取搜查的强制措施），后者主要体现在政府对有关公民信息的管理行为中（如要求行政机关对公民个人信息的搜集、利用和传播应遵守相应的规则）。

由此可见，由于隐私已经存在于人们生活的方方面面，导致不同领域都可能发生隐私受到侵犯需要法律保护的情形，因此隐私权已经涉及不同法域（上述侵权法、宪法乃至信息的大众传媒法领域），不同法律保护公民享有不同类型的隐私权。尤其随着社会变革和新的侵犯个人隐私的技术手段的不断发展，使得人们开始越来越重视在法律层面对个人隐私权予以保障。

因此，我们可以尝试从外延上将隐私权界定为“基于个人隐私的全部内容，而在不同部门法上体现的，个人享有自己的隐私受到法律保护、不被他人或政府非法侵扰、知悉、搜集、利用和公开的权利的综合”。①

---

① 杨开湘：《刑事诉讼与隐私权保护的关系研究》，中国法制出版社2006年版，第31页。

3. 宪法隐私权与基本人权

如前所述，宪法意义上的隐私权是从宪法层面对普通公民隐私权的保障，其核心内容建立在隐私作为公民基本尊严和自由应受宪政保护的基础上。这意味着宪法隐私权是将隐私权作为公民基本人权的宪政权利来看待，宪法隐私权是公民基本人权的一部分。

但我们注意到，即使在主张对宪法隐私权保障的国家，也不一定在宪法文本上直接看到“隐私权”的字样，而是通过对公民多种自由和权利的保障来延伸实现对公民隐私权的保障。如美国宪法并无“隐私权”的直接文字表达，而是散见于《权利法案》的多项规定之中（包括宪法第一、第三、第四、第五和第九修正案等）[①]；德国宪法虽然并未明确文本意义上的“隐私权”，但起码有三个条款（人格条款、通信与通讯的隐私、保护住宅不受侵犯）涉及对个人隐私的保护。

同样，我国《宪法》里虽然没有明确出现“公民隐私权”的文字，但我们认为，从保障权利的实质内容来看，我国《宪法》中明确规定的保护公民私人生活领域的条款有：“中华人民共和国公民有宗教信仰自由”（第36条）、“中华人民共和国公民的住宅不受侵犯。禁止非法搜查或者非法侵入公民的住宅”（第39条）、“中华人民共和国公民的通信自由和通信秘密受法律的保护。除因国家安全或者追查刑事犯罪的需要，由公安机关或者检察机关依照法律规定的程序对通信进行检查外，任何组织或者个人不得以任何理由侵犯公民的通信自由和通信秘密”（第40条）。因此，我国《宪法》从实质上说也具有保护公民隐私权的宪法隐私权，将其作为公民的基本人权予以宪政

---

① 美国《人权法案》第1条规定：“国会不得制定关于下列事项的法律：确立国教或禁止信教自由；剥夺言论自由或出版自由；或剥夺人民和平集会和向政府请愿申冤的权利。”第3条规定：“未经房主同意，士兵平时不得驻扎在任何住宅；除依法律规定的方式，战时也不得驻扎。”第4条规定：“人民的人身、住宅、文件和财产不受无理搜查和扣押的权利，不得侵犯。除依据可能成立的理由，以宣誓或代誓宣言保证，并详细说明搜查地点和扣押的人或物，不得发出搜查和扣押状。”第5条规定：“除非根据大陪审团的报告或起诉书，任何人不受死罪或其他重罪的审判，但发生在陆、海军中或发生在战时或出现公共危险时服役的民兵中的案件除外；任何人不得因同一犯罪行为而两次遭受生命或身体的危害；不得在任何刑事案件中被迫自证其罪；不经正当法律程序，不得被剥夺生命、自由或财产。不给予公平赔偿，私有财产不得充作公用。”第9条规定：“本宪法对某些权利的列举，不得被解释为否定或轻视由人民保留的其他权利。”

保障。

本书探讨的主题——服刑犯罪人的基本人权，亦主要是从宪法隐私权层面讨论服刑犯罪人的隐私及隐私权问题。

（二）监狱信息化建设给服刑犯罪人隐私（权）带来的影响

1. 监禁刑服刑犯罪人的隐私及隐私权问题

如前所述，隐私是人们对自己私人生活状态不受他人知晓和干预的天然需求；而隐私权就是不同部门法所体现出来的对人们隐私受到法律保护的权利综合，尤其宪法意义上的隐私权是作为宪政保障的基本人权出现的。

相应地，承担刑事责任、遭受国家刑罚惩罚的犯罪人，一方面，从其自然属性来说，与其他普通社会个体一样有对自己私人生活状态不受他人知晓和干预的需求；另一方面，从其法律属性来说，犯罪人虽然遭受刑罚，但仍然享有未被刑罚依法剥夺的其他基本权利和自由，包括隐私权（起码不受监禁刑服刑影响的部分隐私权）。

（1）监禁刑服刑犯罪人的隐私问题。从人们对自己私人生活状态不受他人知晓和干预的天然隐私需求角度来说，被判处监禁刑、在监狱服刑的犯罪人甚至面临比普通人更加迫切的隐私需求。与普通社会个体可以自行选择生活状态不同，被判处监禁刑的犯罪人需要在监狱服刑，这既包括剥夺其人身自由的本意，也带来犯罪人被隔离在监狱并按照监狱监管要求服刑的实际效果。由于客观物质条件的限制和监狱监管安全的需要，监狱方面是不可能为每个服刑的犯罪人提供按照其意愿的生活状态的。相反，犯罪人服刑期间在监狱接受半军事化的管理（具体体现为半军事化的作息表、半军事化的纪律要求、半军事化的着装、半军事化的建筑模式等），其整个服刑期间的生活状态受到监狱严格的监管，这意味着服刑犯罪人在接受监狱监管的情况下其私人生活状态不受他人知晓和干预的程度大大降低。同时，监狱的实际条件决定了除一言一行受监狱方面严格监管外，服刑犯罪人还需要与其他服刑犯罪人共同接受监管，即服刑犯罪人过集体生活，而这种集体生活状态更是决定了服刑犯罪人的私人生活状态很难保持隐私状态。

当然，我们需要明确的是，正如并非所有隐私都是隐私权保护的客体，监禁刑服刑犯罪人所面临的隐私减损也并非隐私权相关法律需要予以救济，这正是监禁刑实现其惩罚犯罪功能的具体体现之一。我们认为，对于监禁刑服刑犯罪人由于服刑需要而隐私减损的客观情况，应更多通过改善监狱服刑条件等手段来解决（当然是在条件允许并且满足监狱服刑要求的前提下）。

（2）监禁刑服刑犯罪人的隐私权问题。从人们要求宪法对国家机关在行使权力或处理公民个人信息时不侵犯公民的隐私权、将隐私权作为公民的基本人权予以确认和保障的角度来说，被判处监禁刑的犯罪人遭受刑罚惩罚的客体是被依法剥夺人身自由，而并未涉及剥夺包括隐私权在内的其他基本人权。因此，犯罪人虽然遭受刑罚，但仍然享有未被刑罚依法剥夺的隐私权（起码享有不受监禁刑服刑影响的部分隐私权）。

本书讨论的宪法层面的隐私权，包括两个层面：要求国家机关在行使权力时不侵犯公民隐私权；要求国家机关在处理公民个人信息时不侵犯公民的隐私权。

其中，前者在我国现行宪法层面主要体现为公民依法享有宗教信仰自由（《宪法》第36条："中华人民共和国公民有宗教信仰自由"），住宅不受侵犯和非法搜查、非法侵入（《宪法》第39条："中华人民共和国公民的住宅不受侵犯。禁止非法搜查或者非法侵入公民的住宅"），通信自由和通信秘密（《宪法》第40条："中华人民共和国公民的通信自由和通信秘密受法律的保护。除因国家安全或者追查刑事犯罪的需要，由公安机关或者检察机关依照法律规定的程序对通信进行检查外，任何组织或者个人不得以任何理由侵犯公民的通信自由和通信秘密"）。而对于依法被剥夺人身自由在监狱服刑的监禁刑犯罪人来说，由于在监狱统一服刑，并不享有"住宅不受侵犯和非法搜查、非法侵入"的隐私权；并且监狱出于监管安全的需求，对服刑犯罪人对外通信都需要进行安全检查（包括形式和内容层面的检查），因此，监禁刑服刑犯罪人的通信自由和通信秘密受到一定限制。据此，在我国现行宪法框架下，监禁刑服刑犯罪人仍然享有宗教信仰自由以及部分的不威胁监管安全的通信自由和通信秘密。我国现有法律法规和监狱司法实践也予以明确：对服刑人员宗教信仰自由问题，1991年国务院新闻办公室《中国的人权状况》白皮书明确指出："正在服刑的罪犯与普通公民一样，享有宗教信仰自由，允许信教的罪犯保持原有的宗教信仰。"1992年1月26日，司法部对西藏自治区劳改局《关于犯人、劳教人员信仰宗教和在狱所内从事宗教活动问题的批复》也明确规定："原则上允许信教的罪犯、劳教人员保持原有的宗教信仰，监狱、劳教所不强制罪犯、劳教人员改变自己的宗教信仰。"① 对服刑人员享有的部分的不威胁监管安全的通信自由和通信秘密问题，《监狱法》第47条规定："罪犯在服刑期间可以与他人通信，但是来往信件应当经过监狱检查。监狱发现有碍罪犯改造内容的信件，可以扣留。罪犯写给监狱的上级机关和司法机关的信件，不受检查。"

对于后者（即要求国家机关在处理公民个人信息时不侵犯公民的隐私权），监禁刑的服刑犯罪人也存在特殊性：一方面来说，监狱为了监管和改造需要，必然掌握服刑犯罪人的基本信息和其他各种相关信息（其中很多在普通社会生活中是被视为隐私的个人信息），监狱如在监管和改造限度之外不当侵犯这部分信息，可能构成对监禁刑服刑犯罪人隐私权的侵犯；另一方面来说，监禁刑服刑犯罪人对其私人信息的隐私期待比普通社会公众低（即有关法律对其私人信息的保护程度）。由于考虑到预防犯罪和保护潜在的社会公众，法律上要求对犯罪人的信息予以相应的披露（如前科案底制度、部分国家对儿童性犯罪犯罪人的前科及现行基本情况予以披露等）。因此，服刑犯罪人无法像普通公众一样要求对自己私人信息予以同等的隐私权保护。这是我们在讨论国家机关处理监禁刑服刑犯罪人之个人信息的隐私保护时需要注意的。

2. 监狱信息化给服刑犯罪人隐私（权）带来的影响

随着时代变革和科学技术的发展，高科技给监狱执行监禁刑带来了巨大的变化，在给监狱提高行刑效力和水平提供技术支持的同时也引申出一些新兴的问题和挑战。

我国监狱信息化的进程是将信息化的现代科技手段运用于监狱各方面工作的过程，按照司法部对监狱信息化建设的要求，监狱信息化从技术上主要包括以下几个方面的工作：建设完善基础网络，实现信息传输网络化；建设

① 但监狱是惩罚与改造罪犯的特殊场所，鉴于罪犯的特殊身份，罪犯不得在监狱内设经堂，进行传教、发展教徒等活动；不得以信教为由干扰、影响正常的监狱监管改造秩序；更不得利用宗教进行反改造和其他违法犯罪活动等。

完善基础信息资源库，实现信息化处理数字化；建设完善安全防范系统，实现安全防范智能化；建设完善监管和执法管理系统，实现监狱管理、执法规范化；建设完善电子政务系统，实现办公自动化；建设完善标准规范，实现技术应用标准化。[①] 最终实现建设1个平台（即网络和硬件平台）、3个信息资源库（即监狱管理信息库、罪犯信息库、警察信息库）、10个应用系统（即监狱安全防范和应急指挥系统、监管及执法管理系统、教育改造系统、生活保障及医疗卫生系统、警察管理系统、生产管理与劳动改造系统、监狱建设与保障系统、狱务公开系统、办公自动化和决策支持系统）的主要任务。

通过监狱信息化建设，我国监狱信息化的水平和监狱刑罚执行的技术保障能力得到大大提高，同时也给监狱服刑犯罪人的隐私（权）带来了多方面的影响：

（1）监狱信息化给服刑犯罪人隐私（权）带来的正面影响。对于监禁刑服刑犯罪人来说，监狱信息化有利于保障其隐私的影响就是对服刑犯罪人各种数据实行规范的数据库建设和管理。虽然监禁刑服刑犯罪人的生活隐私状态由于监狱监管现实需要而可能受到一定限制，但个人信息作为个人隐私非常重要的一块内容，仍然关系到犯罪人的隐私保障。如前所述，此次监狱信息化建设完善了关于犯罪人的基础数据库，这意味着以前可能未经数字化规范管理的犯罪人个人信息现在统一纳入规范信息管理范畴，这对确保犯罪人个人信息的准确、保密、严格适用于监狱行刑需要等隐私要求都是非常有利的。

对于监禁刑服刑犯罪人的宪法隐私权来说，监狱信息化为更好地实现服刑犯罪人的通信自由提供了技术支持。随着时代的变革和科技的发展，人们相互之间远途的联系方式，除了传统的通信外，开始有了更多信息化的选择，如短信、电子邮件。相应地，监狱信息化的进程，尤其很多监狱对服刑犯罪人与亲友联系的短息平台的建立，从实质上丰富了通信联系的方式，拓展了传统信件联系的渠道，为服刑犯罪人更好、更及时地与亲友联络提供了技术

① 摘自时任司法部部长吴爱英在2007年全国监狱信息化建设工作会议上的讲话。

支持。同时，信息化技术对信息化通信方式能够实现快捷的监视检查，也能更好地满足监狱对服刑犯罪人通信安全检查的需要。

（2）监狱信息化给服刑犯罪人隐私（权）带来的负面影响。对于监禁刑服刑犯罪人的隐私来说，监狱信息化尤其监狱安防的智能化升级，使得监狱方面基本可以实现对服刑犯罪人在监情况无死角地实时监控，直接获知犯罪人的各类隐私信息。监狱信息化之安防技术的升级改造，加强了对犯罪人在监实时状况的监控，这在有利于监狱安全监管工作的同时也可能涉嫌对犯罪人隐私信息的侵犯（尤其在监狱超出行刑范围，不当使用、散播这些隐私信息及这些隐私信息本身与监狱行刑工作需要无关的情况下）。

对于监禁刑服刑犯罪人的隐私权来说，虽然信息化技术大大扩展了犯罪人与外界通信的方式、丰富了犯罪人与亲友联络的渠道，但信息化的通信技术本身也使监狱方面能够完全实现对其的监控（不问该类通信信息是否为《监狱法》允许监狱检查的非写给上级机关和司法机关的信件还是其他类型的通信信息），可能涉嫌对服刑犯罪人的通信自由和通信秘密的侵犯。

（三）监狱信息化建设与服刑犯罪人隐私（权）的协调发展

监狱信息化的进程在促进监狱方面行刑工作的同时，也给服刑犯罪人在监狱的服刑生活带来了更多的便利，其中，促进服刑犯罪人隐私（权）的部分是信息化给监狱工作和服刑犯罪人基本人权两方面共同带来的双赢，应该进一步予以加强。而信息化在给监狱工作带来便利的同时，也可能对服刑犯罪人的隐私（权）产生侵犯，我们需要着重关注当监狱信息化与服刑犯罪人隐私（权）存在一定矛盾时如何协调发展的问题。

1. 监狱信息化与服刑犯罪人隐私的协调发展

如前所述，监狱信息化在安防系统对服刑犯罪人予以实时监控时和犯罪人个人信息数字化处理时可直接获取犯罪人的各类隐私信息（如监狱视频监控系统对服刑犯罪人在监的所有生活状态都可实现实时的监控录像，或通过犯罪人个人信息的系统知晓犯罪人的隐私信息等），进而可能造成对服刑犯罪人隐私的侵犯。但我们认为，并非监狱方面任何针对服刑犯罪人的监控行为和对犯罪人相关数据的数字化处理行为都构成对服刑犯罪人的隐私侵犯：当监狱依法监控、依法处理使用服刑犯罪人个人信息，并将所取得的信息严格用于监狱安防和管理需要时，并不构成对服刑犯罪人隐私的侵犯；而只有当监狱不当监控、不当处理服刑犯罪人个人信息，甚至不当使用有关服刑犯罪人的隐私信息（如超出监狱行刑需要不当散播犯罪人隐私信息等）时，才构成对服刑犯罪人的隐私侵犯。也就是说，要更好地促进监狱信息化与服刑犯罪人隐私的协调发展，就应该严格将监狱信息化对服刑犯罪人隐私的获取控制在合法适度的范围内，这个合法适度的标准包括三点：用途合法、范围合法和程序合法。其中，用途合法是指监狱信息化工作获取犯罪人个人隐私信息应只限于监狱安防或其他行刑工作的需要，而不能是任何其他与监狱执行刑罚的职能无关的用途；范围合法是指监狱信息化工作取得的犯罪人个人隐私信息只在监狱安防或行刑工作范围内使用，而不得在其他范围内使用和传播；程序合法是指监狱信息化安防系统或其他行刑工作开展时，应遵守相关法定的程序，包括操作人员职权法定、工作范围法定、操作程序法定等。如监狱能够严格在合法适度的范围内处理和使用因开展监狱安防和其他行刑管理工作而获取的服刑犯罪人信息隐私，就能在保障监狱信息化工作质量的同时，最大限度地降低对服刑犯罪人个人隐私信息的侵犯，实现两者的协调发展。

2. 监狱信息化与服刑犯罪人隐私权的协调发展

从服刑犯罪人隐私权的保障角度来说，监狱应当在推进监狱信息化的同时继续依法保障服刑犯罪人的基本隐私权。

如对于服刑犯罪人依法享有的宗教信仰自由，监狱信息化工作的开展原则上不能有可能妨碍犯罪人宗教信仰自由的情况（但对不良的宗教信仰活动应有所限制）。另外，我们应当注意到，在当今恐怖主义分子频频利用宗教作为幌子进行恐怖主义活动的情况下，监狱也可能面对服刑犯罪人宗教信仰的各种问题，监狱方面应当加强对服刑犯罪人不良极端思想的监控和处置，将其与正常的宗教信仰自由区分开，充分利用监狱信息化带来的管理和信息方面的便利，正确引导，做好信教服刑犯罪人的教育改造工作。

而对于服刑犯罪人的通信自由和通信秘密来说，监狱信息化的发展使得监狱方面能够更加便利地对犯罪人信息化通信方式进行安全检查，但也可能出现监狱方面不问该类通信信息是否为《监狱法》允许监狱检查的非写给上级机关和司法机关的信件还是其他类型的通信信息，或经安全检查获取服刑犯罪人个人隐私信息的过度检查情况，这些过度检查可能构成对服刑犯罪人通信自由、通信秘密和隐私信息的侵犯。同样，要防止监狱方面对服刑犯罪人通信自由和通信秘密的过度检查，更好地促进监狱信息化与服刑犯罪人隐私权的协调发展，应严格将监狱有关安全检查行为控制在合法适度的范围内（具体见前文论述），要求监狱方面对服刑犯罪人的通信检查做到用途合法、范围合法和程序合法，不过度检查，并对检查取得的合法的个人隐私信息予以保障。如监狱能够严格在合法适度的范围内对服刑犯罪人通信进行安全检查及对检查取得的个人隐私信息予以处理，就能在保障监狱信息化工作质量的同时，最大限度地降低对服刑犯罪人通信自由和通信秘密的侵犯，实现两者的协调发展。

三、监狱信息化与服刑犯罪人政治权利和自由的协调发展

（一）公民政治权利和自由的概念和内容

1. 公民政治权利和自由的概念

所谓公民政治权利和自由，又称公民参政权或者政治参与的权利、民主权利和自由，是人们参加政治活动、参与管理国家以及在政治上表达个人见解和意愿的一切权利和自由的总称。政治权利作为一项公民基本权利，是在近现代宪政制度确定后才出现的，其是公民根据一国宪法、法律的规定参与国家政治生活的权利，是公民的经济要求在政治上的集中反映，也是公民其他基本权利的基础。在现代社会，公民的政治权利和自由是由宪法、法律确认的，并受到宪法、法律的保护；同时，它又受国家的经济、政治、文化、教育科学技术等因素的制约和影响。公民享有政治权利和自由的广度及其实现程度如何，往往是衡量一个国家民主化程度的标志。

一般认为，公民政治权利和自由表现为两种形式：一种是选举权与被选举权，即公民参与国家、社会组织与管理的活动，以选举权和被选举权的行使为基础；另一种是政治自由，即公民表达自己政治意愿的自由，通常表现为言论、出版、集会、结社、游行、示威的自由，简称政治自由。

2. 我国公民政治权利和自由的内容

同样地，我国公民政治权利和自由也包括选举权与被选举权和政治自由两块主要内容。

（1）选举权与被选举权。选举权和被选举权是公民的基本政治权利之一：选举权是公民选举国家代表机关的代表与其他公职人员的权利，被选举权则是公民被选任为国家代表机关的代表或其他公职人员的权利。选举权和被选举权通常由一国宪法、法律规定并受到保护。

我国《宪法》第34条规定："中华人民共和国年满十八周岁的公民，不分民族、种族、性别、职业、家庭出身、宗教信仰、教育程度、财产状况、居住期限，都有选举权和被选举权；但是依照法律被剥夺政治权利的人除外。"由此可见，除依法被剥夺政治权利的人外，我国公民享有广泛的选举权和被选举权。另外，考虑到行使选举权利对公民判断行为能力和控制行为能力的要求，《全国人民代表大会常务委员会关于县级以下人民代表大会代表直接选举的若干规定》还对精神病患者行使选举权利进行了一定的限制，规定："精神病患者不能行使选举权利的，经选举委员会确认，不行使选举权利。"

（2）政治自由。一般来说，政治自由通常表现为言论、出版、集会、结社、游行、示威的自由。所谓言论自由是指公民享有宪法赋予的通过口头、书面、著作及电影、戏剧、音乐、广播电视等手段发表自己意见和观点的自由权利；出版自由是言论自由的扩展，属于广义的言论自由，指的是公民有权在宪法和法律规定的范围内，通过出版物表达自己的意见和思想的权利；集会自由是指公民聚集于露天公共场所发表意见、表达意愿的活动自由；结社自由是指公民为了一定的宗旨而依照法律规定的手续组织某种社会团体的自由；游行自由是指在公共道路、露天公共场所列队行进、表达共同意愿的活动自由；示威自由是指在露天公共场所或者公共道路上以集会、游行、静坐等方式表达要求、抗议或者支持、声援等共同意思的活动自由。

我国《宪法》第35条规定："中华人民共和国公民有言论、出版、集会、结社、游行、示威的自由。"但值得注意的是，我国《宪法》第51条规定："中华人民共和国公民在行使权利和自由的时候，不得损害国家的、社会的、集体的利益和其他公民的合法的自由和权利。”公民在行使政治权利和自由时，也不是完全无任何限制的，而不得损害国家的、社会的、集体的利益和其他公民的合法的自由和权利。如我国对出版自由实行登记制和审批制，公民应按照《中华人民共和国集会游行示威法》相关规定进行集会、游行、示威活动，公民按照《社会团体登记管理条例》相关规定行使结社自由等。

（二）监禁刑服刑犯罪人的政治权利和自由

政治权利和自由是公民享有的基本宪法权利，除非经法律剥夺政治权利外，任何符合法律规定的公民都合法享有政治权利和自由。据此，监禁刑的服刑犯罪人只要未被依法剥夺政治权利，就仍然享有法定的政治权利和自由。

1. 被剥夺政治权利的监禁刑服刑犯罪人不享有政治权利和自由

在我国，剥夺政治权利是作为一项刑罚措施依法适用于犯罪人的，其作为辅刑，既可以单独适用，也可以与其他主刑一并适用。因此，监禁刑服刑人员也可能同时被判处剥夺政治权利（尤其按照我国《刑法》第 57 条的规定，被判处无期徒刑的犯罪人当然被终身剥夺政治权利），则在其主刑的徒刑执行期间，监禁刑的服刑犯罪人不享有政治权利。特别提出注意的是，我国《刑法》第 58 条规定：“附加剥夺政治权利的刑期，从徒刑、拘役执行完毕之日或者从假释之日起计算；剥夺政治权利的效力当然施用于主刑执行期间。”被剥夺政治权利的犯罪人不得行使政治权利的期间，既包括主刑执行期间，也包括自执行完毕之日起单独剥夺政治权利的期间。

所谓剥夺政治权利，顾名思义是指剥夺犯罪人作为公民享有的基本政治权利，具体来说，按照我国《刑法》第 54 条的规定，剥夺政治权利是剥夺下列权利：（1）选举权和被选举权；（2）言论、出版、集会、结社、游行、示威自由的权利；（3）担任国家机关职务的权利；（4）担任国有公司、企业、事业单位和人民团体领导职务的权利

2. 未被剥夺政治权利的监禁刑服刑犯罪人享有法定的政治权利和自由

在监狱执行监禁刑的犯罪人，如没有被依法剥夺政治权利的，则仍然享有法定的政治权利和自由，即仍然享有选举权和被选举权与一定的政治自由。

（1）未被剥夺政治权利的监禁刑服刑犯罪人享有的选举权。对于未被剥

夺政治权利的监禁刑服刑犯罪人享有的选举权和被选举权问题，由于该犯罪人在监狱服刑、依法被剥夺人身自由，因此其实际上无法担任任何政治职务，也即客观上无法享有被选举权，但其仍然享有法定的选举权。

对于服刑犯罪人的选举权问题，我国先后有相关法律法规予以明确规定。例如，《全国人民代表大会常务委员会关于县级以下人民代表大会代表直接选举的若干规定》第5条规定："下列人员准予行使选举权利：（一）被判处有期徒刑、拘役、管制而没有附加剥夺政治权利的；（二）被羁押，正在受侦查、起诉、审判，人民检察院或者人民法院没有决定停止行使选举权利的；（三）正在取保候审或者被监视居住的；（四）正在被劳动教养的；（五）正在受拘留处罚的。以上所列人员参加选举，由选举委员会和执行监禁、羁押、拘留或者劳动教养的机关共同决定，可以在流动票箱投票，或者委托有选举权的亲属或者其他选民代为投票。被判处拘役、受拘留处罚或者被劳动教养的人也可以在选举日回原选区参加选举。"全国人大常委会法制工作委员会、最高人民法院、最高人民检察院、公安部、司法部、民政部联合发出的《关于正在服刑的罪犯和被羁押的人的选举权的问题的联合通知》第5条规定："对准予行使选举权利的被羁押的人和正在服刑的罪犯，经选举委员会和执行羁押、监禁的机关共同决定，可以在原户口所在地参加选举，也可以在劳改场所参加选举；可以在流动票箱投票；也可以委托有选举权的亲属或者其他选民代为投票。"

（2）未被剥夺政治权利的监禁刑服刑犯罪人享有法定的政治自由。我国《宪法》及相关法律规定的公民享有的政治自由包括言论、出版、集会、结社、游行、示威的自由，而未被剥夺政治权利的监禁刑服刑犯罪人，由于其人身自由被剥夺并应遵守监狱统一的监管要求，事实上无法行使集会、结社、游行、示威的自由，但仍然享有一定的言论和出版自由（甚至服刑犯罪人在服刑期间出书，可以视为改造表现良好、对社会有所贡献的减刑酌量情节之一）。不过，监禁刑服刑犯罪人在行使其言论自由和出版自由时，除了遵守普通公民都应遵守的限制外（我国《宪法》第51条规定："中华人民共和国公民在行使权利和自由的时候，不得损害国家的、社会的、集体的利益和其他公民的合法的自由和权利"），还不能违反监狱的相关监管规定、危害监狱的监管安全。

（三）监狱信息化建设与服刑犯罪人政治权利和自由的协调发展

如前所述，对于未被剥夺政治权利的监禁刑服刑犯罪人来说，其仍然拥有政治权利，主要体现在拥有选举权和一定的政治自由。但由于监禁刑服刑犯罪人被剥夺人身自由、统一关押在监狱接受严格接管，因此，服刑犯罪人事实上在行使选举权和一定的政治自由方面，相比社会普通公众，仍然有一定的客观困难。

监狱信息化工作的开展，充分引入了信息技术的发展成果，使得监狱内部很多活动可以不受特定地点的限制而开展，为服刑犯罪人更好行使政治权利和自由提供了技术支持。

1. 监狱信息化对服刑犯罪人行使选举权提供便利

未被剥夺政治权利的监禁刑服刑犯罪人仍然享有选举权，其仍然应依法参加选举，而监狱信息化工作的开展为服刑犯罪人参加选举提供了便利。

在选民登记的程序上，选举委员会可以不用再重新逐一对服刑犯罪人的基本情况予以走访登记，而是直接依托监狱信息化工作中建设的服刑犯罪人数据系统来完善选民登记，这在减少选举委员会人员投入、降低工作成本、提升工作效率的同时，更大大提高了选民资料使用效率，有效减少了错登、漏登、重登情况，进一步提高了选民信息的准确性，为具有选举权的服刑犯罪人准确行使选举权奠定了扎实的基础。

在具体选举的程序上，全国人大常委会法制工作委员会、最高人民法院、最高人民检察院、公安部、司法部、民政部联合发出的《关于正在服刑的罪犯和被羁押的人的选举权的问题的联合通知》第 5 条规定："对准予行使选举权利的被羁押的人和正在服刑的罪犯，经选举委员会和执行羁押、监禁的机关共同决定，可以在原户口所在地参加选举，也可以在劳改场所参加选举；可以在流动票箱投票；也可以委托有选举权的亲属或者其他选民代为投票。"而无论具体以哪种方式实现选举投票，监狱信息化工作都能提供便利，如服刑犯罪人委托他人代为投票的，在现在监狱通信联络技术更加多样、更加完善的信息化背景下，服刑犯罪人投票的委托将便于实现，进而也保障了服刑犯罪人选举权的实现。

2. 监狱信息化与服刑犯罪人行使其他政治自由的协调发展

如前所述，对于被剥夺人身自由的服刑犯罪人来说，其享有一定的言论和出版自由，监狱信息化的建设使服刑犯罪人能够更加便利地通过言论或书籍的方式向外界表达自己的意愿（如服刑犯罪人可以更加便利地利用电脑撰写书籍，并通过电子邮件等联络手段与外界商议交换出版事宜等），有利于服刑犯罪人更好地实现言论和出版自由。

但我们也强调，监狱服刑犯罪人行使言论自由和出版自由并不是没有限制的，除了遵守普通公民都应遵守的限制外（我国《宪法》第51条规定："中华人民共和国公民在行使权利和自由的时候，不得损害国家的、社会的、集体的利益和其他公民的合法的自由和权利"），还不能违反监狱的相关监管规定、危害监狱的监管安全。而监狱信息化的发展，尤其是监狱信息化在监控服刑犯罪人、对服刑犯罪人与外界联络的信息进行安全检查等方面的优势，将更有利于监狱方面对服刑犯罪人不当行使言论自由和出版自由的监督与及时矫正。

四、监狱信息化与服刑人员社会经济、文化教育权利的协调发展

（一）公民社会经济、文化教育权利的概念和内容

1. 公民社会经济权利的概念和内容

公民的社会经济权利是指公民享有的经济生活和物质利益方面的权利，是公民实现其他权利的前提条件和物质基础。公民享有的这些经济、社会权利和自由，是公民参与政治、经济和社会生活的条件保证，公民享有的这些权利和自由越充分，获得享有其他权利和自由的可能性就越大。

按照我国《宪法》相关规定，我国公民享有的社会经济权利主要有以下方面：

第一，公民财产权。指公民个人通过劳动或其他合法方式取得财产和享有占有、使用、收益、处分财产的权利。范围包括合法收入、储蓄、房屋、其他合法财产，投资权、经营权、继承权也在其列。我国《宪法》第13条规定，国家保护公民合法的收入、储蓄、房屋和其他合法财产的所有权。国家依照法律规定保护公民私有财产的继承权。

第二，劳动权。指一切有劳动能力的公民有从事劳动并取得劳动报酬的权利。具有双重性，也是一种义务。包括劳动就业权、取得报酬权。我国《宪法》第 42 条规定，中华人民共和国公民有劳动的权利和义务，确认了公民的劳动权。劳动权是人们赖以生存的基本权利，也是其他权利的基础。

第三，休息权。指劳动者休息和休养的权利。是劳动力延续的条件，也是劳动者享受文化生活、自我提高的权利。一周 5 日、每日工作 8 小时，享受公休假、法定休假、年休假、探亲假等。我国《宪法》第 43 条规定，中华人民共和国劳动者有休息的权利，确认了公民作为劳动者有休息权利。休息权是指劳动者在享受劳动权的过程中，有为保护身体健康，提高劳动效率，根据国家法律和制度的有关规定而享有的休息和休养权利。休息权是劳动权的必要补充。

第四，社会保障权。指因社会危险处于保护状态的个人，为了维持人的有尊严的生活而向国家要求给付的请求权。是宪政国家必须履行的义务，是现代社会的“安全阀”。作为一种权利体系，包括生育保障权、疾病保障权、残疾保障权、死亡保障权与退休保障权等具体权利。我国《宪法》第 44 条、第 45 条分别规定了企事业组织的职工、国家机关工作人员退休获得物质保障权，以及年老、疾病或者丧失劳动能力的中华人民共和国公民有从国家和社会获得物质帮助的权利。社会保障权，是公民在因丧失劳动能力或者暂时失去劳动能力而不能获得必要的物质生活资料时，有从国家和社会获得生活保障，享有集体福利的一种权利。

2. 公民文化教育权利的概念和内容

公民的文化教育权利是指公民在教育与文化领域享有的权利与自由，其作为公民的一项基本权利，对于建设社会主义精神文明、提高全民族的文化水平有着重要意义。国家采取各种措施，发展各种教育事业。

按照我国《宪法》相关规定，我国公民享有的文化教育权利主要包括以下两个方面：

第一，公民有受教育的权利和义务。我国《宪法》第 46 条第 1 款规定：“中华人民共和国公民有受教育的权利和义务。”受教育权是指公民接受文化、科学、品德等方面教育训练的权利。教育的形式有学校教育、社会教育、自学等。受教育也是公民的一项义务。它是指适龄儿童有接受初等教育的义务，成年劳动者有接受适当形式的政治、文化、科学、技术、业务教育的义务，以及就业前的公民有接受劳动就业训练的义务等。

第二，公民有进行科研、文艺创作和其他文化活动的自由。我国《宪法》第47条规定："中华人民共和国公民有进行科学研究、文学艺术创作和其他文化活动的自由。国家对于从事教育、科学、技术、文学、艺术和其他文化事业的公民的有益于人民的创造性工作，给以鼓励和帮助。"科学研究自由是指公民有权通过各种方式从事各种科学研究工作，同时也意味着公民有权在科学工作中自由探讨问题，发表意见，对各种科学问题和各种学派持有自己的见解。文化艺术活动自由是指公民有权按照自己的意愿和兴趣从事各项文艺活动，有权按照自己的特点发展自己的文化艺术风格。

国家通过制定一定的制度或者章程、条例，对在科技、文艺、创作和其他文化活动中作出贡献的人予以物质和精神奖励，以促进科学文化事业的繁荣发展。

（二）监禁刑服刑犯罪人享有的社会经济权利、文化教育权利

1. 监禁刑服刑犯罪人享有的社会经济权利

从理论上来说，监禁刑犯罪人被剥夺的仅仅是人身自由，因此其仍然享有宪法及其他法律规定的社会经济权利，但鉴于其人身自由被剥夺、隔离在监狱中服刑的现实，监禁刑服刑犯罪人在行使社会经济权利方面可能有所限制和区别。

对于监禁刑服刑犯罪人的公民财产权，除非遭受财产刑（如罚金、没收财产），否则犯罪人仍然拥有对其合法财产的所有权（如我国《监狱法》第7条规定："罪犯的人格不受侮辱，其人身安全、合法财产和辩护、申诉、控告、检举以及其他未被依法剥夺或者限制的权利不受侵犯"）。但是，由于犯罪人需要在监狱隔离服刑，因此将无法亲身对域外的合法财产进行处分，但仍然可以通过授权委托予以处分。

监禁刑服刑犯罪人的劳动权是一个非常特殊的问题。监禁刑服刑犯罪人在监狱中需要参加强制劳动，但这个劳动的性质已经不是普通意义上的谋生的手段，而是服刑犯罪人接受国家刑罚改造的一种手段，相应地，其获得一

定劳动对价的性质也不再是供养生活的劳动报酬，而是对服刑犯罪人劳动价值的一定体现。另外需要强调的是，宪法层面对公民劳动权的规定是双向的，劳动既是公民的权利，也是公民的义务。而对于在监狱服刑的监禁刑犯罪人来说，参加劳动改造具有强制性，是其服刑的内容之一，并非犯罪人的一种权利。

对于监禁刑服刑犯罪人的休息权来说，监禁刑服刑犯罪人在日常服刑生活中，除了遵守劳动改造等服刑监管要求外，同样也享有相应的休息权。但与普通社会民众享有公休假、法定休假、年休假、探亲假等多种休息假期不同，服刑犯罪人因正在接受刑罚而只享有最基本的休息日和法定节日（司法部制定的《关于罪犯劳动工时的规定》明确对罪犯劳动和休息时间进行了规定：罪犯劳动时间为6天，每天劳动8小时，平均每周劳动时间不超过48小时，未成年犯的劳动时间减半；监狱除保证罪犯每周休息一天外，在元旦、春节、国际劳动节和国庆节时按照相关的法律规定安排休假；监狱生产单位要延长罪犯劳动时间，必须提前拟订加班计划，经监狱狱政、劳动管理部门审核，得到监狱长批准方可实施，事后安排罪犯补休，不能安排补休的，根据延长罪犯劳动时间的长短，支付一定数量的加班费）。

对于监禁刑服刑犯罪人的社会保障权来说，由于其身处监狱服刑的客观现实，监狱一般会当服刑犯罪人出现疾病、残疾、年老体弱时予以相应的保障，如服刑犯罪人出现疾病的，监狱方面会自行或及时送病患犯罪人就医。但一旦犯罪人刑满释放的，监狱将不再对其予以相应保障，而由国家或社会向其提供相应社会保障。

综上所述，对于监禁刑服刑犯罪人来说，只要未被处财产刑，则仍然享有对合法财产的所有权（但在监狱服刑时可能将无法亲身处分），监狱也会对其予以一定的保障；但犯罪人在监狱中参加劳动已经不再是普通宪法意义上公民谋生的权利和义务，而是犯罪人服刑改造的法定内容之一，相应地，其休息权也因服刑而受到一定影响。

2. 监禁刑服刑犯罪人享有的文化教育权利

同样，监禁刑犯罪人被剥夺的仅仅是人身自由，因此从理论上来说其仍然享有宪法及其他法律规定的文化教育权利，但鉴于其人身自由被剥夺、隔离在监狱中服刑的现实，监禁刑服刑犯罪人在享有文化教育权利方面可能有所限制。

对于监禁刑服刑犯罪人受教育的权利和义务来说，由于服刑犯罪人身处监狱的客观现实，其无法像普通公民一样接受学校教育，但仍然可以在监狱中利用现有条件进行自学、参加全国高等教学自学考试并取得相应学位学历等。另外，《监狱法》第4条规定："监狱对罪犯应当依法监管，根据改造罪犯的需要，组织罪犯从事生产劳动，对罪犯进行思想教育、文化教育，技术教育。"监狱方面还会对犯罪人进行教育改造，转变犯罪人的错误思想观念、矫正其不良行为习惯、促进犯罪人学习多种知识，并培养犯罪人掌握必要的社会生存技能等。监禁刑服刑犯罪人通过接受教育实现改造，是犯罪人享有受教育权利和义务的特殊性所在。

对于监禁刑服刑犯罪人进行科研、文艺创作和其他文化活动的自由来说，在不违反监狱监管规定、不影响监狱正常监管秩序的前提下，一般来说监狱方面并不会过多干涉服刑犯罪人进行科研、文艺创作和其他文化活动的自由。相反，如果有利于犯罪人改造，监狱还会提供相关支持。另外，对于确实在科研、文艺创作和其他文化活动方面取得一定成绩的服刑犯罪人来说，还可以视为其改造良好的表现，在后续监禁刑处遇过程中予以考量，如可作为减刑、假释的酌定条件等。当然，不可否认的是，由于监狱条件所限，监禁刑服刑犯罪人在进行科研、文艺创作和其他文化活动时，可能无法取得狱外那么丰富的资源和条件支持，而更多需要充分利用监狱现有资源和条件。

（三）监狱信息化建设与服刑犯罪人社会经济、文化教育权利的协调发展

1. 监狱信息化与服刑犯罪人社会经济权利的协调发展

监狱信息化的建设，实现了监狱办公自动化，充分扩展了服刑犯罪人与外界沟通交流的渠道，为服刑犯罪人更好地行使社会经济权利提供了条件支持：如从监禁刑服刑犯罪人的公民财产权来说，监狱信息化使犯罪人能够更好地与外界沟通交流，进而服刑犯罪人可以更便利地了解掌握狱外的相关财产情况并通过授权委托予以及时处分；如对监禁刑服刑犯罪人的社会保障权来说，监狱信息化实现了监狱办公自动化，建立健全了服刑犯罪人的相关数

据整理和管理，可以更及时、健全地掌握服刑犯罪人的相关情况（包括服刑犯罪人出现特殊事宜需要相关帮助和保障的情况），进而及时予以处理。

另外，对于作为服刑改造重要手段（而非普通公民谋生手段）的劳动（以及相对应的休息问题）来说，监狱信息化的建设能够更好地加强监狱方面对劳动改造情况的管理，实现对犯罪人劳动技能、劳动素养、劳动绩效的更科学评估，并自动生成更符合犯罪人自身情况、更灵活的综合评估结论，做到对犯罪人劳动改造情况的准确预测、预报、预警，提高劳动对改造犯罪人的作用。

2. 监狱信息化与服刑犯罪人文化教育权利的协调发展

对于监禁刑服刑犯罪人的文化教育发展来说，监狱信息化的建设更能助力犯罪人更好实现文化教育权利。

从监禁刑服刑犯罪人受教育方面来说，虽然服刑犯罪人身处监狱无法在狱外接受各种教育，但监狱信息化的发展使得犯罪人身处监狱也一样可以通过数字图书馆、数字教学等多种方式获得资源、接受教育，摆脱了服刑犯罪人接受教育的硬件限制。另外，对于服刑犯罪人接受刑罚的教育改造来说，监狱信息化的发展极大地丰富了犯罪人接受教育改造的方式、方法、手段、内容等，提高了监狱教育改造的水平和质量，进而更好地提高了教育改造对改造犯罪人的作用及效果。

从监禁刑服刑犯罪人进行科研、文艺创作和其他文化活动方面来说，监狱信息化最大的好处就是使犯罪人身处监狱就能获取更多、更丰富的相关资讯，进而为服刑犯罪人在监狱开展科研、文艺创作和其他文化活动提供基础资源。另外，监狱信息化的发展还能使犯罪人能够及时将其科研、文艺创作和其他文化活动的成果向外予以展示和发布，尽快、充分地实现其科研、文艺创作和其他文化成果对社会的正面效应。

五、监狱信息化与服刑人员获得救济权的协调发展

（一）公民获得救济权的概念和内容

1. 公民获得救济权的概念

从法治理念上来说，权利救济权属于每项基本权利必然包含的内容，因

为法规范在赋予权利或授予权力时，必须同时规定当权利或者权力受到侵犯时的救济措施，否则这种权利或权力就得不到保障，即通常所说的“无救济就无权利”。因此，从宪法层面对公民权之获得救济权予以规定是必要的，因为宪法是“法律之法律”，其超然地位决定立法者在制定宪法权利时应同时制定保障权利实现的救济权，这种保障的提供是国家的义务，而对于公民来说是权利救济权。

从理论上来说，权利救济权作为一种保障权利实现的请求权，其保障方式有“自力救济”和“他力救济”两种方式：行政复议、国家赔偿、诉讼等属于他力救济，正当防卫和自助行为等属于自力救济。公民权利被侵害后的他力救济大多最终靠诉讼来完成，诉讼成为救济中最有效、最终极的他力救济方式。

2. 我国公民获得救济权的内容

我国《宪法》规定的公民获得救济权主要针对的是公民基本权利受国家机关和国家工作人员公权行为侵害时所享有的救济权利（而并不针对公民基本权利受其他公民侵害时的救济权利）。我国《宪法》第 41 条规定：“中华人民共和国公民对于任何国家机关和国家工作人员，有提出批评和建议的权利；对于任何国家机关和国家工作人员的违法失职行为，有向有关国家机关提出申诉、控告或者检举的权利，但是不得捏造或者歪曲事实进行诬告陷害。对于公民的申诉、控告或者检举，有关国家机关必须查清事实，负责处理。任何人不得压制和打击报复。由于国家机关和国家工作人员侵犯公民权利而受到损失的人，有依照法律规定取得赔偿的权利。”《宪法》第 125 条规定：“被告人有权获得辩护”。我国《宪法》列举的公民权利救济权有批评建议权、申诉权、控告权、检举权、取得国家赔偿权和针对刑事诉讼的获得辩护权。

所谓批评建议权是指公民对国家机关和国家工作人员在工作中的缺点、错误有提出批评意见和建设性意见的权利。其并不需要针对国家机关和国家工作人员的违法失职行为，而是可以针对任何国家机关和国家工作人员提出。应该说，批评和建议权更多属于政治自由的范畴，其本身并不针对公民基本权利受到侵害的情形（因为其并不必然针对国家机关和国家工作人员的违法失职行为）。

所谓申诉权是指公民在因行政机关或司法机关的错误或违法的决定、判决，或者因国家工作人员的违法失职行为，致使其或其亲属的合法权益受到损害时，有权向有关国家机关申述理由，提出改正或撤销决定、判决或赔偿损失的请求，其主要是基于申诉人的合法权益受到损害而提出。按照我国行政复议法和行政诉讼法等相关行政法律法规，宪法规定的公民对国家机关和国家机关工作人员的申诉权在相关行政法律制度中都有救济的规定。

所谓控告权就是公民对任何国家机关和国家工作人员的违法失职行为，有向有关机关进行揭发和指控的权利，其控告针对的是国家机关和国家工作人员的具体行为。按照我国行政复议法和行政诉讼法等相关行政法律法规，宪法规定的公民对国家机关和国家机关工作人员的控告权在相关行政法律制度中都有救济的规定。

所谓检举权是指公民对于违法失职的国家机关和国家工作人员，有向有关机关揭发事实，请求依法处理的权利。与申诉和控告不同，检举人一般与国家机关和国家工作人员的违法失职事件无直接联系，更多是基于正义感和维护公共利益的目的提出。并且由于检举人并不是受害人，这种权利的行使并不使检举人受到侵害的基本权利得到救济。

所谓取得国家赔偿权是指公民的合法权益因国家机关或者国家机关工作人员违法行使职权而受到侵害的，公民有要求国家赔偿的权利。目前，我国的国家赔偿由《中华人民共和国国家赔偿法》（以下简称《国家赔偿法》）具体规范，分为行政赔偿和司法赔偿或冤狱赔偿两种形式。

所谓针对刑事诉讼的获得辩护权是指公民在被国家追诉刑事责任的刑事诉讼中，有权获得辩护。我国《刑事诉讼法》等相关法律对此进行了具体的规定。

（二）监禁刑服刑犯罪人享有的获得救济权利

从理论上来说，监禁刑犯罪人被剥夺的仅仅是人身自由，因此其仍然享有宪法及其他法律规定的权利，包括获得救济的权利。对此，我国《监狱法》第7条规定："罪犯的人格不受侮辱，其人身安全、合法财产和辩护、申诉、控告、检举以及其他未被依法剥夺或者限制的权利不受侵犯。"

1. 监禁刑服刑犯罪人享有获得救济权的重要性

与普通社会公众不同，监禁刑服刑犯罪人由于其遭受刑事诉讼程序惩罚的特殊性，对获得救济权可能有更多的需求：一方面来说，遭受刑罚惩罚的犯罪人在监狱服刑过程中仍然有可能对生效裁判不服，进而需要充分保障服刑犯罪人对裁判不服时提出申诉的权利；另外一方面来说，监禁刑服刑犯罪人由于服刑，需要接受国家专门刑罚机关（监狱）执行刑罚的行为，其也有可能受到国家机关和国家机关工作人员侵犯，进而需要救济。

而相对于服刑犯罪人可能更需要权利救济的需求来说，服刑犯罪人被剥夺人身自由，其亲身获得权利救济可能存在一定障碍，因此就更有必要明确规定相关国家机关在面对服刑犯罪人提出权利救济时应及时予以救济。

2. 监禁刑服刑犯罪人享有获得救济权的内容

按照我国《监狱法》第 7 条规定："罪犯的人格不受侮辱，其人身安全、合法财产和辩护、申诉、控告、检举以及其他未被依法剥夺或者限制的权利不受侵犯。"监禁刑服刑犯罪人享有辩护、申诉、控告、检举的获得救济权利。

相比我国《宪法》对获得救济权的规定来说，由于批评建议权更趋向于属于政治自由的范畴，另外，监禁刑服刑犯罪人由于被剥夺人身自由而与对社会生活中国家机关和国家机关工作人员的相关工作情况一般没有直接的接触，因此监禁刑服刑犯罪人予以批评建议的情况较少，所以《监狱法》未再单独列出。另外，针对监禁刑服刑犯罪人都是（或都曾经是）刑事诉讼主体的特殊身份而言，刑事诉讼中的辩护权对每个监禁刑服刑犯罪人都至关重要。

另外，虽然我国《监狱法》未予明确规定，但针对监狱在行使职权（即执行刑罚）过程中对服刑犯罪人的人身权或财产权造成损害的（如服刑犯罪人在监狱遭受监狱警察殴打虐待或其他非暴力性虐待导致伤残的），服刑犯罪人有权要求监狱予以国家赔偿。我国《国家赔偿法》第 17 条规定："行使侦查、检察、审判职权的机关以及看守所、监狱管理机关及其工作人员在行使职权时有下列侵犯人身权情形之一的，受害人有取得赔偿的权利：（一）违反刑事诉讼法的规定对公民采取拘留措施的，或者依照刑事诉讼法规定的条件和程序对公民采取拘留措施，但是拘留时间超过刑事诉讼法规定的时限，其后决定撤销案件、不起诉或者判决宣告无罪终止追究刑事责任的；

（二）对公民采取逮捕措施后，决定撤销案件、不起诉或者判决宣告无罪终止追究刑事责任的；（三）依照审判监督程序再审改判无罪，原判刑罚已经执行的；（四）刑讯逼供或者以殴打、虐待等行为或者唆使、放纵他人以殴打、虐待等行为造成公民身体伤害或者死亡的；（五）违法使用武器、警械造成公民身体伤害或者死亡的。”第18条规定：“行使侦查、检察、审判职权的机关以及看守所、监狱管理机关及其工作人员在行使职权时有下列侵犯财产权情形之一的，受害人有取得赔偿的权利：（一）违法对财产采取查封、扣押、冻结、追缴等措施的；（二）依照审判监督程序再审改判无罪，原判罚金、没收财产已经执行的。”行使监狱管理权的国家刑罚机关（监狱）及其工作人员执行职务时，违法实施侵权行为侵犯服刑犯罪人合法人身和财产权益并造成损害的，由国家承担刑事司法赔偿的国家赔偿责任。

3. 监禁刑服刑犯罪人获得救济权的实现

对于监禁刑服刑犯罪人享有辩护、申诉、控告、检举和获得国家赔偿的救济权利，“有关国家机关必须查清事实，负责处理”。具体从保障程序上来说，监禁刑服刑犯罪人获得救济权是通过如下方式实现的：

对于监禁刑服刑犯罪人获得辩护权的实现，我国《刑事诉讼法》及相关法律法规对有关辩护权进行了具体的规定，如国家机关或国家机关工作人员侵害犯罪人的辩护权，犯罪人可进行申诉，甚至可能因为程序严重违法而导致非法证据排除问题。

对于监禁刑服刑犯罪人享有申诉、控告权利的实现，申诉人、控告人作为被害人，按照我国行政复议法和行政诉讼法等相关行政法律法规，最终可通过行政诉讼、行政复议等方式实现。

对于监禁刑服刑犯罪人享有获得国家赔偿权利的实现，可具体按照我国《国家赔偿法》及相关法律法规有关国家刑事司法赔偿的规定执行。

4. 有关国家机关对监禁刑服刑犯罪人获得救济权的保障

如前所述，由于监禁刑犯罪人人身自由被剥夺、身处监狱的客观现实，其亲身行使获得救济权可能受到一定限制。据此，为了保障服刑犯罪人获得救济权的实现，我国《监狱法》第21条规定：“罪犯对生效的判决不服的，可以提出申诉。对于罪犯的申诉，人民检察院或者人民法院应当及时处理。”

第23条规定："罪犯的申诉、控告、检举材料，监狱应当及时转递，不得扣压。"第24条规定："监狱在执行刑罚过程中，根据罪犯的申诉，认为判决可能有错误的，应当提请人民检察院或者人民法院处理，人民检察院或者人民法院应当自收到监狱提请处理意见书之日起六个月内将处理结果通知监狱。"

由此可见，与普通公民实现救济权不同，针对监禁刑服刑犯罪人的获得救济权，国家规定了更多的保障，要求相关国家机关通过及时处理、及时转递等方式切实保障服刑犯罪人救济权的实现，其中涉及监狱部门的有：要求监狱部门及时转递相关申诉、控告、检举材料，不得扣压，要求监狱部门甚至对认为裁判可能有错误的申诉主动向人们检察院或人民法院提请处理。另外，《监狱法》还特别规定罪犯写给监狱的上级机关和司法机关的信件不受检查（《监狱法》第47条规定："罪犯在服刑期间可以与他人通信，但是来往信件应当经过监狱检查。监狱发现有碍罪犯改造内容的信件，可以扣留。罪犯写给监狱的上级机关和司法机关的信件，不受检查"），以保证罪犯相关申诉、检举、控告等救济权利的实现。

（三）监狱信息化建设与服刑犯罪人获得救济权利的协调发展

如前所述，相对于其他普通社会主体来说，获得救济权对于监禁刑的服刑犯罪人甚至更为重要。因此，《监狱法》等有关法律甚至明确规定了监狱部门在保障服刑犯罪人获得救济权方面的义务，这在保障服刑犯罪人基本权利中是不多见的。

1. 监狱信息化与服刑犯罪人获得救济权利的协调发展

服刑犯罪人由于身处监狱服刑状态，对外无人身自由，因此，其行使获得救济权，向有关部门提出相应的辩护要求及申诉、控告、检举材料等，只能通过各种对外通信联络方式，再由监狱方面转递。而监狱信息化的发展，大大丰富了服刑犯罪人对外通信联络的方式，使得服刑犯罪人向有关部门提出的相应辩护要求及申诉、控告、检举材料等能更便利快捷地送达，及时保障服刑犯罪人获得相关救济权利。

另外，监狱信息化的发展使得服刑犯罪人对外界资讯的了解和掌握远远超过以前，这也使得服刑犯罪人能够更加了解自己所拥有的法定获得救济的权利，进而能够充分及时行使相关获得救济权。

2. 监狱信息化与监狱方面保障服刑犯罪人获得救济权利的协调发展

相比于保障监禁刑服刑犯罪人的其他基本权利来说，《监狱法》对要求监狱等相关国家机关保障监禁刑服刑犯罪人的获得救济权作出了明确的规定。《监狱法》第 21 条规定：“罪犯对生效的判决不服的，可以提出申诉。对于罪犯的申诉，人民检察院或者人民法院应当及时处理。”第 23 条规定：“罪犯的申诉、控告、检举材料，监狱应当及时转递，不得扣压。”第 24 条规定：“监狱在执行刑罚过程中，根据罪犯的申诉，认为判决可能有错误的，应当提请人民检察院或者人民法院处理，人民检察院或者人民法院应当自收到监狱提请处理意见书之日起六个月内将处理结果通知监狱。”因此，监狱在保障服刑犯罪人获得救济权利方面有法定的义务，而监狱信息化的发展为监狱方面更好地保障服刑犯罪人获得救济权提供了支持。

首先，监狱信息化的发展有利于监狱方面及时向有关部门转递服刑犯罪人的申诉、控告、检举材料。监狱信息化的发展，尤其是监狱与其他司法部门（如人民检察院、人民法院）相关系统联网的发展，使得监狱方面可以更好更快捷地通过电子化信息方式与相关司法部门保持互联畅通。如果有必要的话，监狱方面对服刑犯罪人相关申诉、控告、检举材料，可以直接通过该联网系统向相关司法部门予以转递，进而实现在信息化背景下更好地实现《监狱法》有关“罪犯的申诉、控告、检举材料，监狱应当及时转递，不得扣压”的规定。

其次，监狱信息化的发展有利于监狱方面更好地完善对服刑犯罪人申诉、控告、检举情况的管理。此次监狱信息化的发展极大地推进了监狱方面的电子化办公程度，相关狱务通过电子化办公能够实现效率更高、质量更佳的管理水平。而监狱方面对服刑犯罪人申诉、控告、检举情况的掌握，也属于监狱方面对狱务的管理内容之一，电子化办公的普及将能更好地完善对服刑犯罪人申诉、控告、检举情况的管理，为充分掌握全体服刑犯罪人的动态、做好狱政管理工作提供必要的支持。

最后，监狱信息化的发展有利于监狱方面更好地作出狱情分析，更好地发现罪犯判决可能有错误的情况。狱情分析是监狱方面在日常管理中根据服刑犯罪人各种动态服刑情况（如参加劳动改造情况、参加教育改造情况、日常服刑状态等），及时全面掌握犯罪人的服刑情况，对做到针对不同犯罪人的行刑个别化措施、预防监狱危机的发生、为监禁刑后续处遇（如减刑、假释等）提供依据等都具有非常重要的意义。而服刑犯罪人有关申诉、控告、检举的情况，是监狱方面狱情分析的重要方面。监狱信息化相关科学狱情分析系统的建立，能够更及时全面地分析犯罪人服刑情况，并进而对服刑犯罪人有关申诉情况及其判决可能发生错误的情况提供支持。《监狱法》第24条规定："监狱在执行刑罚过程中，根据罪犯的申诉，认为判决可能有错误的，应当提请人民检察院或者人民法院处理，人民检察院或者人民法院应当自收到监狱提请处理意见书之日起六个月内将处理结果通知监狱。"监狱有义务根据罪犯的申诉，主动发现判决可能有错误的情形，并及时提请人民检察院或者人民法院处理。而监狱信息化相关科学狱情分析系统的建立，能通过对申诉犯罪人相关服刑情况的及时分析，发现服刑中的异常情况，进而主动在监狱工作中发现判决可能有错误的地方并及时提请人民检察院或者人民法院处理，更好地促进监狱方面完成《监狱法》规定的相关义务。

六、总结

监禁刑服刑犯罪人除被法定剥夺人身自由外，还依法享有其他未被法律剥夺的基本人权（如隐私权、政治权利和自由、社会经济和文化教育权利、获得救济权）。现代信息化的发展在为监狱管理工作带来更多便利和提升的同时，也对监狱服刑犯罪人人权保障工作产生了深刻的影响：一方面，监狱信息化的发展可能会侵害服刑犯罪人人权保障的某些方面（如监狱信息化对服刑犯罪人全天候的实时监控可能对犯罪人的隐私及隐私权造成侵害）；另一方面，监狱信息化的发展也会促进监狱方面保障服刑犯罪人人权（如监狱信息化为服刑犯罪人更好地实现社会经济和文化教育权利带来便利）。我们应注意充分利用监狱信息化带来的技术便利，更好地保障服刑犯罪人的基本人权。

第三节　监狱信息化之职务犯罪监禁刑行刑问题研究

近年来，大批贪腐官员相继落马，充分暴露了落马官员的贪污受贿行径，引起了广大人民群众对反腐行动的关注和支持。事实证明，贪腐行为的泛滥，对国家、对人民造成严重的恶劣影响。贪腐行为严重腐蚀了国家运行机制，败坏了党风和社会风气，严重削弱了党和政府的威信与公信力。贪腐行为扰乱了社会经济秩序和正常的经济环境，阻碍着国家政治、经济体制改革的顺利进行，导致人民生活水平的下降，直接危及我国社会主义人民民主专政政权的根基，成为当前阻碍我国改革开放顺利进行和构建和谐社会的重大现实问题之一。打击贪腐既反映了民意，也表明了中央的决心。“十八大”以后，新一届中央领导集体对反腐倡廉高度重视，提出要坚持“老虎”、“苍蝇”一起打。“反腐败高压态势必须继续保持，坚持以零容忍态度惩治腐败。对腐败分子，发现一个就要坚决查处一个。”这是习近平总书记于 2014 年 1 月 14 日在中国共产党第十八届中央纪律检查委员会第三次全体会议上的讲话，言犹在耳。尤其“十八大”以来，“打虎拍蝇”的反腐行动已经成为中国社会全面推进改革的标志之一。面对高涨的反腐舆论和反腐行为，人们迫切希望“将权力装进法律的笼子”，让权力在阳光下运行。

面对居高不下的贪污贿赂犯罪率，主张威慑论和报应刑论的古典主义重新受到重视，刑罚的功能再次得到强调。的确，人类社会发展的历史证明，以刑罚应对犯罪是人类社会“不得已而实施的恶”，对犯罪的控制确有一定的成效。从 20 世纪 90 年代起，我国从立法、司法角度一直重视对贪腐行为的打击，理论界也热衷于对该主题的研究，较为常见的是对国外反腐法律制度的研究和对我国反腐历史的研究。而对职务犯罪犯罪人刑罚特别是监禁刑的执行却遭到冷遇。

就刑事法律而言，法律的公正性需要通过立法、司法、执法三个阶段共同体现。立法机关在制定刑法时，要根据每一种犯罪行为对社会危害性的大小规定恰如其分的刑罚；司法机关在判案时，要根据被告人实施犯罪的类型、犯罪情节的轻重判处相应的刑罚；判决生效后，在刑罚执行阶段，执行机关应该依法切实执行法院判决。如果在哪个环节出了问题，法律公正就无从谈起。在刑罚的执行环节出了问题，刑事立法和刑事司法中已然实现的公平就将在最后的执行环节被抹杀、亵渎。据此，刑罚执行关乎国家刑罚权的最终实现，是法律保障人权、社会实现正义的重要保障。德国法学名家荷耳庭德夫曾说过："刑法裁判，不过形式耳，必由行刑，而始见实质的活动。"

针对职务犯罪犯罪人的刑罚执行包括死刑、自由刑、财产刑等刑种的执行问题。其中，最常用、最能反映执行效果的应该是对职务犯罪犯罪人适用监禁刑的自由刑执行问题。目前，我国正处于严厉打击职务犯罪犯罪人的时期，监狱系统执行监禁刑至关重要，是刑事立法和刑事司法已实现的公平在最后环节的体现。但对于职务犯罪犯罪人这类特殊的犯罪群体，其在监禁刑执行过程中既具有与其他普通刑事罪犯相同的共性，又具有一定的特性：一方面来说，职务犯罪犯罪人与其他普通刑事罪犯一样，都是因为实施犯罪行为，根据法律规定而产生的称谓，都是监管改造的对象；但另一方面来说，职务犯罪犯罪人因曾经的公职工作经历，使他们与其他刑事罪犯有很大区别，即使在监狱服刑，曾经的身份地位仍使他们具有一定的"关系特权"，不排除出现职务犯罪犯罪人在监禁刑执行过程进行权力寻租等行刑权异化的一些问题。

在职务犯罪处于高发的态势下，打击职务犯罪仍然任重道远。随着依法惩治职务犯罪力度的日益增强，我国监狱中职务犯罪犯罪人人数将逐渐增多，有可能形成一个庞大的职务犯罪犯罪人群体。在对职务犯罪犯罪人的监管改造过程中，也陆续出现了值得关注的新情况和新问题。如何更好地对职务犯罪犯罪人执行监禁刑，尤其在现代监狱信息化的背景下加强对职务犯罪犯罪人的监禁刑行刑，已成为监禁刑执行中不可回避的问题。

一、职务犯罪犯罪人执行监禁刑的改造模式及评析

目前，监狱机关将贪污贿赂罪犯和渎职罪犯一并列入职务犯罪，对他们的监管改造模式主要有混合模式和单独模式两种，针对不同模式的监管改造

职务犯罪犯罪人的模式，实践中也有不同的问题出现。

（一）混合模式

1. 对职务犯罪犯罪人采取混合模式进行监管的概念

混合模式指将职务犯罪犯罪人作为一般的刑事罪犯与其他罪犯混合监管并共同接受改造。这种模式是我国改造职务犯罪犯罪人的主要模式，但随着反腐行动的深入、职务犯罪犯罪人数量的增多，大有被独立关押模式取代之势。

2. 对职务犯罪犯罪人采取混合模式进行监管的效果及评析

在混合模式下，职务犯罪犯罪人在执行监禁刑的过程中呈现出与普通刑事犯不同的特征，更容易争取到更多的行政和刑事奖励。

一是职务犯罪犯罪人能够争取到更多的行政和刑事奖励。职务犯罪犯罪人受教育程度普遍较高，可轻松通过撰写通讯稿、参加法制宣传活动、文艺活动得到行政奖励。一直以来，监狱为了提高犯罪人员的文化素质、营造良好的监狱文化，往往制定很多措施，鼓励他们参加文艺活动，并给予行政奖励。然而，这一措施针对职务犯罪犯罪人而言便成了获取行政奖励的便捷通道，比普通刑事犯有更大的竞争优势。职务犯罪犯罪人入狱前多从事公职，擅长公文写作和演讲，在监狱举办的警示教育中发表一些感想、分析原因，在读书活动中经常撰写一些文章并向监狱内部期刊投稿，这样能比其他罪犯争取到更多的专项奖励分。

二是多数职务犯罪犯罪人曾担任领导职务，沟通能力较强，人际交往经验丰富，容易得到警察的青睐。在行刑中，职务犯罪犯罪人往往能争取到较好的劳动岗位,① 得到更多的行政奖励和刑事奖励，在行刑中比普通刑事犯具有更强的“竞争优势”。

三是职务犯罪犯罪人普遍具有较强的管理能力。职务犯罪犯罪人曾长期从事管理工作，具有丰富的管理和协调能力。在混合关押模式下，监狱警察从劳动分工的需要出发，往往会更多地安排这部分罪犯从事一些协管或辅助

---

① 在监禁刑行刑过程中，监狱通过量化考核服刑罪犯的劳动改造表现。较好的劳动岗位指量化分值较高、劳动强度较低的工种。

性质的事务性工种。这样，职务犯罪犯罪人就有可能很少参与劳动改造。监管实践也表明：在从事一些复杂的事务性工种过程中，职务犯罪犯罪人确实也发挥了其他普通刑事犯所无可替代的积极作用。然而，作为罪犯，应该接受劳动改造是其不可回避的义务，这在我国《监狱法》中是以强制性规范的形式作了明确规定的。这样的做法与我国法律规定明显不符。更有甚者，有少数职务犯罪犯罪人在被安排从事特岗事务后，不能自觉摆正位置，身份意识淡化，利用管教民警的信任，习惯性地“以权压人”、“以权圈利”，再向其他犯人抖威风、索“进贡”，造成了恶劣的影响。

四是职务犯罪犯罪人利用人脉关系，违法争取刑事奖励。近年来，媒体揭露的一些事实让百姓深感失望。一些被判处刑罚的犯罪分子仍然不思悔改，变本加厉地利用其关系、金钱，违法操作减刑、假释、保外就医，大幅度地减少刑期，逃脱本应受到的惩罚，达到法外行刑、逃避惩罚之目的。

这样的状况给普通民众留下了极其不良的印象：同样都是罪犯，但职务犯罪犯罪人的减刑、假释多。无论是官员还是职务犯罪犯罪人都有百姓望尘莫及的优越性。从以下这一份资料可以看出，我国职务犯罪犯罪人获得刑事奖励的比例远远超过普通刑事罪犯。2011 年 5 月 11 日《山西晚报》登载：全国在押犯每年有二至三成可获减刑，但同为在押的贪腐高官获减刑、假释和保外就医的人数要大大高于该比例。全国判刑的省部级官员共计 100 多人，除了个别判处死刑者外，服刑者大多数获得了减刑、假释和保外就医。① 就具体官员玩弄权术逃避惩罚的案件，媒体报道亦很多：广东省江门市原副市长林崇中因受贿罪被判处 10 年有期徒刑，却一天牢没坐，还在审理期间就花了不到 10 万元钱，办好了“保外就医”。因受贿和贪污而被判刑 5 年的潮州市原市政府副秘书长刘益民，同样在不符合条件下成功“保外”。某些职务犯罪犯罪人免死之后，居然还能通过减刑、假释、保外就医等途径迅速出去，连牢也不用坐，甚至还可以在服刑期间干一番事业，这样的待遇绝不是普通老百姓所能享有的。

被判处监禁刑的职务犯罪犯罪人，接二连三地通过减刑、假释，轻松出

---

① 殷国安：“对贪官的减刑、假释尤需公开审理”，载《长江日报》2012 年 4 月 16 日。

狱，阻碍了反腐败斗争顺利进行，挫伤了法律的公信力。从监禁刑的执行效果而言，有失公平，法律的实现到了执行阶段已功亏一篑。对社会民众传递了错误的信息：职务犯罪犯罪人入狱前，在社会上拥有较高的社会地位，犯罪后在监狱中仍然优越于其他刑事犯罪。的确，从现象看来，由于职务犯罪犯罪人这一群体所具备的特性，在混合关押模式下仍然还有极大的腐蚀监狱警察的危害性。在监狱行刑中，对罪犯的改造表现是按量化考核计分的，分值高的可以获得行政奖励，分值高并获得行政奖励多的就会优先获得刑事奖励——减刑或假释。在刑事奖励名额有限的情况下，职务犯罪犯罪人利用手中资源对执法力量进行腐蚀，获得差别对待，甚至获得虚假的考核计分奖励。这是对其他服刑罪犯行刑权益的侵犯，势必造成他们对国家行刑权的敌对，难以改造其他服刑人员。这也是对国家刑罚权的亵渎，难以使民众对法律产生信赖。因此，从公正执行刑罚的角度，对这部分人给予过高或过度倾斜的减刑假释政策，对占服刑比例超过90%以上的普通刑事犯而言，是显失公平的。这就造成了在刑罚执行上严重违背法律面前人人平等的原则，破坏社会公平正义。法谚称："罪行必须受到惩罚，免予惩罚就会不断鼓励违法犯罪。"① 要想使所有人真正尊重和敬畏法律，就必须切实有效地堵住刑罚执行上的漏洞，使刑罚执行实现公平正义。

2014年2月，中央政法委发布《关于严格规范减刑、假释、暂予监外执行切实防止司法腐败的意见》，对减刑、假释、暂予监外执行案件可能出现的司法腐败问题进行制度上的约束。该意见共17条，从严规定三类罪犯（职务犯罪、破坏金融管理秩序和金融诈骗犯罪、组织黑社会性质组织犯罪）减刑、假释、暂予监外执行的实体条件。例如，三类罪犯减刑除一般标准外，还需考察其是否主动退赃、积极协助追缴境外赃款赃物、主动赔偿损失等。在刑期方面，三类罪犯减刑后刑期将最多延长5年，死缓罪犯减刑后的最低刑期延长至22年。该意见收紧对三类罪犯的减刑、假释、暂予监外执行的审批。这对于违法获取刑事奖励起到遏制作用。然而，该意见在贯彻落实中是否还会出现规避状况，职务犯罪犯罪人在被执行

① 李浩："保证刑罚执行的公平正义"，载《检察日报》2014年3月3日。

监禁刑期间优越于普通刑事犯的不公平便利条件如何解决等，都是不可忽视的问题。

（二）独立模式

1. 对职务犯罪犯罪人采取独立模式进行监管的概念

独立关押模式是指由单独的监狱、监区或分监区将职务犯罪犯罪人作为职务犯的一种进行独立集中关押并改造。独立模式可以分为两种。一种是单独成立监狱对职务犯进行集中关押，称为特别单位独立模式。另一种是单独成立监区和分监区对职务犯进行集中关押，称为特别单元独立模式。鉴于特别单位独立模式的特殊性和本书探讨主题所限，本书中的独立模式特指特别单元独立模式。

当前，将职务犯罪犯罪人作为职务犯以特别单元独立模式进行监管更为普遍。仅从网络上可公开查找的资料来看，当前采独立模式的监区或分监区就有：湖南省长沙监狱职务犯监区，司法部燕城监狱职务犯监区，海南省海口监狱职务犯监区，安徽省巢湖监狱职务犯监区，北京监狱职务犯分监区，安徽省铜陵监狱职务犯监区，河南省郑州市未成年犯管教所职务犯监区，四川省金堂监狱职务犯监区，甘肃省兰州监狱职务犯监区等。① 自广东省茂名市官场大地震后，广东省于2013年12月，在阳江监狱、番禺监狱、清远监狱、梅州监狱、惠州监狱、女子监狱6所监狱设立职务犯监区集中关押职务犯。对此举措，广东省监狱管理局表示，这是针对职务犯资源多、人脉广，使监狱经常面临“打招呼”、“找关系”的执法风险而采取的措施。该措施仅限于对县处级以上干部和县处级以下的部门一把手职务罪犯实行单独关押。除上述已公开报道的职务犯监区或分监区外，还有一些省（市）的监狱对职务犯也进行独立关押。另有一些监狱正准备对职务犯进行独立关押。

2. 对职务犯罪犯罪人采取独立模式进行监管的效果及评析

新中国成立后，除个别特殊情况外，对职务犯罪犯罪人一般都采取混合关押模式。随着打击职务犯罪工作的持续深入开展，我国累积查处的职务犯罪犯罪人数量不断增长，监狱中关押的职务犯罪犯罪人也达到了相当大的规

---

① 王辉：“职务犯关押模式初探”，载《黑龙江省政法管理干部学院学报》2012年第6期。

模。根据最高人民检察院发布的统计数据，2008 年至 2013 年 8 月，全国检察机关共立案侦查贪污贿赂犯罪案件 151 350 件 198 781 人。[①] 面对混合关押无法避免职务犯罪犯罪人权力寻租的现状，许多地方监狱正在试行或筹备独立关押模式。在此，本书以广东省监狱试行集中关押（即独立关押）的模式为例分析职务犯罪犯罪人的独立关押模式下监管改造的情况。

（1）严把监管警察用人关，从源头上避免执法风险。从监管实践看来，职务犯罪犯罪人在实施违法获取行政或刑事奖励的时候，总是以“老乡”、“故交”等为借口与警察攀关系、讲交情，然后再趁机腐蚀警察。因此，在选用监管警察的问题上，广东省监狱制定了在源头上防范措施：监管警察和被监管的职务犯罪犯罪人之间没有同乡关系，规避了“老乡情”隐患，采同乡干警回避制。此外，监狱还专门选用业余生活比较单纯、人脉不算广的警察。当然，监狱方面还把政治素养、工作能力作为选拔监管警察的重点因素。在行刑中，除专管警察外，监狱领导或业务部门人员因业务关系需要对职务犯罪犯罪人个别谈话并进行教育，这也是需要防范的环节，所以，在这样的情况下，监狱要求有专管警察在场且谈话人员和谈话内容要在《探视本》上进行登记备案，其他警察未经批准一律不得私自找职务犯罪犯罪人谈话。

（2）职务犯罪犯罪人与普通刑事犯行刑待遇相同。监狱认为，职务犯罪犯罪人与其他普通刑事犯都是犯罪后需要接受刑罚惩罚的人，本质上是相同的。在行刑中他们的待遇应该是一致的，对于职务犯罪犯罪人不能搞任何特殊。住宿条件、劳动改造标准、伙食待遇和服装被褥供给等都相同。至于有些老弱病残的职务犯罪犯罪人也与其他普通罪犯的待遇一致。从监狱角度看，采取这样措施的出发点在于强调职务犯罪犯罪人与其他罪犯的平等性。

（3）在行刑过程中对职务犯罪犯罪人从严管理。为了彻底改变职务犯罪犯罪人在行刑中享受特权的现状，监狱规定严格审查职务犯罪犯罪人申请减刑、假释、监外执行的资料，在档案中的改造得分、表扬、积极分子等表彰项目均要重新进行进一步审查。这个规定仅适用于包括职务犯罪犯罪人在内的职务罪犯，而对于普通犯，则是按照正常程序的复查、抽查即可。对职务

---

① 戴佳：“全国检察机关侦查贪污贿赂犯罪案件 15 万余件”，载《检察日报》2014 年 3 月 7 日。

犯罪犯罪人的从严管理还体现在监狱取消了非隔离会见场所，改为在有警察现场监视的情况下电话会见。这些措施的采取，的确取到一定的效果，监狱接到的“打招呼”电话随之少了许多。

在刑事奖励方面，广东省监狱针对职务犯罪犯罪人在计分考核上具备的优越条件修改了计分考核标准。如在监狱内部报纸发表文章不再作为计分考核指标，或转为稿酬模式，参加自学考试的相关计分标准正在讨论中，或直接取消记功标准，或提高记功门槛。在一些认为容易操作的计分标准上，采用取消或明确标准的处理办法。对于一些关键的直接影响保外就医的资料，比如罪犯疾病鉴定、服刑人员医学鉴定书等信息，均向社会公布。

（4）强化信息化建设，实现狱务公开。近年来，随着狱务公开工作的深入，广东省监狱已陆续开设门户网站，宣传法律、介绍行刑政策和规定、公布监狱执法情况，极大促进了社会了解监狱并监督执法的热情。此外，广东省监狱随后还建立罪犯减刑假释查询系统，公众可通过此系统查询该监狱提请减刑假释罪犯的基本信息、刑期变动、奖惩情况等,[①] 实现狱务公开。揭阳监狱网站在 2013 年 4 月 1 日正式上线。揭阳监狱门户网站对社会公示的信息更为全面和详细：服刑人员的疾病诊断证明书、医学鉴定书以及每月监狱提请服刑人员的减刑假释情况等，详细地列举了每个罪犯的刑期变动情况，上次减刑时间幅度、考核期内的奖惩情况等。而首页右侧的“服刑人员信息查询”则是针对罪犯家属开设的，输入监狱事先提供给家属的服刑人员用户名、编号和密码，服刑人员的所有狱中信息便可一对一地清楚显示，包括：所在监区、现刑期、罚金交纳情况、刑罚变动、提请减刑假释情况、考核扣分、健康状况、分级处遇、零花钱明细等信息。这是全国首家可通过互联网查询到服刑情况的监狱。据悉，该做法将在广东省监狱逐步推广。

（5）建立罪犯诉冤机制。在对职务犯罪犯罪人从严管理的同时，广东省阳江监狱建立起相应的罪犯诉冤机制，扩宽罪犯的诉冤渠道，使罪犯能够选

---

① “广东监狱启动服刑信息查询系统可查减刑假释信息”，http：//news. xinhuanet. com/legal/2014 -03/26/c_ 126317842. htm. 访问日期：2014 年 3 月 26 日。

择适合自己的方式提出对行刑的异议，并确保能够得到受理和答复。

不可否认，对职务犯罪犯罪人采取的独立模式从措施的采取、制度的完善来看确实具有一定的积极意义。从短时间的效果来看，独立模式不仅对于违法获取刑事奖励起到遏制作用，而且也有利于解决职务犯罪犯罪人在被执行监禁刑期间具备优越于普通刑事犯的不公平便利条件。然而从长远看，独立模式能否杜绝职务犯罪犯罪人的权力寻租，是否会出现新的权力寻租情况，职务犯罪犯罪人集中特权的权力寻租，尤其是混合模式下滋生权力寻租的原因是什么，是在当前需要探讨的重要问题。

二、对当前职务犯罪犯罪人执行监禁刑的异化问题分析——权力寻租

（一）权力寻租理论简介

20世纪60年代，随着西方国家自由贸易的发展，出现了市场失灵等滞涨问题。以凯恩斯为代表的传统自由贸易主义无法解释并解决当时导致市场失灵的滞涨问题，开始显现出其理论局限性，出现动摇其在该领域的统治地位的趋势。为了解决贸易中出现的新问题，新自由贸易主义借此机会得到了复苏。1967年安妮·克鲁格（Anne Krueger）在美国出版的经济评论中成功发表了《寻租社会的政治经济学》一文，在这篇文章中，她以一个全新的视角向传统的经济理论提出了挑战。她对政府对外贸的管制而产生的对租金问题的争夺进行了深入的研究，并用自行设计的数学模型进行了细致的计算和周密的讨论，于是“寻租”一词开始风靡整个学术界。自此，经济学界把这篇文章看作是寻租理论的一个里程碑，克鲁格个人被看作是寻租理论的开山鼻祖。①

寻租理论的形成和发展对于弥补传统经济学的理论局限性起到积极的作用，扩大了经济学的研究范围。传统经济学研究的是生产性的寻利活动，认为企业追求利润最大化的手段是从追求经济利益增长而得到实现的。寻租理论把研究范围扩大到了非生产性领域，认为企业追求利益最大化的手段可以延伸到追求经济利益分配。该理论发现了政府的无意活动无形之中影响着社

---

① 李峥：《关于权力寻租几个问题的研究》，内蒙古民族大学2012硕士学位论文。

会的资源配置，创造了部分额外收益，从而引起了非生产性的寻租活动。该理论由于迎合了当时的经济思想，能够解析经济滞胀的问题，引来了学者的追捧，产生了很多有关寻租理论的学术观点。

在诸多的学术观点中，有关寻租现象产生原因的理论分析，最具代表性的是以布坎南和图洛克为代表的公共选择理论学派的贡献。[①] 公共选择理论坚持人为善恶综合体并把人性的不完美视为常态，以此为逻辑起点设计制度，这是一种全新的研究权力寻租现象的思路。此后，该理论的研究视野从经济学扩大到了政治学，成为分析权力寻租性腐败问题的重要理论，也就是说，非生产性的寻租活动于无形中给腐败者提供了一个创收的空间，想要遏制权力寻租性腐败现象的产生，就要在多方面、多角度采取措施。[②] 公共选择理论学派关于权力寻租理论的主要观点是：社会在从事生产和交换过程中，除了生产要素和价值规律之外，影响并决定企业获取利润的要素还有政府的行政权力。权力本身不属于生产领域，不能创造利润，但由于具有管理社会事务的职能，自然就对社会资源配置和收入分配起到关键作用。政府在行使权力时，经济人趋利动机与行政权力滥用者达成合意并付诸实施，就形成了权力寻租。从本质上，权力寻租就是权钱交易，即某些掌握着国家权力的政府工作人员为追求私人利益通过具体的政府权力影响社会资源配置和收入分配，改变普遍法律公平分配的目的和意志，以浪费社会资源为代价来实现非生产性利益的腐败行为。[③] 权力寻租对社会生产具有极大的危害性，是政府在充当“守夜人”时，违背其职责，利用公共权力谋取私利的行为，是导致政府干预市场失灵的毒害化合物。寻租活动会使政府官员得到高额的物质回报，从而不断刺激设租活动的发展，从而使腐败活动陷入恶性循环之中。寻租理论的创始人之一布坎南认为，寻租造成“社会浪费而不是社会剩余”。[④] 托利

---

① 黄林海：“差序格局下政府官员权力寻租现象及本土化对策研究”，载《中共南宁市委党校学报》2014 年第 1 期。

② 周丹丹：《寻租理论视角下的公权腐败经济原因分析》，广西大学 2008 年硕士学位论文。

③ 同上。

④ 张利华、冉智强、钟海国：“市场经济腐败产生的原因及对策——基于寻租理论的分析”，载于《技术与市场》2013 年第 1 期。

森认为“寻租是花费稀缺资源追求纯粹转移的行为，其产出为零”。①

寻租理论从一个全新的角度丰富了经济学理论，扩大经济学研究的范围，有助于理解职务犯罪与官僚政治。其精髓之处在于它把政府作为市场经济的参与者看待，把政府干预行为这一行政行为本身“市场化”了，从而把政治干预经济过程中出现的权钱交易的问题纳入了经济学的研究范围，使经济学界对“政府失灵”现象的认识更为深刻，也为矫正“市场失灵”而制定行之有效的对策提供理论依据。寻租理论从产生至今已有40余年，在这期间得到了长足的发展，其理论影响力不仅遍及经济学的各个分支，而且为其他领域，如社会学、政治学、法学和行政管理学等其他社会科学的研究提供了新的研究思路。寻租活动的发现，为建立更为有效的市场经济秩序指出了方向。

寻租理论随着中国改革开放的进程，从20世纪80年代开始传入，并逐渐发展。改革开放的初期阶段，我国许多领域都存在着旧体制已经开始逐步地松动、收缩，而新体制尚未建立的情况，经济领域亦如此，建立与市场经济相匹配的制度尚处于摸索阶段。在新旧体制交叉并存的情况下，寻租活动开始活跃，寻租理论也就开始渗透并且传入中国。寻租理论最早在中国提出是1988年，以吴敬琏为首的一批经济学家率先在《经济社会体制比较》杂志上介绍西方寻租理论。② 此后研究寻租问题的学者逐渐增多，相应的文章以及专著日趋丰富。从研究的资料分析，早期我国学者的研究重点大多集中于对国外文献的总结归纳，或是解释国内的腐败现实；到了后期，学者们细化了研究范围，研究方法也呈现出多样化的趋势。研究成果的主要观点是：寻租是腐败的一种典型表现；寻租活动的危害在于造成社会资源的大量浪费。由寻租理论得出的最重要的反腐败结论是应当制定尽可能完善的官员行为规范和工作程序约束官员的行为，规范官员自由裁量权的行使，同时加强对官员的廉洁教育，强化其抵御寻租的内心自觉，而不是片面地消除寻租机会。③

---

① 刘国贤：《我国财政联邦制下的寻租问题研究——兼论财政分权下的统一》，厦门大学2006年硕士学位论文。

② 王欣、贾元华、马晓飞：“国家科技计划项目立项中的寻租博弈分析”，载《科技进步与对策》2011年第8期。

③ 肖世杰、张龙：“国内外主要反腐败理论的述评及其若干启示”，载《湖南社会科学》2014年第5期。

尽管如此，虽然许多学者采用各种方式将寻租与腐败联系在一起，但是鲜有人注意它们之间的差别并予以区分。

值得注意的是，寻租理论虽起源于美国，并传至中国，但寻租概念却有所区别。西方国家的寻租活动是在市场经济条件下产生，政府不主动介入经济领域，经济主体为通过限制自由竞争和要素的自由流动达到垄断目的，主动寻求政府权力介入以追求非生产性利润的活动。政府在寻租活动中处于被动地位。寻租包括合法的和非法的两种情况，合法的包括企业向政府争取优惠待遇，寻求政府补贴，利用政府来保护自身的垄断地位等；也有种种非法性质的寻租活动，如行贿受贿、偷税漏税、走私贩私。我国是发展中国家，处于经济转型期，完备的市场经济尚未建立，政府对经济行为或表现为主动干预，或表现为干预缺位。由于寻租带来的利益往往大于风险，权力寻租主要表现为政府在干预过程中主动创造机会向企业或个人出租所掌握的某种特权，以寻求租金。因此，在我国，寻租常常与腐败联系在一起，或者作为同义词使用。严格地说，两个词是有区别的，混用或作为同义词使用是不够准确的。权力寻租概念是从西方经济学的寻租理论引申出来的，它又区别于西方的经济寻租，是我们进行理论创新的结果。

（二）职务犯罪犯罪人监禁刑行刑过程中权力寻租的条件分析

本书将以权力寻租理论为指导探讨职务犯罪犯罪人在被执行监禁刑过程中以其特殊的人脉关系为媒介、寻求获得行刑中行政和刑事奖励可能性的刑罚执行异化问题。

职务犯罪犯罪人行刑中可能存在的权力寻租是指职务犯罪犯罪人利用自己在职时形成的影响力、自身较强的沟通能力等因素，向监狱中有权力为其申请减刑、假释，办理保外就医或者是对平时表现加分的监狱警察和领导行贿，为自己牟取减轻或避免刑罚惩罚目的的一种活动。在这一活动过程中，监狱领导和监狱警察通过滥用职权这一手段以谋求行刑活动中直接的非生产利润，因此，它是一种行刑资源的内耗，可以造成一个国家行刑资源配置的扭曲和浪费，产生国家刑罚权异化。总结下来，行刑权力寻租的实现有其特定的环境，需要具备行刑权力的存在、寻租双方寻租意愿、制度的漏洞、法律的滞后等要素。

为了将问题分析得更加清晰，我们作一假设：某职务犯罪犯罪人被判有期徒刑入狱，面对监禁刑的刑罚惩罚，该犯可能作出两种选择：其一，接受惩罚；其二，利用其在职期间的人脉等关系，积极寻租。监狱警察对于职务犯罪犯罪人的入狱接受监管改造一事，也有两种选择：其一，严格依照法律规定履行职责；其二，利用职权为职务犯罪犯罪人谋求行刑奖励。一般情况下，刑期越长，职务犯罪犯罪人希望寻租的欲望越强。其中一种情形是：职务犯罪犯罪人选择寻租，他将寻租意愿向监狱警察表达，这时监狱警察可以选择接受，也可以拒绝。如果选择接受，双方均需要消耗一定的成本，包括他们磋商寻租利益的耗费，还有进行非法行动的心理成本等。当监狱警察拒绝职务犯罪犯罪人的寻租时，寻租活动失败。此时监狱官员没有消耗成本也没有获得额外收益，但是职务犯罪犯罪人在尝试寻租的过程中已产生寻租投入。监狱警察在接受寻租时往往都需要权衡，当可能的利益远远大于承担的风险时，行刑权力寻租成功的概率就大；相反，概率就小。根据上述的假设，我们发现权力寻租有两个阶段的博弈。在博弈的第一阶段，职务犯罪犯罪人可以选择两种策略，即“向监狱警察寻租”和“不向监狱警察寻租”；在博弈的第二阶段，当职务犯罪犯罪人向监狱官员寻租时，监狱警察可以选择“接受”寻租，或者选择“不接受”。博弈中，成本和风险是主体考虑的重要因素。通过上述分析，我们发现在监禁刑行刑过程中，权力寻租的发生需要如下条件。

1. 行刑权力的存在是职务犯罪犯罪人权力寻租的前提条件

西方公共选择学派的理论认为，政府一旦形成，其内部官僚集团也会有自己的利益，也是经济理性人，也会追求自身利益最大化，由此甚至会导致政府的变异，如大量滋生寻租与腐败现象，从而打破了官员无私、自动代表公共利益的政治学神话。[①] 同样地，在人类社会，人性的特质决定了刑罚权存在的必要性，刑罚权是人权得以保障、社会得以有序发展的强制力量。监狱行刑权力是主要的刑罚执行权，具有对减刑、假释行刑奖励措施进行权威

---

① 武付华：《社会主义市场经济条件下权力寻租与公共权力异化问题研究》，西南大学2008年硕士学位论文。

分配的功能，也有对监外执行的批准权，这些权力的存在是使监狱行刑得以积极有序运作的必要保证。理论上，这些权力是属于国家的，而国家是个抽象的主体，必须把权力分门别类逐级交给具体的职能部门——监狱，监狱在行使权力时又需要通过具体的监狱警察，于是行刑权就掌握在某些监狱警察的手中。监狱警察掌握着这些权力就意味着他可能对某些刑罚资源乃至职务犯罪犯罪人的行为进行支配和控制，并且具备按照自己的意愿进行支配和控制的可能性。

可以这么说，刑罚权力是一把“双刃剑”，运用得好，它可以维护社会有序运作和发展；运用不当，可能成为侵犯他人权力的工具，还可成为某些人捞取个人利益的手段。应该说，刑罚权力主要是与公共利益相联系的权力，它是完整和统一的，不允许发生权力与财富的交换。但是，在具体实施权力的时候，随着权力主体由国家向监狱机构转化，再交由具体的监狱警察直接践行，行刑权就变为个人权力。刑罚权具有强制性的特点，它能决定服刑罪犯受刑罚惩罚的状态，而当实现监狱行刑权工作转化为具体工作形式时，根据人的趋利避害原理，该公职权就有可能成为个人谋取私利的手段。

2. 行刑权力寻租意愿的产生是出现职务犯罪犯罪人权力寻租的重要条件

与一般意义的权力寻租一样，监狱行刑权力寻租的过程是一个互动过程，是监狱警察与职务犯罪犯罪人之间的“双向寻租”：监狱警察利用特权创租，而职务犯罪犯罪人以向监狱官员提供物质回报为条件，从监狱官员处获得某种特权。在这个互动过程中，由于监禁刑的惩罚性给受刑人带来的痛苦是强烈的，职务犯罪犯罪人的主动性往往大于监狱官员。犯罪后，面对刑罚惩罚，职务犯罪犯罪人试图通过各种办法逃避惩罚，而监狱警察通常表现为相对被动一些，往往会在高额利益或难以拒绝的其他事由下接受寻租。

我们可以从经济学的观点分析监狱警察和职务犯罪犯罪人参与互动的情况，“经济人”在追求效用最大化的过程中，一切给他们带来负效用的因素，都要进入其成本函数，即成本是为获得收益付出的代价。行刑权力寻租的成本主要包括进入行刑权力岗位的交易成本和心理成本。交易成本包括人力成本、物力成本和财务成本等；心理成本主要是由行刑权力寻租行为被查处的概率、发生的次数和惩罚强度决定的。[①] 对于职务犯罪犯罪人而言，以寻租交易成本寻租可能获得的利益明显要大于其成本，其强烈的寻租意愿是不言而喻的；对于监狱官员而言，在寻租前成本的大小权衡至关重要。在此，笔者绝对无意贬低监狱官员的业务操守，但是从客观分析，监狱官员首先作为自然人是个善恶综合体，趋利避害往往是选择的标准，如果收益大于成本，难免不会参与到寻租的互动当中。这也符合贝卡利亚关于趋利避害的观点。

据此，刑罚受罚者通过收买等方式企图免除或减少权力制约，拥有权力力者即监狱官员在利大于弊的情况下是有可能通过把权力商品化，谋取金钱和物质或其他利益。权力寻租所带来的利益，成为双方腐败的原动力。

3. 行刑制度上的缺陷是出现职务犯罪犯罪人权力寻租的根本条件

监狱行刑权的运行必定依赖一定的制度。然而，在现实中，制度经常存在着一定的缺陷或局限，这必然会造成权力运行的不规范。特别是我国处于监狱监管改造的转型时期，旧制度松动，新制度尚未建立，行刑制度本身存在着诸多疏漏和缺陷，客观上降低了行刑寻租的风险，造成了寻租利益大于寻租成本的现状。行刑制度上的缺陷是权力寻租的根本条件。

根据我国《监狱法》的规定，对我国监狱行刑制度可作如下分类：以收监、释放、服刑罪犯死亡的处理等制度为主要内容的与行刑权和刑事责任实现密切相关的制度；以减刑、罪犯服刑期间犯罪的处理、特殊自首、死缓犯的处理等制度为主要内容的引起服刑罪犯刑罚变化的制度；以暂予监外执行和假释制度为主要内容的引起罪犯服刑方式变化的制度；以行刑监督为主要内容保证刑罚正确执行的制度；以狱政管理、教育改造罪犯、劳动改造罪犯制度为主要内容的对罪犯实施的直接管理教育制度。

目前，监狱行刑制度普遍存在大而空的状态，缺乏可操作性办法，而且操作程序规定不严格。行刑中经常出现的“具有悔罪表现”、“不致再危害社会”等标准难以确定，导致有制度但难执行。随着社会发展，监狱犯罪成员也日趋复杂，面对新的情况、新的问题还存在制度设计方面的缺位。目前在监管场所，对于如何使用“特岗”等事务性人员、如何防范打击牢头狱霸、

① 李凡：“寻租行为成本的再分析”，载《特区经济》2007 年第 2 期。

如何加强对身患疾病职务犯的全面监管、如何对职务犯进行定量定性考核、如何公正使用刑罚变更执行法律政策等，均没有严格明确的制度设计。[①] 在实际操作中，出现了因人而异的执法状况。制度缺陷是寻租产生的根本原因。为打击职务犯罪犯罪人的气焰，保障我国反腐活动顺利进行，实现执法公正，完善行刑制度、细化行刑规则刻不容缓。

4. 行刑权力监督制度的欠缺是出现职务犯罪犯罪人权力寻租的关键条件

没有监督的权力必然将导致权力的滥用，监督过当的权力也会显得低效和无能。权力寻租一般都是在公共权力运作的过程中发生的，所以只有公职人员在“履行职责”的过程中恰当地监督，使权力运作与监督制约之间保持一种有力的制衡关系，才能保证行使权力的公正合法性。当前监狱行刑中存在的主要问题是监督的虚位和弱化，这就为权力寻租活动提供了机会。

从权力寻租的角度看，权力监督是否到位首先是监狱官员在权衡利弊时考虑和权衡的，当然这也是罪犯寻租时计入成本的要素。监狱行刑权力寻租行为本身具有隐秘性，双方的交易是秘密进行的，外人难以知晓。这种隐秘性增加了取证的难度，提高了寻租的安全边际。双方一旦形成寻租关系，便形成利益共同体，建立起牢固的攻守同盟。对于他们而言，保守寻租秘密成了唯一有利于他们的选择。这样，当权力有失控或约束不力的情况下，监狱官员个人的意志常会处于无压的情形下，从而会随意使用手中的权力。孟德斯鸠曾说过：“一切不受约束的权力必然腐败”，所以说，权力越大就越是应当予以规范和约束。简言之，寻租意愿的产生是寻租双方趋利避害下的结果，而疏于对权力的监督是监狱官员决定寻租的动力。

刑罚执行检察监督是对监狱行刑进行专门监督的主要方式。监督内容包括行刑的所有过程。然而，由于监督方式缺乏针对性，纠正违法的手段比较少，检察监督成效不大。在实践中，监所检察部门大多采用的是事后监督的方式。行刑违法的行为已发生或结果已出现时，监所部门才介入监督，这样“木已成舟”，造成的负面影响难以完全弥补。对于一般违法行

---

① “关于在押职务犯调研”，百度文库，http：//wenku. baidu. com/link？url = gy3JuDq73DHQCM5JSCj4qAyob8Cqr8xQOow2 - TFIlmbjjWS4EWUIQ2q8Aa9h - dTvtAx23Ys4wwe6xWxABdh3NO3t6X30 ah7DNgOxm - S - nG，访问日期：2013 年 2 月。

为，监所检察部门多采用纠正违法通知书与检察建议的形式，而这两类文书效力不强，是否执行还取决于监狱机关对违法行为的认知程度与自觉改正的主动性。如果监狱机关采取不执行的态度，检察机关无相应的进一步的监督措施。赋予检察机关对监狱行刑的监督强制力并改变监所监督的工作方式已是迫在眉睫之事。

在行刑中，职务犯罪犯罪人的权力寻租现象已成为一个社会的热点问题，处理不当将有损我国反腐大业顺利进行。应该说，职务犯罪犯罪人作为建档监督的九类罪犯之一一直是驻监检察监督工作的重点。但在驻监检察实践中，对职务犯罪犯罪人改造工作尚存在法律监督不到位问题。特别是在刑罚变更执行的问题上，需要更加强化监督。首先，需要改变工作方式，将事后监督转为事前监督；其次，需要严格审查刑罚变更执行的依据，避免出现造假情况；最后，提升检察监督行为的强制力，如监狱方面未按检察建议或纠正违法通知书进行整改的，可考虑由监狱领导承担违法责任。

除了监所监督外，社会民众也是监督的主体。目前，民众监督缺位严重，不利于对行刑权力的制约。我国正处于深化狱务公开阶段，监狱方面可以通过健全监狱门户网站，公开职务犯罪犯罪人行刑信息，完善网上答疑制度，让广大民众充分参与到行刑监督的行列中。

在独立模式下，由于采取了较为严格的监管措施，向社会公开减刑、假释、监外执行，在短时间内产生了较好的社会效果。然而，我们理性思考问题时发现，无论是混合模式还是独立模式，产生行刑权力寻租的条件却都客观存在着。杜绝和控制监狱行刑权力寻租并不在于关押模式的改变。从寻租产生的前提条件而言，刑罚权的实施不可能离开具体的行刑人员，杜绝公权力转化为“个人权力”是不可行的；从寻租产生的根本条件来说，寻租双方产生寻租意愿是人性之趋利避害的结果；从寻租产生的核心条件而言，行刑制度的粗放是目前监狱行刑中客观存在的问题；从寻租产生的关键条件而言，疏于对刑罚权力的制约和监督也是当前急需解决的问题。

（三）独立模式下出现集中特权权力寻租的风险和隐患

如果说，混合关押模式容易产生权力寻租，那么独立关押模式下却潜伏着集中特权的权力寻租，潜伏着极大的隐患。

1. 职务犯罪犯罪人入狱后身份反差大，寻租意愿强烈

绝大多数职务犯罪犯罪人在犯罪入狱前是担任领导职务的，身居要职；有些是工程师、教授、主任医师、经济师等，社会地位极高，自尊心极强。由于身陷囹圄，造成极大的反差，出于人之本性，很可能产生改变现状、逃避或减轻惩罚的意愿。如果这样的意愿能够通过"恰当"的方式向监狱警察表达，并诱使警察与其达成一致意图，权力寻租就极有可能形成。

2. 大多数职务犯罪犯罪人社会背景比较深厚，人脉广泛，具备寻租的便利条件

职务犯罪犯罪人虽然犯罪入狱，但其在履职和生活过程中已营造了较为强大的关系网。亲朋故旧中有许多具有一定影响力的人物，碍于情面或出于"报恩"、"还人情"等考虑，容易对正常的监狱执法工作产生一定的干扰。实践中，违规会见、送物等，对监管制度冲击较大，对减刑、假释等司法工作也会有一定的隐性干预。职务犯罪犯罪人所具有的这层关系网是权力寻租不可缺少的条件。

3. 关押场所集中，职务犯罪犯罪人之间容易产生"同病相怜"情愫

从行刑实际情况看，职务犯罪犯罪人认罪不服法的特征比较突出。他们表面上都能认罪，都能以文字和语言的方式剖析犯罪的原因和犯罪行为对社会造成的危害。但是从内心深处认罪服法的职务犯并不多。职务犯罪犯罪人对自己罪行存在错误的认识：有的认为自己运气差，比自己更腐败的大有人在，却逍遥法外，觉得社会不公平，心理严重失衡。有的认为是官场斗争中，自己遭人算计，扬言出狱后要上访，要公平，要报仇雪恨。有的认为自己没有功劳还有苦劳，觉得自己轻罪重判或抱怨组织上只看一点不及其余。表面上认罪但心有不甘的情绪，使改造工作难出成效。对职务犯罪犯罪人的单独集中关押使这一情绪逐渐蔓延，相互感染，监狱方面很难对他们深挖犯罪根源，也很难从思想深处让他们坦承犯罪的危害。处境相似、心态相似，长此以往，职务犯罪犯罪人之间容易"同病相怜"，导致影响力和人脉的互相利用。

4. 从职务犯罪犯罪人交往亲疏选择的情况看，滋生集中特权的寻租成为可能

在监管环境这个狭小的圈子里，职务犯罪犯罪人的狱内交往亲疏明显，选择性很强：对待警察，他们以自身“高超”的交际能力，博得警察的认可，然后再想方设法拉关系、找路子，到处打点照顾；与自己境遇比较相似的职务犯、文化程度较高的罪犯、能力较强的企业老板类型的罪犯容易相处，认为他们都是高人一等的“精英”，表现出较大的相容性和亲合力，愿意相互交往、沟通，并期待在生活等方面互相帮助。这样的交往趋向，很容易导致的后果是：相互利用的警囚关系和囚囚关系，为集中特权的寻租奠定基础。

三、监狱信息化建设背景下对职务犯罪犯罪人执行监禁刑中防范权力寻租的思考

对改进职务犯罪犯罪人监狱行刑效果的问题不能再拘泥于关押模式的探索和实施上。要想使打击职务犯罪活动在监狱行刑阶段取得良好的效果，杜绝权力寻租，就必须切实有效地堵住刑罚执行上的漏洞，使监禁刑刑罚执行实现公平正义。

（一）以分类处遇的方式解决职务犯罪犯罪人的行刑模式问题

监狱的发展是一部粗犷式管理向精细化管理演进的历史，而在这个过程中，对罪犯的分类成为核心问题。由近代至现代，从犯罪学、刑法学、心理学、教育学、管理学、社会学等各种学科角度，对行刑对象的犯罪原因、危险程度、身心状况、人格特征等问题的研究，提供了越来越被冠以“科学”的理论观点、方法和技术，推动罪犯分类体系的日趋细化。在此基础上，监狱类型的配置结构日益深化，罪犯的分类日趋严密，出现了罪犯的分类制。[①]这是对不同类型罪犯提供不同警戒程度的监狱和不同处遇内容的制度，体现了行刑个别化原则。对罪犯的分类监管改造能够合理运用行刑资源，体现行刑效率，也能促进服刑罪犯的上进心，给罪犯提供了不断努力的目标。

1. 分类关押

罪犯分类关押是指在监狱分类和罪犯分类基础上，将不同类型的罪犯关

① 分类制是指监所管理部门依据一定的标准，将在押人员分成若干种类，分类监管、分级处遇的一种监所管理制度。它的内容包括：分类程序，即分类调查；依据标准进行分类；分类的实施，即分类监管、分级处遇、分类教育。

押于不同类型的监狱，并采取不同的管理制度和方法。罪犯分类关押制度既体现了行刑具有针对性的特征，又体现了行刑追求效率目标，也就是在有限投入基础上实现更大的行刑效果。

分类关押是现代国家监狱行刑的特色。依据一定的分类标准对监狱进行归类，加强各监狱的特色，使得监狱对于罪犯的教育感化更具有针对性和科学性，使监狱分工明确、各具特色，同时也可以有效地降低监狱的改造成本。我国监狱目前也有分类，例如：根据在押犯人的刑期长短和犯罪程度不同，分为“重刑犯监狱”和“轻刑犯监狱”；同时，根据关押罪犯不同，也可分为“普通监狱”、“女子监狱”和“未成年人管教所”。从国外的经验和我国的情况来看，可以以罪犯的人身危险性程度为区分点，创建不同警戒程度的监狱分类体系。如可以将监狱分为封闭式监狱、半开放式监狱和全开放式监狱，其中封闭式监狱又可以分为高度警戒、中度警戒和低度警戒监狱。不同的警戒度收押不同人身危险性的罪犯。根据不同的警戒级别，监狱实施与警戒级别相对应的监管措施，制定具有针对性的狱区改造方案。分类关押从最初的根据性别分类，到根据刑期长短分类，最后到根据人身危险性分类，都具有一定的现实指导意义。当然，我国也曾出现过按照身份分类的情况，将犯罪的王公贵族单独关押。

我们对职务犯关押模式的选择应根据改造效果、改造成本、实际情况等因素综合考虑。如单纯地按犯罪类型分押，那么罪犯人数会受出现时多时少的情况，不利于合理安排警力。另外，将职务犯罪犯罪人单独关押有将罪犯按身份等级划分之嫌，有违平等观念，也不符合现代化的国际行刑趋势。

笔者认为，我国职务犯关押模式应作出如下选择：职务犯独立关押模式应予以取消。基于劳动能力和文化水平等因素考虑，在行刑时便于统一制定改造表现的量化考核标准，当前可以考虑将某一个或相邻几个监狱的职务犯（不考虑级别）与经济类罪犯等其他非暴力型罪犯集中在一起关押，这样既能满足分类管理和分类教育的需求，也能回避职务犯独立关押可能受到的执法不公的指责。

2. 分级处遇

罪犯分级处遇，是监狱经过对罪犯严格地调查、分析、评估后确定其处遇方案，是建立在对罪犯的改造表现、服刑时间和剩余刑期、犯罪性质及恶习深度等因素全面把握的基础上的，结合运用了心理学、法学、社会学、统计学等知识所作出的处遇决定。在具体的行刑中，分级处遇也就是在狱政管理、教育和劳动等方面对不同罪犯实施不同管理和矫正，按照不同级别分别对罪犯给予不同的处遇方式和处遇内容。一般而言，在监狱对罪犯分级处遇的实践中，我国对罪犯的分级处遇实行五级处遇制。处遇级别从严到宽。处遇等级由低向高分为五级，即从最低的第五级（特严管理级）开始，依次是第四级（从严管理级）、第三级（普通管理级）、第二级（从宽管理级）、第一级（特宽管理级）。①

笔者认为：对职务犯罪犯罪人进行合理的分类处遇是对他们正确改造的必由之路。尽管职务犯罪犯罪人在犯罪和行刑时体现出一定的共性，但是其主观恶性和人身危险性均有不同，在对他们分类处遇时也应按照犯罪行为、改造表现、剩余刑期等方面决定。

（二）建立健全一套科学合理对职务犯罪犯罪人定量定性的考核体系

监狱改造罪犯的基本目标是“将罪犯改造成为遵守法律、自食其力的新人并让他们回归社会成为自由公民”。为此，监狱应根据不同罪犯不同的社会化病态结果——犯罪行为和犯罪主观构成，实施具有针对性的不同方法和内容，分阶段、分步骤地消除或削弱犯罪主观原因。在这个过程中，培养罪犯刑罚感受能力是前提性工作，培养罪犯社会适应能力是最终目标，这是罪犯在将来回复社会后面对社会犯罪致因而自觉主动地抑制犯罪主观动因的能力，从而防止犯罪行为发生，成为社会的守法自由公民。

我国监狱对罪犯的改造是通过教育和劳动改造来进行的，尤其对于教育改造来说，包括思想教育、文化教育和职业技术教育三个方面。其中，思想教育主要包括：四项基本原则教育，法制教育，道德教育，形势、政治和前途教育。从全国主要使用的思想教育教材看来，思想教育呈通俗化和形式化。文化教育依据《监狱法》第63条规定，指的是监狱应当根据不同情况，对

① 郑丽霞：“罪犯分类处遇制度是监狱对罪犯实施有效管理和矫正的重要保障”，载《中国外资》2009年第10期。

罪犯进行扫盲教育、初等教育和初级中等教育，经考试合格的，由教育部门发给相应的学业证书。从我国监狱对罪犯进行的文化教育情况而言，一般都是以扫盲教育和初等教育为主。职业技术教育指的是监狱应当根据监狱生产和罪犯释放后就业的需要，对罪犯进行职业技术教育，经考核合格的，由劳动部门发给相应的技术等级证书。鉴于监狱进行职业教育中客观存在的条件（职业教育空间的局限性，基本只能在监区范围；师资力量的有限性，主要靠监狱警察教授），职业教育大多为不断重复进行的加工劳务性劳动。这三种教育的结构是“以政治思想教育为核心，以职业技术教育为重点，以文化知识教育为基础”。劳动改造则是通过劳动的方式，使犯罪人矫正恶性、养成劳动习惯，学会生产技能，并为释放后就业创造条件。

为提高监狱的行刑效果，客观评估受刑人在行刑中的表现，我国监狱根据司法部会同最高人民法院、最高人民检察院制定的《司法部关于计分考核奖罚罪犯的规定》，实行百分考核制。在细化考核标准和奖励标准时，监狱更多地针对普通刑事犯的情况，根据罪犯对以上“三课”教育的情况进行考核。面对职务犯罪犯罪人入狱接受监管改造数量的增加，计分考核标准与职务犯罪犯罪人的实际情况格格不入。从思想教育的情况看，职务犯罪犯罪人在入狱前，曾经作为国家公职人员接受了广泛的政治思想教育，目前监狱的教育水平对他们来说无关痛痒。曾有职务犯罪犯罪人认为，从某种角度看，他们不会比教师的水平差。对于职务犯罪犯罪人来说，思想教育不仅不会起到积极作用，反而亵渎了思想教育在改造中的权威性。同时，职务犯罪犯罪人文化素质都较高，对他们进行初级、中级水平的文化教育也缺乏针对性。从行刑过程中我们可以看到，他们在空闲时间学习的都是哲学、国学之类的书籍，从行刑个别化的角度来看可对他们或者文化素质较高的罪犯开设适合他们的文化课程。从劳动改造的情况看，职务犯罪犯罪人大多年龄较大，且身体素质较弱，多患有高血压和心血管方面的疾病，难以适应强负荷的加工劳务方式，劳动改造内容、方式也需适当调整。为此我们应加大行刑个别化的力度，使思想教育、文化教育、劳动改造与职务犯罪犯罪人实际情况相符，使百分考核标准更具科学性。

（三）从严惩处和保障权利相结合

1. 在行刑过程中对职务犯罪犯罪人从严惩处

腐败犯罪具有严重的社会危害性，是世界各国普遍存在的顽疾。古今中外的统治者都认识到腐败的严重危害，将其视为社会的毒瘤。自新中国成立以来，我国领导人注重对腐败的预防和打击，取得很好的成效。60 多年过去了，我国关于惩治腐败的法律、政策、措施越来越完备，然而目前由于正处于社会转型期，腐败犯罪却呈愈演愈烈的态势，几乎成为我国经济社会发展道路上的一大障碍。

罪责刑相适应原则为我国刑法基本原则，是体现法律公平正义价值的原则。“刑罚的轻重，应当与犯罪分子所犯罪行和承担的刑事责任相适应。”贪污贿赂犯罪分子，因掌握的权力大、特权多、行为便利，因此犯罪行为对社会关系的破坏也就特别大。同时，他们在犯罪前“位高权重”，承担的社会责任也就非常重要，他们的职务犯罪行为，从刑法角度看，侵犯的是双重客体——职务廉洁性和公共财产权；从社会民众的角度看，是增加民众的生活成本，破坏社会风气，甚至会让整个社会道德滑坡；从国家的角度看，腐败现象的普遍存在还将导致社会经济秩序的紊乱和国家政权的动摇。因此，针对他们的职务犯罪在定罪量刑时就要相对从严，这才符合我国罪责刑相适应原则。

刑罚的目的在于预防犯罪。如果刑罚惩罚不具备一定的严厉性和报应，那么职务犯罪犯罪人就会觉得收益远远大于代价，“以刑止刑”的效果就难以实现。这也就是许多国家在贪污贿赂犯罪的量刑的规定上制定了较为严厉的刑罚的原因，我国也不例外。然而，从目前我国的实际现状来看，对贪污贿赂罪的犯罪打击力度不够，面对重金、权色诱惑，腐败分子仍然“铤而走险”，导致了贪污贿赂发案率居高不下。

应该说腐败问题的解决，在根源上还需依靠经济发展和体制革新，但是这是一个需要长期解决的问题。在这些问题解决之前，我们不能坐以待毙，要运用法律手段打击贪污腐败犯罪，要以刑罚的严厉性震慑职务犯罪犯罪人。在现阶段，司法机关查处的贪污腐败案件的数量、判处刑罚的轻重也是体现反腐倡廉力度的重要指标，更反映出党和政府反腐败的决心。在反腐败的过程中，刑罚应当彰显出其应有的威慑功能，这是刑罚体现公平正义价值的基础。对贪污腐败案件采取重拳出击、以严刑处罚才能更好地震慑罪犯，也才能警示潜在的犯罪人，刑法的权威性得以保全，社会公众的期待得到实现，进而鼓舞人民群众参与打击职务犯罪的热情。关于这一点，我们可从刑罚威慑理论得出对职务犯罪犯罪人从严惩处的依据。刑罚威慑理论源于意大利思想家贝卡利亚和英国思想家边沁的主张。他们都是刑事古典学派的主要代表人物。刑事古典学派的基本假设是：如果没有刑罚威慑的制衡，人人都有犯罪的可能性和潜能，所以，犯罪的动机无须解释，犯罪是行为人的理性抉择。在贝卡利亚看来，人类是理性的动物，其行为的动机是要获取快乐和避免痛苦，为了不致使犯罪人从犯罪中获取快乐，就必须使刑罚的痛苦程度超越其可能获得的快乐程度。[①] 边沁也指出，自然将人类置于至高无上的两个主人——痛苦和快乐的摆布之下，他们掌握了我们所做的、我们所说的和我们所想的，所以，人类行为的基本目的是要取得利益、快乐和幸福，避免邪恶、痛苦和不幸。[②] 在此情况下，面对刑罚的严厉性，理性的人就会对自己的行为作出选择。

按照刑罚威慑理论，刑罚的威慑效果不仅在于它的严厉性，更重要的在于它的及时性和确定性。严厉性是指根据罪刑法定原则，对犯罪者应依据其危害行为的严重程度而给予足够惩罚，以保证刑罚威慑效果，也即对犯罪者的惩罚除了考虑其对社会的危害程度以外，还应考虑反转其因犯罪所得之快乐的需要。惩罚过轻，无法实现刑罚威慑效果；惩罚过重，则会制造不公平状况。及时性是指刑罚对犯罪的迅速回应，也即使犯罪者迅速受到刑罚制裁。贝卡利亚曾经说："犯罪后刑罚如能直接和立即地运用，其公正性和有效性会大为提高，因为在犯罪与刑罚之间间隔时间越短，犯罪和刑罚的相关性将更为强化和持续。"[③] 确定性是指犯罪者受逮捕和惩罚的概率。如果犯罪者因执法机关的不力而逍遥法外，或者犯罪者利用自己的优越的社会政治和经济地位逃避法律制裁，都会使刑罚的威慑力大大下降。刑罚的确定性（入监概

---

① Phillipson，C.（1970）The Three Criminal Law Reformers. Montclair：Patterson Smith.

② Linden，R.（1988）Criminology. Chicago：University of Chicago Press.

③ ［意］贝卡利亚：《论犯罪与刑罚》，黄风译，中国大百科全书出版社 1997 年版，第 39 页。

率）比刑罚的严厉性（刑期）更有威慑效力。刑期长短和服刑方式只是满足人们的报应心理需求，对威慑犯罪作用不大。可见，确保犯罪者受到刑罚制裁是保证刑罚威慑力的关键因素。三要素的紧密结合，将会清晰地传递给违法者“失去将比获得更多”的信息，达到威慑效果，否则，刑罚威慑效果将大打折扣。

因此，监狱在严格按照生效判决执行监禁刑的过程中，应体现刑罚的严厉性、及时性和确定性，以此震慑职务犯罪犯罪人，使他们在产生寻租意愿时不得不考虑到刑罚的威严，也使监狱官员在考虑寻租成本时慎重权衡刑罚的必定性。

2. 保障职务犯罪犯罪人的权利是依法行刑应有之义

接受监禁刑刑罚惩罚的罪犯因为实施了犯罪行为而被剥夺了人身自由，但是我们也应该明确，罪犯作为人，还有许多权利尚未被剥夺。我国相关法律，如《刑法》、《刑事诉讼法》、《监狱法》等规定了刑罚执行范围，监狱在行刑时应严格按照规定执行。具体来说，关于罪犯的权利，法律规定剥夺的，就严格按法定程序剥夺，而法律未规定剥夺的，即认为应受到保护。只有这样，才符合依法行刑的要求，也才能更好地让犯罪分子认罪服法，有利于争取社会各界对我国反腐事业的理解和支持，有利于社会稳定，有利于展开国际人权斗争。

从我国法律规定的情况看，被判处监禁刑的罪犯除了人身自由权被剥夺外，应该享有：生存权、财产权、人格权、身份权以及与之相联系的与外界交际的权利等构成了罪犯人身方面的主要权利；劳动权、休息权、获得物质帮助权、受教育权、文化娱乐权等在社会、经济、文化权利方面的权利；政治权利及宗教信仰、婚姻家庭权利。但是由于限制了人身自由，很多权利（比如隐私权、与配偶同居权、监护权等权利）的行使也就受到限制。人身权的具体内容，比如生命权、健康权，以及由之派生的适当生活水准权、休息权等，大多只能被动地在监狱正常运行中、管理秩序的统一规范中得以实现。更为典型的是，某些个性化的权利诉求，比如个体的著作人身权、婚姻自主权等，必须依靠监狱协助，才能够实现。因此，监狱行刑时，在剥夺应该剥夺权利的同时，也要保障罪犯未剥夺权利的实现。

“十八大”强调以法治的思维和法治的方法惩治腐败。法治反腐成为新时期反腐的路径选择和基本思路。依法保障职务犯罪犯罪人的合法权利是法治反腐不可或缺的内容。这也是从根本上使职务犯罪犯罪人认罪服法的重要保障。

“惩罚与权利保护相平衡”共同构成法治反腐的重要内容。管理上，要体现法律的尊严，从严惩罚；教育上，要体现人文关怀，从心灵上去感化他们；同时还要注重保护他们的各项权利。

（四）加强监狱信息化建设，实现狱务公开，增强监督力度

随着通信技术的发展，公共管理领域迎来了新的处理业务的方式——电子政务。这是一种全新高效的管理方式，是将管理和服务业务通过网络技术进行集成，在网络上实现组织结构和工作流程的优化重组，超越时间、空间与部门分割的限制，全方位地向社会提供优质、规范、透明的管理和服务。电子政务增强了政府工作的透明度，也方便了民众对政府工作的监督，社会公众可以通过网络了解并询问有关政府政策的制定和执行。这是一种适应社会发展需要的行政管理体制。目前，我国监狱在不断深化信息化建设过程中，以实现行刑公正为目标，正努力探寻相应的措施和办法，以深化狱务公开。

1. 确保监狱行刑置于社会公众的监督之下

刑罚权的存在是合理的，试图从行刑权的存废来解决权力寻租显然是不可能的，但是我们可以从约束监管人员行为的角度，来防止行刑权违法、违规的情况。对权力的监督前提是了解权力运行的具体情况。因此，我们的首要工作就是利用信息化建设改变监狱封闭、隔离的状态。权力寻租性行刑腐败的产生，与行刑信息的不对称性有着很大的直接关系。监狱行刑中有关的信息大部分由监狱掌握，很多并没有向社会公开，甚至是没有向服刑罪犯公开。正因为这样，监管人员可依仗对行刑信息的垄断，通过暗箱操作，实现权力寻租。这样，监管人员在寻租中既能获取利益，又能规避风险，根本无人得知内幕，公众也无法对其进行监督。因此，只有大力推进电子政务、实现狱务公开，才能有效引入监督渠道。

自 2001 年推行狱务公开制度以来，行刑透明现象逐渐显著。我国监狱通过设置监狱信息门户将相关的管理条例和行为标准依照政策规定设置到电子

政务系统中，完全由电子系统本身进行处理，不因人的主观意志而改变，达到优化管理、客观运行政府要务的模式。公众可以借助这一网络平台方便地获取真实准确、官方权威的信息。有些监狱还开设了专门为罪犯家属使用的信息通道，方便他们及时掌握罪犯的行刑情况。对于行刑的热点问题——减刑、假释和监外执行，也开通了专门的查询系统，公布相关法律依据和具体作出决定的资料，供社会监督，为防范和杜绝权力寻租打造了平台。

毋庸讳言，目前我国监狱在行刑透明度上已经或正在进行努力，但是这一工作还有进一步提升的空间，公众与监狱之间、监狱警察与行刑罪犯之间还存在着信息对称性不足。实践证明，只有行刑权力在“阳光”下运行，才有可能保障公民的知情权，从而减少权力寻租性腐败发生的可能性。解决这一问题的正确思路之一为通过信息化技术规制行刑权，用“权力限制权力”以及“权利限制权力”的方式使行刑活动置于社会的监督之下，让职务犯罪犯罪人看到光明的前途，积极接受改造，同时也促进监狱干警严格执法。这不仅有利于实现依法治国，还有利于争取社会各界对我国反腐事业的理解和支持，更有利于社会稳定，积极展开国际人权斗争。

2. 用信息手段加强刑罚执行检察监督工作

人民检察院是法律监督机关，对监狱行刑的监督是其工作范围，驻监检察室是检察机关监督监狱行刑权的专门部门。检察监督的设置是对行刑权从外部制约的机制。目前检察监督对职务犯罪犯罪人行刑监督存在的是事后监督和监督方式效力较弱的问题。我们可以借助监狱信息化工作改变目前的工作困境。

通过检察机关和监狱网络联通使担负驻监检察任务的检察机关主动强化监督，使监管机关监管活动的各个环节均处于检察机关的监督之下，保障服刑人员的合法权益，促进监管干部严格、公正、文明、廉洁执法，减少干警职务犯罪的发生。联网办公可以提高监所办公效率，监所检察人员可以从繁琐、费时、不准确的手工查阅在押人员情况一览表的工作中解脱出来，结束长期以来监所检察对在押人员的活动情况和对监管干警的执法情况的检察不及时、不全面、不准确的问题。通过联网实现同步监督、及时掌握刑事执行信息，及时发现违法情况，更好地发挥监所检察工作的法律监督职能，促使驻所检察向管理的系统化、规范化、科学化迈进。通过与监管单位的监控系统联网，能够及时掌握监管场所的执法活动，高质高效地行使刑罚执行监督权。

这种联网做法需用法律形式固定下来，同时对于联网各方的具体权利与义务，特别是信息共享的范围等，都应当明确规定。信息联网和监控系统联网同时要求监所检察人员也要将所掌握的信息与监管机关实行共享。实行网络动态监督最重要的是联网后数据输入要及时、准确和规范。而且联网不能代替检察人员深入被监管人员劳动、生活、学习三大现场了解、掌握信息。应明确各自职责，处理好监督和配合的关系。刑罚执行监督工作要积极探索、推行规范化的检察工作机制。一是创立岗位责任制与目标管理责任制，结合刑罚执行监督工作情况，创立和完善相关制度。二是创立检察干部轮岗交流制度，在增强派驻人员责任感的同时，为了防范驻监所检察人员懈怠履行职责，创立对应的监督责任制，促使驻所检察人员积极履行职责，不辱使命。责任制的内容包括：驻所检察人员法律监督职责的程序、履行职责应有的权力、懈怠履行职责造成严重后果的法律责任、责任追究的主体和程序等。只有建立对应的责任制，方能保证责、权统一，使监督工作高质高效。

四、总结

综上所述，笔者认为，为了能更好地解决职务犯罪犯罪人监禁刑执行过程中出现的权力寻租等异化问题，应深化探讨出现权力寻租的原因，跳脱混合模式和独立模式的思路，考虑以分类处遇的方式解决职务犯罪犯罪人的行刑改造模式问题，以科学的行刑定性定量考核体系衡量职务犯罪犯罪人的改造成效，以践行从严惩处与依法保障权利相结合的思路实现对职务犯罪犯罪人的惩罚和帮助，最后以信息化技术保障对行刑权的监督。这样的思路对寻租意愿的抑制、阻止起了积极的作用，实现了对行刑权的切实监督，并为成功改造职务犯罪犯罪人指出了既符合依法治国理念又符合监狱行刑规律的路径。

>>后　记

本书的撰稿工作已经结束了，在开始写后记的时候，调研过程和写作过程中经历的一幕幕情景浮现在眼前，让人心潮起伏。

在对云南省丽江监狱信息化建设情况的调研过程中，云南省丽江监狱的领导和干警都对我们课题组的工作给予了大力支持，方方面面向我们展示信息化建设的情况，细致而耐心地回复解答我们的疑问和问题，为调研工作的顺利完成提供了有力保障。与此同时，丽江监狱在信息化建设方面取得的成绩，也让我们形象而深刻地认识到我国监狱工作在信息化背景下的巨大提升，对我国监狱在现代化背景下更好地实现刑罚职能充满了信心和期许。在此我们向云南省丽江监狱的领导和干警们致以诚挚的感谢和崇高的敬意。

在本书的具体撰稿写作过程中，通过对刑罚监禁刑现代化的深入挖掘，我们很欣慰能够通过云南省丽江监狱信息化建设的工作反映出我国监狱行刑在现代化背景下的全面提升。而在我们研究的道路上，需要特别感谢我们的工作单位昆明理工大学法学院的各位领导和同事，是这个温暖进取的集体给了我们在法学教育科研这条道路上持续前行的动力，没有他们/她们的支持和帮助，我们是难以完成本书的写作的。

当然，在中国监狱执行监禁刑现代化这个庞大问题下，还有很多问题有待进一步探讨，我们将进一步开展研究，并真诚地期待读者怀着一颗包容的心来阅读本书并不吝赐教。

杨锦芳　肖　雯

2015 年 3 月